【年報】村落社会研究
第五十三集

協働型集落活動の現状と展望

日本村落研究学会企画、小内純子編
農山漁村文化協会発行

目次

【共通テーマ】日本農山村における〝協働〟型集落活動の可能性

序章　農政の展開と協働型集落活動の今日的特徴

小内純子

第五章　ＬＥＡＤＥＲプログラムと地域内協働の現状
――ドイツを中心に――

市田知子

終章　協働型集落活動の今日的特徴と可能性　小内純子

【研究動向】

共通テーマ

日本農山村における〝協働〟型集落活動の可能性

序章　農政の展開と協働型集落活動の今日的特徴

小内純子

農山村、とりわけ中山間地域では、全国を上回るスピードで過疎化、高齢化が進展し、そこに暮らす人々は将来の生活に不安を募らせている。そうした人々が安心して暮らし続ける地域社会をいかにつくっていくことができるのだろうか。本書は、この課題に協働型集落活動という視点からアプローチするものである。

地域社会の危機が叫ばれるなかで、農村社会に暮らす人々も、自らの「生活の論理」に則って、現在の暮らしを守り、住み続けるための努力を続けている。その単位とされてきたのが集落である。しかし、現代農村の様々な取り組みのなかには、これまでとは性格を異にする集団的活動が登場している。例えば、農家が自ら株式会社やNPO法人を立ち上げたり、いくつかの集落営農組織が連携したり、集落外の人材を受け入れたり、といった動きである。そうした動きを、本書では協働型集落活動と総称し、その可能性について検討していく。

本章の前半では、協働型集落活動の登場の背景を知るために、「農政と集落」という視点から二〇〇〇年前後以降を中心に農政の動きを概観する。後半では、「協働」概念を中心に検討し、「異なる性格をもつ組織同士が、互いに自己革新を遂げながら、共通の目標に向かって対等の立場で活動すること」という定義を導く。最後に、本書全体の構成について述べる。

一　はじめに

年報第五三集は、二〇一六年度大会テーマセッション「日本農山村における〝協働〟型集落活動の可能性」の報告者による四本の論稿と一本の寄稿論文、及び編者による総括論文より構成されている。

農山村の危機が叫ばれて久しい。農林水産省によると、二〇一六年二月時点で農業就業人口は約一九二万人と初めて二〇〇万人を割り込むとともに、担い手の高齢化が顕著に進んでいることが指摘されている。この間の農村をとりまく深刻な事態は、集落という生活の単位の危機として語られてきた。例えば、そうした事態を特徴づけるタームとして、〝限界集落〟（大野、二〇〇八）、〝撤退の農村計画〟（林・齋藤、二〇一〇）、〝自治体消滅論〟（増田、二〇一四）、〝高齢者減少型過疎〟（山本、二〇一三）などがあげられる。その一方で、こうした現状を前にして研究者がすべきことは、「人口が減少することなどを前提にして、少ない人口でも地域の人びとが生き生きと暮らせるシステムを形成していく」ために努力することであり、「人口減少社会に適合した制度やシステムを」つくることであるという指摘がなされている（徳野、二〇一一、一八五―一八六頁）。「人口減少社会に適合した制度やシステム」に関しては、近接する地域に居住する他出子・他出家族を含めた地域づくり（徳野、二〇一五）、「ライフ・ミニマム」を保障する仕組みづくり、その一例として「山の駅」（多目的総合施設）の設置（大野、二〇〇八）、「手づくり自治区」や「小さな経済」の構築（小田切、二〇一一）など、すでに様々な提言がなされている。ただし、この「人口減少社会に適合した制度やシステム」には唯一の決定版のようなものはなく、それぞれの地域のあり様に即して、様々な角度から検討を行い、その具体化を目指す必要があると考える。そこで、本書では、協働型集落活動という視点から「人口減少社会に適合した制度やシステム」

について検討することを試みる。

二　農業・農村政策と集落

協働型集落活動について論じるにあたって、まずこの間の農政の展開過程を確認しておきたい。農政がストレートに集落に影響を及ぼすわけではないが、農政が農業・農村のあり方にある枠づけを行うことも事実だからである。本書で対象とする協働型集落活動もその例外ではない。特に、二〇〇〇年代前後から、集落に関わる様々な政策が矢継ぎ早に打ち出されてきており、各章の具体的な分析に入る前にその点を確認しておくことが必要と考えるからである。

日本村落研究学会の年報で農政を扱ったものは思いのほか少ない。近年では、第三七集で『日本農業・農村の史的展開と農政　第二次大戦後を中心に』（二〇〇一年）が刊行され、次号において大川—玉論争が展開されたことが記憶に新しい（大川、二〇〇二）。その後、第四五集（二〇〇九年）の吉野英岐「集落の再生をめぐる論点と課題」において農政の展開と絡めながら論点整理が行われている。前者の争点は、戦後農政の「起源」と戦後農政の「転換点」をどこに求めるかという点にあり、後者の検討も二〇〇〇年代の農政については詳しく論じられていない。そこで以下では、「農政と集落」という視点から二〇〇〇年前後以降を中心に農政の動きを概観しておく。

1　農業・農村の多面的機能維持に関する政策の展開

農政の遂行過程において、集落機能に注目し活用に乗り出したのは一九七〇年代後半からとされる。具体的に米の生産調整の遂行を集落に依存せざるを得なかったことに起因している。一九七七年に始まる「地域農政」がそうした傾向に拍車をかけた。このように一九七〇年代には、当時まだ存続していた集落機能を「活用」して政策を遂行することが目指された。その後、次第に集落機能が弱体化していくなかで、それを「活用」し続けるために積極的な介入が行われるようになり、二〇〇〇年前後から集落機能を下支えするような農政が展開されてくるようになる。この点が今日的特徴である。「活用」の目的として、農業・農村が備えている「多面的な機能」の維持が掲げられるようになる。

農業・農村が備えている「多面的な機能と役割」に最初に言及されたのは、一九八〇年に提起された「八〇年代の農政の基本方向」においてであった。ここでいう多面的な機能とは、居住の場、就業の場、自然景観の維持と人間の情操を育む場、伝統の継承と文化形成の場などである(玉、二〇〇二、一五一頁)。そして、この流れは、やがて多面的機能の支える活動を集落に求めていくことになる。

農業・農村がもつ多面的機能が本格的に注目されるようになるのは一九八五年のプラザ合意以後である。これを契機に、米価の引き下げが本格化し、中山間地域を中心に耕作放棄地が広がり始めるようになるなかで、そうした流れを押しとどめるために用いられたのが農業・農村がもつ多面的機能である。一九九三年末に妥結したガット・ウルグアイ・ラウンド交渉でも、日本農業・農村のもつ多面的な機能が強調されている。

一九九九年に制定された「食料・農業・農村基本法」でも四つの基本理念のうちの一つに「多面的機能の十分な発揮」が掲げられ、それが二〇〇〇年の中山間地域等直接支払制度の制定で具体化されていく。ただし、国は当初から多面的機能の担い手に集落を想定していたわけではない。農業公社など第三セクターの線も検討されたが、最終的にはより適した担い手として集落が選ばれていくことになる(安藤、二〇一六、一九四―一九五頁)。

中山間地域等直接支払制度は、第一期対策(二〇〇〇～二〇〇四年度)、第二期対策(二〇〇五～二〇〇九年度)、第三期対策(二〇一〇～二〇一四年度)を経て、二〇一五年度より第四期対策がスタートしている。農林水産省によれば、

①農業・農村が有している多面的機能は、地域の共同活動等によって支えられてきたが、農村地域の高齢化や人口減少等により、機能の発揮に支障が生じており、②地域の共同活動の困難化に伴い、水路、農道等の地域資源の維持管理に対する担い手の負担が増大し、担い手の規模拡大が阻害されることも懸念される状況にあるため、③農業・農村がもつ多面的機能の発揮のための地域活動や営農の継続等に対して支援を行い、多面的機能が今後とも適切に発揮されるようにするとともに、担い手の育成等構造改革を後押しすることが目標として掲げられた。担い手の規模拡大の阻害要因を取り除くための支援という立場が表明されている点には留意する必要がある。

加えて二〇〇七年には農地・水・環境保全向上対策がスタートする。これは、中山間地域に限らずすべての農村地域を対象とする点と集落による多面的機能の保全管理活動に非農家が参加できるという点で、中山間地域等直接支払制度よりも適応の範囲が広いことを特徴とする（本田、二〇一三、一一八頁）。その後、「運用上の問題から二〇一一年に環境分野は環境保全型農業直接支払として独立し、農地・水保全管理支払とに分かれ、二〇一四年からは前者は、環境保全直接支払、後者は多面的機能支払として再編されるという変化を辿る」[1]（安藤、二〇一六、一〇二頁）。多面的機能支払交付金は、農地維持支払と資源向上支払からなり、このうち資源向上支払は、「地域住民を含む組織が取り組む水路、農道等の軽微な補修や植栽による景観形成など農村環境の良好な保全を始めとする地域資源の質的向上を図る共同活動、施設の長寿命化のための活動を支援」するとされている（傍点筆者）。ここでいう「地域住民」には非農家も含まれており、非農家を巻き込む活動が目指されている。実際、非農家の参加にも日当が支払われるほか、花壇整備や集会所の周辺の草取りなどを担当する地域の老人会や女性部に対して補助金を支給している集落も多い。

これらの政策展開の影響を従来の集落活動との関わりでみると、①交付金を受けるためには原則として「集落協定」の締結、すなわち集落での合意形成が必要とされること、②交付金の受給によって農道の草刈りや水路の泥上げといった村仕事に日当が支払われるようになっていること、③かつて行政等に要望していた水路、農道、ため池などのやや大きな補修作業も、日当を受け取ることで集落が担うようになっている点などがあげられる。このように交付金によって集落活動が下支えされ、活動が維持されるようになった反面、補修作業など集落が担う業務が増加した面もあり、加えてかつて無償で行われてきた村仕事などに対価が支払われるようになったことで、「日当主義」が常態化するといった危惧も表明されている(2)。

2 外部人材・外部主体の参入を推進する政策の展開

以上のように中山間地域等直接支払制度の導入に始まる政策が、集落に対する関わり方を質的に一歩深めたとするならば、農村に外部からマンパワーを導入するという政策も、それ以前にはない集落への関わりをつくり出していく。この外部からマンパワーを導入するという試みは、一九九四年に現NPO法人「地球緑化センター」主催の「緑のふるさと協力隊」の導入に始まる。この民間サイドで始まった動きは、二〇〇〇年の旧国土庁の「地域づくりインターン事業」に繋がり、やがて総務省中心とするマンパワー導入政策の推進という流れを生み出していく(図司、二〇一四、四頁)。

まず、二〇〇八年四月に総務省・過疎問題懇談会において「過疎地域等の集落対策についての提言~集落の価値を見つめ直す」がまとめられ、それを受けて「集落支援員」の設置が進められる。また二〇〇九年十二月には総務省の「地域力創造プラン」の下に「地域おこし協力隊」が、同時期に農林水産省の「田舎ではたらき隊」事業がスタートする(図司、二〇一一、一九三頁)。「田舎で働き隊」は、二〇一五年度から総務省の「地域おこし協力隊」と運用を一体化し、名称も「農林水産省・地域おこし協力隊(旧田舎で働き隊)」と表記されるようになり現在に至っている。

また、二〇〇七年には、農林水産省「農村政策推進の基本方向研究会・中間とりまとめ」が提出され、「必要とされる総合的施策」が進められていく。小田切によれば、この政策文書では、農村政策の中心に「地域コミュニティ」があると位置づけ、一九九〇年代から続く「コミュニティと経済の危機」への対応を意識したものとされる。農村政策の指針として、①農村コミュニティ支援（再編・再生）、②外部主体（NPO、企業、大学）との協働、③外部人材（地域マネージャー派遣制度、地域おこし協力隊など）の導入が明示され、地域コミュニティ（=集落）の内部だけではなく、外部の力を借りながら集落を再編・強化する具体的な方向性が掲げられる（小田切、二〇一三、八頁）。かつては、地域再生の切り札の一つとして外部からの企業誘致があったが、企業の誘致に代わり外部主体や外部人材の導入の重要性が認められるようになっていることがわかる。

3　担い手育成をテコとした選別政策の推進

ただし、こうした政策を、集落の活動を積極的に支え、集落の再生に寄与するものとして手放しに評価することはできない。農業基本法に始まる農家の選別政策は一貫して続いており、それは中山間地域等直接支払制度が担い手の規模拡大の阻害要因を取り除くためという名目で導入された点にも表れている。また、同制度で対象者とされるのは、「集落等を単位とする協定を締結し、五年間農業生産活動等を継続する農業者等」であって、この先五年間の継続を見通せない農家を切り捨てる側面ももっており、担い手の選別政策として機能している面もある（大野、二〇〇一）。実際、第四期目に至る過程のなかで、継続を断念した組織も少なくない[3]。

さらに、二〇〇五年の担い手経営所得安定新法及び二〇〇七年の品目横断的経営安定対策において、選別政策の側面が明確に打ち出される。そこでは、①我が国農業の構造改革を加速化すること、②我が国の農業政策体系を国際規律にも対応しうるようにすること、という二つを目的とし、支援の対象を「意欲と能力のある担い手」に限定するとした。

具体的には意欲と能力があると市町村が認定した認定農業者（都府県四ヘクタール以上、北海道は一〇ヘクタール以上）、及び一定の条件を備えた集落営農組織（二〇ヘクタール以上）が支援の対象とされた[4]。その後、水田・畑作経営所得安定政策、経営所得安定政策と引き継がれて現在に至っている。二〇一六年現在、支援対象の基準から面積要件は取り払われたが、支援対象は、認定農業者、集落営農組織、認定新規就農者（二〇一五年に追加）に限定されている。こうして担い手の選別政策が同時に進められてきているのである。近年の「集落営農」への関心の高まりは、支援対象の認定要件を満たすためという点が大きく影響していることがわかる。

このように農業・農村に対する「支援」と「選別」が同時並行して進められている点に今日的特徴がある。農政によって集落機能を下支えするような「支援」が始まり、担い手を一部の農業者に限定し政策支援の対象を絞り込むという「選別」が行われるようになった点からみて、二〇〇〇年前後からそれ以前とは質的に異なる政策がとられるようになってきたとみることができよう。

三　農村社会の変化

今日の農業・農村は、以上みてきたような政策によって方向づけられているとはいえ、農村社会に暮らす人々は常に受け身的にそれに対応してきたわけではない。自らの「生活の論理」に則って、こうした政策を咀嚼したり、利用したりして、日々の「社会的生産・労働―生活過程」を営んでいるのである（布施、二〇〇〇［一九八二、一九七六］）。そうした営みを支えているのは、現在の暮らしを守りたい、この地に暮らし続けたいという思いであろう。その結果、様々な取り組みが各地でみられるようになってきており、政策が質的転換を遂げてきたように、これらの取り組みもまた質的転換を遂げているようにみえる。そうした活動を、本書では、協働型集落活動という視点から捉えてみることを目指している。もちろんこれまでも集落には多様な集団・組織が存在し、共同の活動が展開されてきている。しかし、近年は、農家が自ら株式会社やNPO法人を立ち上げたり、いくつかの集落営農組織が連携したりするような動きがみられる。また、集落対策推進のために集落外の人材を受け入れたり、外部のNPO法人のサポートを受けて事業を開始したりなど、明らかにこれまでとは異なる動きがみられる。

総務省資料によれば、二〇一五年度に集落支援員制度を実施した自治体は二四一（うち都道府県三、市町村二三八）、集落支援員四〇九〇人（うち専任九九四人、兼任三〇九六人）、地域おこし協力隊制度を実施した自治体は六七三（うち都道府県九、市町村六六四）、隊員数二六二五人となっている。いずれもほとんどが基礎自治体での実施で、全市町村に占める割合は、集落支援員で一三・九％、地域おこし協力隊で三八・六％と、かなり浸透していることがうかがわれる。

また、特定非営利活動のうち「農山漁村又は中山間地域の振興をはかる活動」の分野に分類されるNPO法人の数は二〇一六年九月三十日現在一九八〇を数える。冨吉満之らの調査結果によれば、農業分野におけるNPO法人の数は年々増えてきており、活動内容別でみると（複数回答）、農業体験五二・一％、農地保全・管理四九・三％、農業支援・担い手育成四〇・六％、食生活・食文化三八・〇％、環境教育や啓発三七・三％、農産物・加工品販売三五・九％で、各団体の活動内容数の平均は五・三種となっている（冨吉・北野、二〇一四）。以上はいずれも協働型集落活動の広がりを予想させるものである。

はたしてこうした協働型集落活動の取り組みは、現在の農村社会が直面する厳しい現状を打開する可能性を有しているのであろうか。その点を明らかにすることが、本書全体を通じての課題であるが、その際、様々な集団・組織と集落

（むら）との関わり方が重要な分析の柱となる。なぜなら、こうした新たな試みに足を踏み出そうとした際、必ず従来の集落（むら）との折り合いをどうつけるのかというハードルを越えることが求められるからである。各章で取り上げる事例からもそうした点を読み取ることができるであろう。

四　協働型集落活動の性格

1　「協働」概念について

それでは本書が対象とする協働型集落活動とはどのような特徴をもつものであろうか。次にその点を確認しておきたい。

まず、「協働」にはどのような意味が込められているのであろうか。「協働」という用語が頻繁に登場するようになるのは一九九〇年代半ば以降のことである。例えば、朝日新聞の記事データベースによると、新聞紙上に初めて「協働」という用語が登場したのは一九八七年である。その後、「協働」という用語を用いた記事数は、一九九一～一九九五年が三二件、一九九六～二〇〇〇年が三七二件、二〇〇一～二〇〇五年が一九七四件、二〇〇六～二〇一〇年が二八九〇件、二〇一一～二〇一五年が二七六八件と推移している。一九九〇年代後半に急増し、二〇〇一年以降広く定着してきていることがわかる。それは、行政の分野における「住民参加」から「行政と住民の協働」へという流れと、農村と都市の関わりにみる「交流」から「協働」への流れという、二つの流れにおいて定着してきた言葉でもある。そこでこの二つの流れをみることで、「協働」に込められた意味を考えてみたい。

(1) 「住民参加」から「行政と住民の協働」へ

「住民参加」、あるいは「市民参加」が言われるようになるのは、一九六〇年代後半のことである。高度経済成長期の下で、住宅や交通に関する都市問題や公害問題が深刻化し食の安全が脅かされるなど生活不安が増すなかで、各地で住民運動が盛り上がり、都市部を中心に革新自治体が広がりをみせる。革新自治体では、地域住民の地方政治への参加要求に応えるために、また議会での数的不利を補うために、「住民参加」という手法が積極的に取り入れられるようになる（佐藤、二〇〇五、一一三頁）。それは一定の成果を生み、その後「住民参加」という手法は保革を問わず地方政治において広く用いられるようになる。

こうした流れのなかで一九九〇年代半ば以降、「参加」に代わって「協働」とい言葉が頻繁に用いられてくる。その背景にはこの時期から地方分権改革が進められていくという時代状況が存在した。財政危機に喘ぐ地方自治体が、地方分権化を推し進めつつ、住民サービスの水準をある程度維持するためには、民間企業のみならず住民の力にも頼らざるを得ないという現実があった。時代が「行政と住民の協働」という新しい考え方を要請したのである。このように「行政と住民の協働」という考え方は、どちらかといえば行政の側から推進されていったとみることができる（玉野、二〇〇七）。

ただし、一方で、当時、次第に住民がもつ潜在的力を認めざるを得ない状況が生み出されていたことも忘れてはならない。一九九五年の阪神淡路大震災の復興過程において「市民力」が証明され、一九九八年の特定非営利活動促進法（NPO法）の制定に繋がり、その後様々な分野でNPO法人が結成され、確実に成果をあげ始めていた。その結果、自治体のパートナーとしてNPO法人の存在意義が大きくなり、「自治体とNPOの協働」に関心が集まるようになる（小内、二〇〇一・二〇〇二）。このように地方分権改革の動きと住民やNPO法人の一定の成熟という二つの現実が共振することで「行政と住民の協働」という理念が現実味を帯びて浮上してきたのである。

この場合、「参加」ではなく「協働」に込められた意味は何であっただろうか。最も重要な点は、行政と住民が対等な立場にたって、共通の目標に向かって協力し合うことである。「参加」の段階では、あくまでも行政が主体で住民はそれに協力する立場にあったのに対して、「協働」の段階になると、現実はともあれ、理念としては行政と住民が対等であることが掲げられる。そして、その実現のためには、対等性のほかに、自主性の尊重、自立性の確保、相互の理解、目的の共有、情報の公開などの徹底が求められる（高橋、二〇〇五）。

(2) 農村と都市の「交流」から「協働」へ

もう一つは、農村と都市の「交流」から「協働」へという流れである。高度経済成長期には、農工間の不均等発展が進み、所得格差やスプロール問題が生じ、農村と都市の関係は「対立」として捉えられることが多かった。それが農村と都市の「交流」へと関心が移るのは一九九〇年代以降のことである。一九八七年に制定された総合保養地域整備法（リゾート法）に基づく開発の破綻が明らかになるなかで、都市―農村交流が政策的に展開されてくる。それは一九九二年の農林水産省「新しい食料・農業・農村政策」を起点とし、一九九九年制定の「食料・農業・農村基本法」で条文化（第三六条）され、新基本法農政の重要な柱となる。グリーン・ツーリズムが政策用語として登場するのは一九九二年であり、それ以降、政策的な支援を受けて、農産物直売所、体験農園、農家レストラン、農家民宿などが急速な広がりをみせる（橋本・山田・藤田・大西、二〇一一）。

日本村落研究学会がこれをテーマに取り上げたのは、二〇〇六年の第五四回大会である。その成果は、『グリーン・ツーリズムの新展開　農村再生戦略としての都市・農村交流の課題』（『年報　村落社会研究』第四三集）としてまとめられている。そこでは、①全国各地の取り組みにおいて、「『身の丈』の実践という小規模で質の高い交流」を実現している事例が登場していること、②女性起業家が果たしている役割が大きいことなど、積極面が取り上げられている一方で、画一的な政策が推進されるなかで、優良事例とされる取り組みにおいても担い手のなかに「交流疲れ現象」ともいえる状況が進行している問題点が提起されている（日本村落研究学会、二〇〇八）。このように都市農村交流は、主として都市住民からの要求を契機に官主導で展開されてきたという性格が強い。もちろん、この段階においても、都市住民との交流が、自分たちが暮らす地域の良さを見直すきっかけになるといういわゆる「交流の鏡効果」（図司、二〇一四、四頁）の意義も決して小さくなかったが、同時に、農村の側はともすると「消費される」立場に置かれることも少なくはなかったのである（立川、二〇〇五）。

このような問題状況を克服する方法として提起されてきたのが「農村と都市の協働」という理念である。農村の側が都市住民をもてなすという関係の下にある「交流」ではなく、農村住民と都市住民の良好な主体的関係をつくり出す「協働の段階」へと向かう必要性を多くの人々が感じていた。このことの重要性について、青木辰司は先の特集号に掲載された論稿のなかで「協働」という言葉を用いて、「村落外部つまり都市社会との対峙的関係構造を変えて、村落と都市の協働による『協発的発展』の論理に基づく、共生的関係の構築なくして村落解体の危機脱出の手立てはないと言ってよいだろう」と述べている（青木、二〇〇八、一六二頁）。

このように農村と都市との関係も「交流」から「協働」へとシフトしてくるが、ここでも「協働」に込められている意味は、農村と都市が対等な関係を築くことの重要性である。そこには、農村住民と都市住民が同じ目標に向かってともに汗を流すといった意味が込められている。

以上みてくると一九九〇年代半ば以降に頻繁に用いられるようになる「協働」という言葉には、「参加」や「交流」の段階から一歩踏み込んだ関係を築く必要性から用いられるようになったもので、対等の関係のもとで共通の目標に向かって行動することをその内実としていたことがわかる。

(3) 語源から学ぶ

ところで、「協働」の語源はどこにあるのだろうか。「協働」という用語は、カール・マルクス『ドイツ・イデオロギー』(合同出版)の翻訳のなかで、「協働様式が、それ自体ひとつの《生産力》であること」として用いられている。[5] ただし、現在使われている「協働」に関しては、一般には、一九七七年にアメリカの行政学者ヴィンセント・オストロムが用いたコ・プロダクションが語源と言われている。その後、これがパートナーシップやコラボレーションに読みかえられて普及したもので、日本の研究者がそれを「協働」として紹介したのは一九九〇年のこととされる(高橋、二〇〇五、三〇頁)。

しかし、「協働」が使われている文献を読み進めるうちに、自分が「協働」という言葉をつくり出したと書かれている文献に出会った。行政学者の森啓の『「協働」の思想と体制』である(森、二〇〇三)。森によれば、一九八一年刊行の松下圭一・森啓編『文化行政—行政の自己革新』で用いたのが最初という。[6] 当時は辞書にも「協働」という言葉はなく、敢えて新語を造ったということである。

では、当時はまだ神奈川県職員だった森はなぜこの言葉を使ったのだろうか。それは今後の文化行政の推進を考えた場合、自己革新した行政と市民による新しい関係をつくり出す必要性があり、その新しい関係を表す用語が必要だったからであるとされる。つまり、行政と市民が現状のまま協力関係を結んでも新しい成果をあげることができず、それでは「協働」とはいえない。協働には「双方の自己革新」が不可欠であり、自己革新した双方の新しい関係を「協働」という国語辞典にはない言葉で表現したのである(森、二〇〇三、一一六頁)。ここでのキーワードは、「対等」ではなく「自己革新」である。この指摘が意味することは重要と考える。組織の構成原理や活動の蓄積が異なる団体同士が、対等な関係を築くことは容易なことではない。「協働」を築き上げていくためには、双方がそれぞれに自己のあり方を問うような厳しさが求められるのである。

市民活動家として日本ＮＰＯセンターに長く関わってきた山岡義典も同様の指摘を行う。「同じ性質のものが協働しても、規模の拡大には役立つが質の向上には役立たない。ＮＰＯと自治体がパートナーシップを組むことに意味があるのは、両者が『異なる』からである。異なるが故に両者のパートナーシップには多くの混乱や困難を伴うが、実はそのことに意味があるともいえるのである。それが創造的なパートナーシップといえるものであろう」（山岡、二〇〇一、三三四頁）と述べている。異なるもの同士のぶつかり合いなくして意味ある「協働」は生まれないということである。[7]

こうした視点は、本書がテーマとする協働型集落活動を分析する際にはとりわけ重要と考える。なぜなら農村社会には様々な地域資源が存在し、それを中心に社会関係が形成され、閉鎖性が強い社会として展開してきている。従って、長い歴史を通じてつくり上げられてきた伝統的な集落組織との協働は必ずしも容易なことではないからである。先の「新たな試みに取り組む際には、必ず従来の集落（むら）との折り合いのつけ方が問題になる」という指摘は、こうした意味を内包している。

以上の「協働」に関する検討を踏まえ、本書で協働型集落活動という場合の「協働」に関しては、「異なる性格をもつ組織同士が、互いに自己革新を遂げながら、共通の目標に向かって対等の立場で活動すること」と定義しておく。本書では、「人口減少社会に適合した制度やシステム」を構築していくうえで、こうした特徴をもつ協働型集落活動が、今後大きな役割を果たすものと考えており、その可能性を検討することを課題としている。

(4) 「協働」概念と組織／セクター

なお、本書で「協働」という場合、組織と組織との関係を念頭に置いている。「参加」は個人が組織に対して行うことを意味するのに対して、「協働」は組織と組織の関係を意味しているという立場にたっている（山岡、二〇〇四、二六頁）。また、この組織を、公セクター、私セクター、共セクターに分類し、「協働」といった場合、異種セクター間での関係として捉える立場がある（柏、二〇〇二、一頁）。「自治体とNPOの協働」とは、公セクターと共セクターという異種セクター間での「協働」であり、そうした異種セクター間の「協働」が今日きわめて重要になってきていることは間違いない。しかし、本書では、「協働」を異種セクター間の関係に限定して捉えることはしない。なぜなら、NPO法人一つとっても、きわめて多様で、ボランティア組織に近いものから、民間企業に近いものまでその幅は広い。地域社会に関係が深い社会福祉協議会は、制度面では共セクターに位置するが、その活動は公セクターに準じた性格を有している。私セクターでも、近年は、社会的企業やコミュニティ・ビジネスなど、利潤よりもミッションを重視するものも現れている。従って、同じセクター内にも実に多様な組織が存在しており、特にその傾向は共セクターにおいて顕著である。同じセクター内でも、組織の構成原理や活動の蓄積が異なる場合は、双方の自己革新なくして「協働」は形成されないと考えられるため、三つのセクターの分類を重視しつつも、異種セクター間での「協働」に限定せず、同じセクターに分類される組織同士に関しても「協働」という視点で考察していくことにする。

2　集落について

次に「集落」についてである。村落、部落、むら、集落などに関しては、様々な見解があり、論争があるところであるが、本書で用いる「集落」に関しては、農林業センサスの「農業集落」の定義に依拠している。農林業センサスでは、「農業集落とは市町村の区域の一部において農業上形成されている地域社会のことで、もともと自然発生的な地域社会であって、家と家とが地縁的、血縁的に結びつき、各種の集団や社会関係を形成してきた社会全体の基礎的な単位」を指し、「具体的には、農道・用水施設の維持・管理、共有林野、農業用の各種建物や農機具等の利用、労働力（ゆい、手伝い）や農産物の共同出荷等の農業経営面ばかりでなく、冠婚葬祭その他生活面にまで密接に結びついた生産及び生活の共同体であり、さらに自治及び行政の単位として機能してきたもの」とされる(8)。

いわゆる「『むら』＝生産・生活共同体」（田代、二〇一一、三二五頁）のことを指しているが、本書では、「むら」ではなく、「集落」という表現を用いている。「集落」を用いるのは、「むら意識」という使われ方に明らかなように、「むら」は、常に「共同体的な村落構成、あるいは旧来の非民主的村落構成」（安孫子、二〇〇四、一四頁）という性格をもつものとイメージされがちであると考えるからである。その混乱を避けるために、形態のみが問題となっている時には「集落」を用い、その性格まで踏み込んで問題にする時には「集落（むら）」という表現を用いることにしたい。

なお、「集落営農」の調査を全国各地で行った田代洋一によれば、扱った事例の集落営農の組織範囲は、農業集落と藩制村が多いが、地域によっては複数集落にまたがるものや明治合併村というものも存在することが指摘されている（田代、二〇一一、三二〇―三二三頁）。従って、本書の各章で扱う事例においても、協働型集落活動が展開する範域は、多様であることが予想される。

五　本書の構成

以上のような前提を踏まえたうえで、次章以降で事例分析が積み上げられていく。最後に、各章の位置づけを述べておく。

第一章「農業構造改革と農村社会の再生は両立するか」（柳村俊介）は、宮城県角田市と北海道栗山町という相対的に農業基盤がしっかりした地域を対象とした論稿である。前者についてはA地区における一括利用権設定と集落営農の取り組みが、後者については新規農業参入支援の取り組みが分析の対象とされ、ともに土地改良区や農業振興公社といった機関との協働のあり様が分析の柱になっている。両事例の分析を通じ、近年の産業政策と農業政策を「車の両輪」とする政策推進がもたらしている「農業構造改革のジレンマ」の実相を把握し、「協働」型集落活動の意義と限界を論じる。

第二章「農村社会における集落営農の意義と新たな展望」（今井裕作）では、中山間地域に位置する島根県佐田町の集落営農の事例が取り上げられる。島根県は、一九七五年から「新島根方式」と呼ばれる集落営農に取り組んできた地域であり、二〇〇八年からは「地域貢献型集落営農」という独自の政策を推進している。ここでは佐田町にある一七の集落営農組織から二つの組織と一つの広域連携組織（八の集落営農組織が連携）が取り上げられ、それらの比較分析を通じて協働型集落活動という視点から農村再生の展望が語られる。

第三章「ボランタリー地域組織による生活課題への取り組み」（澁谷美紀）は、秋田県横手市の山間部・豪雪地帯に形成された共助組織に注目したものである。横手市の旧山内村南郷区に結成された雪処理を中心とする共助組織＝ボランタリー地域組織の分析を軸に、行政―NPO法人―共助組織―集落（むら）の関係性がどう構築されてきたのかが検討される。そこでは、①有志で構成するボランタリー地域組織がどのようにして共助の仕組みを構築していくのか、②住民や公的機関がそれぞれ共助についてどう理解して協働しているのか、という点が明らかにされる。

第四章「Iターン移住者、集落支援員による「協働」型集落活動」（松宮朝）は、京都府綾部市におけるIターン移住者と集落支援員の活動についての論稿である。綾部市は官民一体となった移住希望者への定住支援策を行い、多くのIターン者を迎えいれることに成功しており、集落支援員に就任するIターン者も現れている。そこで、Iターン移住者の集落活動への参画を促すしくみと集落支援員が集落活動に果たす役割について検討することを通して、Iターン移住者と集落支援員と集落の「協働」、及び集落支援員と集落の「協働」について考察する。

第五章「LEADERプログラムと地域内協働の現状」（市田知子）では、EUの農村地域政策の下で第五期に入ったLEADERプログラムの現状と課題について、ドイツを事例に論じられる。まず、EU及びドイツのLEADERプログラムの展開過程を概観したうえで、ドイツ北部のニーダーザクセン州、なかでもアラ・ライネ谷地域のLAGに焦点があてられる。八町村の連合で取り組まれるこの活動の分析を通じ、LAGの運営体制や活動内容が明らかにされるとともに、行政と民間の地域内協働において行われている行政主導を避けるための工夫について指摘する。

最後に、終章において編者である小内が、日本農山村における協働型集落活動の可能性について総括的に論じる。

注

（1）平成二十七年度から「農業の有する多面的機能の発揮の促進に関する法律」（平成二十六年法律第七八号）に基づき、多面的機能支払交付金は、日本型直接支払（多面的機能支払交付金、中山間地域等直接支払交付金、環境保全型農業直接支払交付金）の一つとして実施されるようになっている。

（2）本田恭子の『地域資源保全主体としての集落　非農家・新住民参加による再編を目指して』（二〇一三）では、村仕事（保全作業）に報酬を出すことによる影響などについて検討されている。そこでは、報酬を出すことが慣行や住民に悪影響を及ぼすという理由で報酬を出さない選択をした集落が一定数存在することが明らかにされている。

（3）長野県旧大岡村の事例分析を行った築山秀夫（二〇一三）では、中山間地域等直接支払制度による集落協定を締結する地区の数は、第一期、第二期、第三期と進むにつれて、三二→二八→二〇と減少し、それに伴い対象農地も第三期までに三八・七％減少したことを明らかにしている。また本書の第三章の秋田県横手市の事例でも、第四期に協定の締結を断念した事例が紹介されている。

（4）担い手の認定要件に「集落営農」を入れることを強く要請したのは農協側である。その結果、「五年後に法人化するなどの経営としての実態を備えている場合」という条件付きで認められた（大泉、二〇一四、一三頁）。

（5）K・マルクス（花崎皋平訳）『ドイツ・イデオロギー』、合同出版、一九六六年、五八頁。このマルクスの協働概念を受けて、布施鉄治は協業概念との比較において協働概念の検討を行っている。詳しくは、布施の論稿（布施、二〇〇〇［一九七八］）を参照のこと。

（6）実際には、松下・森編『文化行政―行政の自己革新』（一九八一年、学陽書房）においては「協働」という用語は使われていない。自己革新の必要性は随所に述べられているが、「協働」の関わる箇所では、「行政と民間の協同システム」「行政と市民の共同事業」という表現となっている。管見の限り、最初に使われているのは、田村明・森啓編『文化行政とまちづくり』（一九八三年、時事通信社）の「はしがき」においてである。そこには、「市民と市町村行政とのさまざまな協働関係」と表現された一文がある。

（7）鳥越晧之も、パートナーシップ的発展論を定義する際、パートナー同士が「異質」であることの意義について指摘している（鳥越、二〇一〇）。

（8）庄司は、この定義に関して、一定の評価を述べたうえで、「自然発生的な地域社会」であるという点と大字と農村集落の不一致問題の視点から問題点を指摘している。詳しくは、庄司の論稿（庄司、二〇〇九）を参照のこと。

引用・参考文献

青木辰司「グリーン・ツーリズム―実践科学的アプローチをめざして」、日本村落研究学会編『年報　村落社会研究四三　グリーン・ツーリズムの新展開　農村再生戦略としての都市・農村交流の課題』、農山漁村文化協会、二〇〇八年、一六一―一九四頁

安孫子麟「二一世紀からみた村研の五〇年―村研五〇周年記念講演」、日本村落研究学会編『年報　村落社会研究三九　二一世紀

村落研究の視点　村研五〇周年記念号』、農山漁村文化協会、二〇〇四年、七―三四頁
安藤光義「農村政策の展開過程―政策文書から軌跡を辿る―」、高崎経済大学地域科学研究所編『自由貿易下における農業・農村の再生　小さき人々による挑戦』、日本経済評論社、二〇一六年、一八九―二〇七頁
大泉一貫編『農協の未来―新しい時代の役割と可能性』、勁草書房、二〇一四年
大川健嗣「戦後農政の視座―玉真之介報告との関連で―」、日本村落研究学会編『年報　村落社会研究三八　日本農村の構造転換を問う　一九八〇年代以降を中心として』、農山漁村文化協会、二〇〇二年、一六七―一八一頁
大野晃「条件不利地域の現状と直接支払制度―高知県池川町の事例―」、日本村落研究学会編『年報　村落社会研究三七　日本農業・農村の史的展開と農政　第二次大戦後を中心に』、農山漁村文化協会、二〇〇一年、一七一―二〇六頁
大野晃『限界集落と地域再生』、信濃毎日新聞社、二〇〇八年
小田切徳美編『農山村再生の実践』、農山漁村文化協会、二〇一一年
小田切徳美「日本における農村地域政策の新展開」、地域農林経済学会『農林業問題研究』第一九二号、二〇一三年、三―一二頁
小内純子「地域社会におけるＮＰＯと自治体」、札幌学院大学社会情報学部『社会情報』第一〇巻第二号、二〇〇一年、一―一三頁
小内純子「住民主体の地域形成の試みと自治体―大規模酪農地帯・北海道標茶町を事例に―」、地域社会学会編『地域社会学会年報』第一四集、二〇〇二年、一四七―一六七頁
柏雅之『条件不利地域再生の論理と政策』、農林統計協会、二〇〇二年
佐藤徹「市民参加の基礎概念」、佐藤徹・高橋秀行・増原直樹・森賢三『新説　市民参加―その理論と実際』、公人社、二〇〇五年、一―二七頁
庄司俊作「日本の村落についてのノート―共同体理論の発展に向けての諸説の検討―」、日本村落研究学会編『村落社会研究ジャーナル』第三〇号（第一五巻第二号）、二〇〇九年、三五―四五頁
図司直也「人材支援と人材形式の条件と課題―「補助金から補助人へ」の意義を考える」、小田切徳美編『農山村再生の実践』、農山漁村文化協会、二〇一一年、一九三―二一三頁

図司直也『地域サポート人材による農山村再生』、筑波書房、二〇一四年
高橋秀行「参加と協働」、佐藤徹・高橋秀行・増原直樹・森賢三『新説　市民参加―その理論と実際』、公人社、二〇〇五年、二九―六〇頁
田代洋一『地域農業の担い手群像』、農山漁村文化協会、二〇一一年
立川雅司「ポスト生産主義への移行と農村に対する『まなざし』の変容」、日本村落研究学会編『年報　村落社会研究四一　消費される農村　ポスト生産主義下の「新たな農村問題」』、農山漁村文化協会、二〇〇五年、七―四〇頁
玉真之介「『戦後農政』の転換と農村活性化政策」、日本村落研究学会編『年報　村落社会研究三八　日本農村の構造転換を問う　一九八〇年代以降を中心として』、農山漁村文化協会、二〇〇二年、一三七―一六五頁
玉野和志「コミュニティからパートナーシップへ―地方分権改革とコミュニティ政策の転換」、羽貝正美編『自治と参加・協働―ローカル・ガバナンスの再構築』、学芸出版社、二〇〇七年、三二―四八頁
築山秀夫「市町村合併と農山村の変動―長野県旧大岡村を事例として―」、日本村落研究学会編『年報　村落社会研究四九　検証・平成の大合併と農山村』、農山漁村文化協会、二〇一三年、一五五―一九五頁
徳野貞雄『生活農業論　現代日本のヒトと「食と農」』、学文社、二〇一一年
徳野貞雄「人口減少時代の地域社会モデルの構築を目指して―「地方創生」への疑念―」、牧野厚史・松本貴文編『暮らしの視点からの地方再生：地域と生活の社会学』、九州大学出版会、二〇一五年、一―三六頁
富吉満之・北野慎一「農関連NPO法人における委託事業の影響と農林地の利用特性」、システム農学会『システム農学』第三〇巻第三号、二〇一四年、七七―八六頁
鳥越皓之編『霞ケ浦の環境と水辺の暮らし―パートナーシップ的発展論の可能性』、早稲田大学出版部、二〇一〇年
日本村落研究学会編『年報　村落社会研究三七　日本農業・農村の史的展開と農政　第二次大戦後を中心に』、農山漁村文化協会、二〇〇一年
日本村落研究学会編『年報　村落社会研究四三　グリーン・ツーリズムの新展開　農村再生戦略としての都市・農村交流の課題』、

農山漁村文化協会、二〇〇八年
橋本卓爾・山田良治・藤田武弘・大西敏夫『都市と農村　交流から協働へ』、日本経済評論社、二〇一一年
林直樹・齋藤晋編『撤退の農村計画―過疎地域からはじまる戦略的再編』、学芸出版社、二〇一〇年
布施鉄治「補論　われわれの採用しているモノグラフィー法について」、布施鉄治『布施鉄治著作集　調査と社会理論（上巻）』、北海道大学図書刊行会、二〇〇〇年、三〇二―三〇八頁、〔布施鉄治編著「酪農経営の「大規模化」と農民層の生産・労働―生活過程―北海道標茶町虹別地区Ｉ及びＳ部落と大樹町尾田地区Ｔ部落における比較研究―（第二篇）」、『北海道大学教育学部産業計画研究施設研究報告書』第一五号、一九七八年〕
布施鉄治「社会機構・構造と「生産・労働―生活過程」分析」、布施鉄治『布施鉄治著作集　調査と社会理論（下巻）』、北海道大学図書刊行会、二〇〇〇年、三八七―五〇六頁、〔原題「社会機構と諸個人の社会的労働―生活過程」、『北海道大学教育学部紀要』第二六号、一九七六年。のちに布施鉄治・岩城完之・小林甫『社会学方法論―現代における生産・労働・生活分析―』、御茶の水書房、一九八三年に再録〕
本田恭子『地域資源保全主体としての集落　非農家・新住民参加による再編を目指して』、農林統計協会、二〇一三年
増田寛也『地方消滅―東京一極集中が招く人口急減』、中公新書、二〇一四年
森啓『「協働」の思想と体制』（北海道町村会　平成一四年度　地方自治土曜講座ブックレット　No.九〇）、公人の友社、二〇〇三年
山岡義典「付論―ＮＰＯと自治体の違いを超えて」、山岡義典・大石田久宗編『協働社会のスケッチ』、ぎょうせい、二〇〇一年、三二七―三四三頁
山岡義典「ＮＰＯのある社会とは　参加と協働による「公共」の姿」、『ガバナンス』、ぎょうせい、二〇〇四年四月、二六―二九頁
山本努『人口還流（Ｕターン）と過疎農山村の社会学』、学文社、二〇一三年
吉野英岐「集落の再生をめぐる論点と課題」、日本村落研究学会監修・秋津元輝編『年報　村落社会研究四五　集落再生―農山村・離島の実情と対策』、農山漁村文化協会、二〇〇九年、一一―四四頁

第一章　農業構造改革と農村社会の再生は両立するか

──「車の両輪」政策と協働型集落活動──

柳村俊介

二〇〇七年から開始された「産業政策と地域政策を車の両輪とする施策の展開」を謳う農政が定着しつつある。これは農業構造改革と農村社会の再生の二つの政策命題が両立することを前提にしているが、農業構造改革は（イ）農村内の利害対立・分断や（ロ）農業者・農村人口の減少につながり、農村社会の衰退要因となりうる。本論ではこれを「農業構造改革のジレンマ」ととらえた上で、「車の両輪」政策の下で形成される行政・農業団体と集落団体との協働がこれに対して適切に対処できるかを問うことによって「車の両輪」政策の有効性を検討した。ジレンマ（イ）について宮城県角田市における農地集積と集落営農の展開、ジレンマ（ロ）について北海道栗山町における新規農業参入支援を取り上げ、事例分析を行った。角田市の事例では圃場整備事業に際して集落団体と土地改良区の協働による農地管理体制が構築されたが、地代水準をめぐる対立が表面化した。問題解決には新たな地域農業づくりに向けた協働の組み替えが求められる。栗山町では多様な新規参入の進展が注目される。しかし、集落団体による支援が望まれつつ、支援活動の中心を担う公社と集落団体の協働を構築すること自体が困難な状況にある。農業構造改革のジレンマは容易に解消できる問題ではないと認識すべきであり、「車の両輪」政策の実効性を高めるには集落団体サイドの強い主体性を確保することが重要である。

一　はじめに――問題の所在と課題――

二〇一五年三月に閣議決定された新たな食料・農業・農村基本計画は、「産業政策と地域政策を車の両輪とする施策の展開」をうたっている。「まえがき」で「構造改革を後押ししつつ農業・農村の有する多面的機能の維持・発揮を促進するための地域政策」と述べているように、二つの政策は農業構造改革において関連付けられ、地域政策による農業構造改革の促進が期待されている。以下ではこれを「車の両輪」政策と呼ぶ。

「車の両輪」政策の源流は一九七〇年代後半の地域農政に遡ることができ、主に水田転作の実施に関わる地域的調整を通じて農地利用の集積が進められるようになった。現在の「車の両輪」政策の枠組みが固まったのは、集落営農を農業の担い手とする品目横断的経営安定対策と農地・水・環境保全向上対策が開始された二〇〇七年の前後の時期である。それは農業構造改革と農村社会再生の両立をはかる政策の意図が強まったことを物語る[1]。

新制度派経済学流に表現すると、「車の両輪」政策は農業構造問題の組織的解決を目指すものと言える[2]。農業構造改革に要する取引費用を農村社会内部の組織対応によって節減することが期待されている。農業構造問題の市場的解決を指向する潮流も強まっているので現実の農政の動きは複雑だが、そのひとつとして「車の両輪」政策は定着したとみられる。だが、これをどう認識すべきかについて十分な議論がなされているとは言いがたい。

ここで齋藤純一の「コミュニティ再生の両義性」に関する議論（齋藤、二〇一三）を参考にしたい。齋藤は、国家の統治において、コミュニティ等の中間組織を単なる受動的客体とするのではなく、能動的な自己統治を促してそのエネルギーを活用する間接的統治が強まり、それがコミュニティ再生を促している状況を両義的ととらえる。「車の両輪」

政策の意図がまさにそこにあることは疑いない。

本論で検討したい点は、「車の両輪」政策がねらう両義的コミュニティ再生の当否ではなく、両義性が実際に発現するかどうかである。こうした問題を立てる理由は、農業構造改革と農村社会再生の二つの命題が予定調和的ではないと考えるからである。たしかに、農業構造改革を通じて担い手農業者の所得が向上し、農村安定層が形成されると、それが農村社会の再生に結びつくという論理が考えられる。また、政策への対応とそれに付随する資金の流入が農村社会を活性化する効果をもつことも否定できない。しかし長期的には（イ）農村内の利害対立と分断、（ロ）農業者の減少ひいては農村人口の減少の二点から農業構造改革の進展が農村社会の衰退要因となる可能性がある。

ここでは（イ）（ロ）を「農業構造改革のジレンマ」と呼ぼう。（ロ）は伊庭治彦が「集落営農のジレンマ」として指摘している（伊庭、二〇一二）ことがらだが、集落営農にとどまらぬ普遍性をもつと考えられる。そこで以下では（イ）を加えて農業構造改革のジレンマとし、問題をより広くとらえることにする。

「車の両輪」政策が効果を発揮するには、農村社会が農業構造改革を受容、下支えするだけでなく、（イ）（ロ）のジレンマに対して適切な対応をとり、自らの衰退を押しとどめることが求められる。言い換えれば、農業構造改革の進展によるネガティブな影響を排除しながら農村社会が再生するという構図である。これに失敗すると農村社会の再生は果たされず、農村社会が後押しする農業構造改革も頓挫することになる。

さて、「車の両輪」政策の実行過程では、政策の受容に始まる一連の対応のために行政・農協等の諸団体と住民・農業者によって構成される集落団体との協働が不可欠である。本論ではこのように統治の一環として形成される協働関係とそれに基づいて行われる協働型集落活動に注目する。(3) 以下では二つの事例を通じて農業構造改革のジレンマの実相を把握し、かかる協働の形成およびその困難をとらえた上で、協働が形成された場合において、それがジレンマの解消に有効であるかどうかを検討する。

第一の事例は農業構造改革のジレンマ（イ）に関わる宮城県角田市A地区の事例である。圃場整備事業を経て、集落団体と土地改良区の協働により一括利用権設定による農地管理体制が確立した。この取り組みは農地集積の優良事例として注目されたが、(4) 後に地代をめぐる対立が顕在化する。問題の解決には地域農業の発展に向けた新たな取り組みが必要で、その観点からすると現在の協働は弱点をもつことを論じる。

第二の事例では農業構造改革のジレンマ（ロ）に関わる取り組みを検討する。北海道では新規参入者の定着による地域農業と農村社会の維持がはかられてきた。それは定型化と同化を基本とするものだが、農業経営の規模拡大が進むなかで限界感が強まっている。その打開に向けて集落団体との協働や新規参入の多様化に向けた取り組みが模索されているものの、問題解決の道筋は不透明である。水田作地帯の栗山町農業振興公社を取り上げ、多様な新規参入に向けた取り組みが注目される一方、新規参入支援に向けて集落団体との協働を形成することに困難を抱える状況について述べる。

二　宮城県南部平地農村における一括利用権設定と集落営農

1　事例地区における取り組みの概要(5)

角田市は宮城県南部内陸部の平場水田地帯にある。この地域には一九七〇年前後から多数の工場が進出し農外兼業が広がった。

市の南東部、阿武隈川右岸に位置するA地区では一九九八〜二〇〇八年にかけて二一一・三ヘクタール（うち田一九七・〇ヘクタール）を対象に大区画圃場整備が施され、並行して農地集積が進められた。宮城県では県営圃場整備事業と農地保有合理化事業を組み合わせて短期間に農地集積を進める施策を講じてきた。これは「圃場整備事業と農地保有合理化事業のパッケージング」とも称され、スタートは一九八三年に遡る。[6] A地区の取り組みもそのひとつで、かつ県内最大規模のものである。三三六名の地権者の中から一一名（後に一三名に増え、現在は法人を含めて一五）を担い手として特定した。A地区の農業に関するもうひとつの特徴はこの担い手を中心とする集落営農にある。一九九九年に担い手だけでA地区全体をカバーする転作組合を設立した。

(1)　一括利用権設定による農地集積

①圃場整備事業から一括利用権設定へ

A地区の農地集積の方法は「村ぐるみ手法による一括利用権設定」と呼ばれている（図1）。農地の所有と利用を分離し、担い手農家の所有農地を含めて地区内の全農地の利用権を農地保有合理化法人である角田市農業振興公社に集めた後、団地的利用が可能になるように利用権を再設定するものである。[7]

二〇一六年度の契約者数は三〇三で、当地の呼称に従うと「担い手」（農家一一戸＋四法人）、「自己完結農家」（四二戸）、「全作業委託農家」（五六戸）、「全貸付農家」（一九〇戸）の四グループに区分される。担い手と自己完結農家が利用権の再設定の対象になる。担い手は農地利用権の主な受け手で、さらに水田転作の作業を受託している。自己完結農家は稲を自作する農家で、そのための水田の利用権の配分を受けるが、転作の作業は担い手に委託している。全作業委託農家は主に入り作者で、圃場整備事業の工区外の水田で稲を自作する一方、工区内の水田を転作にあて、自己完結農家と同様、転作の作業を担い手に委託している。全貸付農家は自作せずに全ての農地を貸し付けている。

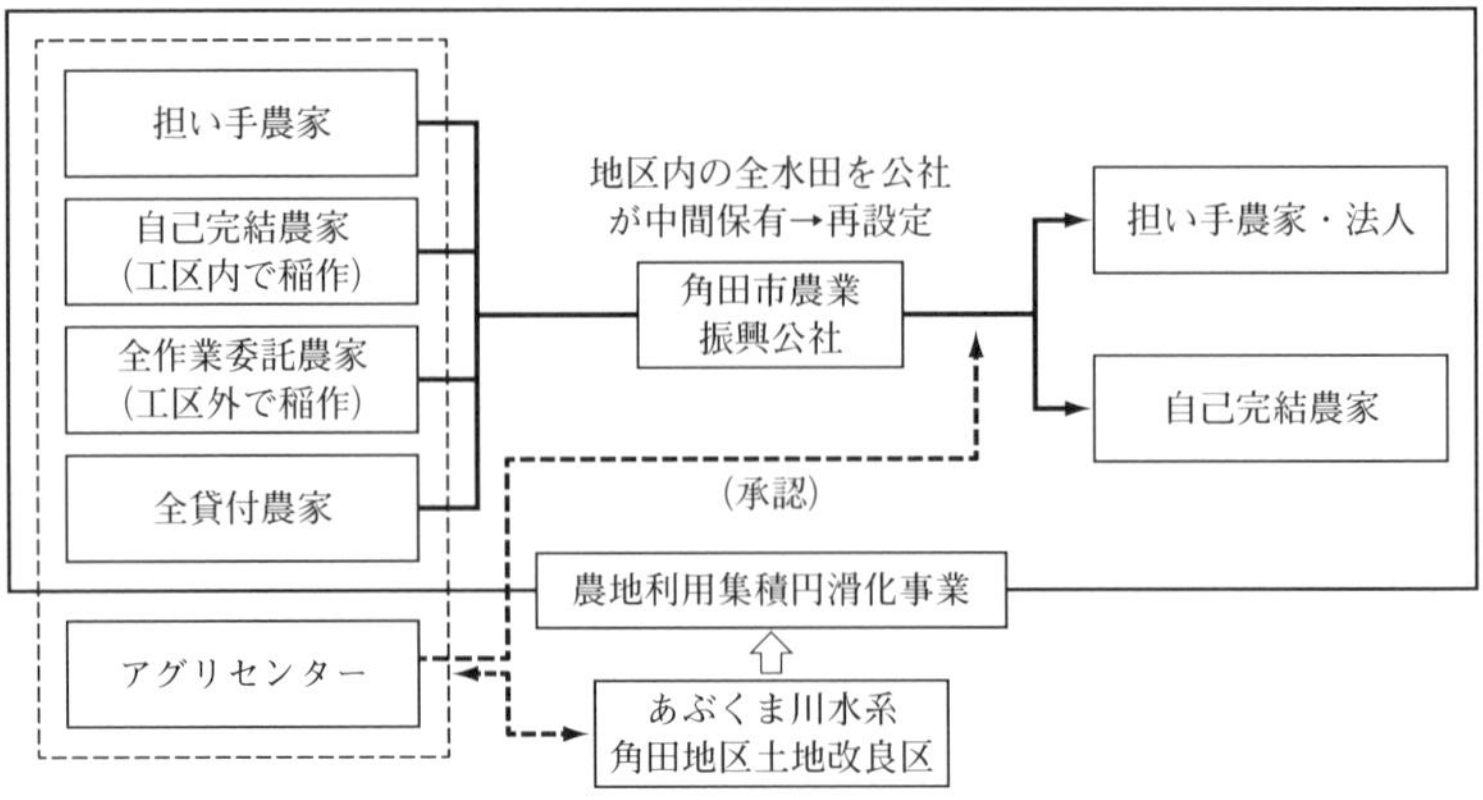

図1　A地区における一括利用権設定の仕組み

農業振興公社が果たす役割は農地の中間保有だけで、利用権設定と農作業受委託の実務を担当しているのはあぶくま川水系角田地区土地改良区（以下、土地改良区）である。A地区では、圃場整備事業が実施された区域において集落単位にアグリセンターという地権者組織が設けられている。土地改良区が水田の配分案を作成し、アグリセンターがそれを承認するという手続きをとっている。

一括利用権設定に至る経過をたどると、圃場整備事業の工事期間における一時利用地の配分から始まる。工事期間中の暫定的な対応として工区内の水田を全体で管理する体制を敷き、事業参加農家の稲作用の水田を配分するとともに、転作については団地を設け、転作組合が作業を担当した。ここまでは通常の対応だが、A地区では竣工後もこの体制を維持することを決め、そのために一括利用権設定に取り組むことにしたのである。

圃場整備事業と農地集積が結びつく背景には担い手育成を進める農業政策がある。A地区の実際に即すと、大きな意味をもったのは農地集積の進展に応じた圃場整備事業の受益者負担率の軽減措置であり、これに経営所得安定対策、米生産調整政策が加わる。一括利用権設定と集落営農（後述）はこれらに対する対応として行われたものである。

農地集積の実績を確認しておくと、当初の契約者数は三一六名で、地権者三三六名の大半を占めた。二〇一六年度の契約者数は前述のように三〇三、参加面積は田一八五・六ヘクタールと畑九・九ヘクタールで、工区内農地の九三％をカバーしている。担い手が集積した農地面積は、利用権を設定した水田一二五・八ヘクタール、転作の作業を受託した水田二二・七ヘクタール、作業を受託した畑九・九ヘクタールの合計一五八・四ヘクタールで、工区内農地の七五％を占める。残り三七・一ヘクタールが自己完結農家の稲作付面積である。

ところで、圃場整備後の換地に際しては一律の地価（一〇アール当たり六〇万円）、利用権設定に際しても一律一〇アール当たり一万円ないし玄米三〇キログラムの地代を適用した。一筆ごとの農地評価は行われていない。地代水準は当時の標準小作料を大幅に下回っており（後述）、一律の地代の適用は地代水準の下方平準化を意味していた。背後には工区全体の農地利用を担保する意図があり、圃場整備事業工区内の全農地を守ることを大義とする農地管理体制が構築されたととらえることができる。

この体制は農地の受け手となる担い手および農地を提供する地権者の双方のメリットに裏打ちされていた。担い手側のメリットとして挙げられるのは短期間での農地集積の実現である。工区内の担い手の耕作面積は一九九八年の三六・二ヘクタールから二〇〇三年には一三二・八ヘクタールに達し、その後も二〇〇八年一三九・八ヘクタール、二〇一六年一五八・四ヘクタールと漸増した。農地集積は作付圃場の団地化を伴っており、大区画圃場整備と相まって作業能率の向上をもたらした。

地権者側のメリットはまず事業費の負担軽減にある。農地集積の実績に基づいて工事費の地元負担率が軽減され、受益農家の負担率は三・二五％となった。特別賦課金（年額）はこれまでの最高額が一〇アール当たり一五二〇円で、現在は七六〇円である。加えて利用権の設定により土地改良区の用排水費賦課金が借り手の負担になり、支払いを免れた

表1　A地区における担い手の経営耕地面積（2016年度）（単位：ha）

担い手	行政区—自治会	工区内（利用権）	工区内（作業受託）	工区外（利用権）	合計
法人T	**A-3**	**2.3**	**—**	**37.6**	**39.9**
農家TM	**A-2**	**2.6**	**1.4**	**24.8**	**28.8**
農家ST	A-4	6.7	1.8	14.7	23.2
農家YY	A-6	19.0	2.0	8.9	29.8
農家KS	A-4	1.6	0.8	2.6	5.0
法人G	A-5	12.7	3.9	12.1	28.7
法人K	A-7,8	0.9	1.6	—	2.5
農家TY	A-7	11.2	—	2.3	13.4
農家HK	A-8	16.6	—	4.0	20.5
農家YK	A-8	6.9	—	2.1	9.0
農家SK	A-8	9.9	0.2	1.3	11.4
農家SE	A-8	7.0	0.6	3.6	11.2
農家KH	A-8	17.1	1.3	8.3	26.7
法人C	**F-2**	**3.3**	**4.6**	**39.9**	**47.8**
農家KM	**F-4**	**8.1**	**4.5**	**15.8**	**28.4**
合計		125.8	22.7	177.9	326.5

出所）あぶくま川水系角田地区土地改良区の資料より作成
注1）**太字**は工区外の行政区に所属する担い手を表す
注2）工区外の作業受託面積については不明

点が挙げられる。二〇〇〇年頃は一〇アール当たり二万四〇〇〇円を上回り、賦課金の負担感が大きかった。

なお、角田市において集落を基盤とする農地管理体制を構築したのはA地区のみである。地元関係者の言によると、A地区がそれをなしえた理由は一九九〇年代末から圃場整備事業を実施したことに付随して農地集積に関わる各種の対策への対応を迫られたことに尽き、組織対応に関して当地区がもつ特別な条件は見当たらない。

②担い手の農地集積と農業経営

担い手の農地集積状況を確認しておく（表1）。作業受託を含む二〇一六年度の経営耕地面積の合計は三二六・五ヘクタールで、一一戸の担い手農家は五・〇～二九・八ヘクタール、四つの法人は二・五～四七・八ヘクタールの範囲にある。法人Kの経営耕地面積が小さいのは部分協業であるためで、メンバーの農家TY、HK、YKは個別経営を維持している。

圃場整備事業の工区内水田の集積面積の合計は一四八・五ヘクタールで、これを上回る一七七・九ヘクタールが工区外にある（工区外の作業受託は不明）。規模拡大に積極的な担い手が工区外でも農地集積をはかっていることに加え、圃場整備事業工区とA地区の範囲が一致しないという事情が影響している。A地区には八つの集落（行政区＝自治会）があるが、事業が実施されたのは五集落である。また隣接するF地区からの入り作があり、そのうち二戸が担い手に加わった。圃場整備事業工区から外れる集落やF地区に属する担い手は工区外の集積農地が経営耕地面積の半分以上を占める。

表2に担い手の一部の農業経営に関する聞き取り結果の概要を示した。工区外の借地に対しては、工区内の設定地代（調査時点では一〇アール当たり七〇〇〇円ないし玄米三〇キログラム）を上限に、それを下回る額を支払っている場合が多い。もうひとつ注目したいのは様々な経営対応を行っている点である。農家HK、YYやT生産組合は稲作、麦・大豆作のほかに施設野菜、農産物加工、直売所といった多角的な事業に取り組んでいる。また、多くが家族や構成員以外の外部労働力を雇用しており、G生産組合のように集落内の高齢者を組織している場合もある。

(2) 担い手による集落営農とその動向

楠本雅弘は、イエ・ムラおよび農地等の農業資源が基礎・土台をなし、一階に農地・労働力・農機具・作業受託の管理や利用調整を行う組織、二階に土地利用と農作業の実働組織が構築される「二階建て集落営農」を提示した（楠本、二〇一〇）。認定農業者等が二階の中核を占めるようになると農地集積にドライブがかかることになるが、これを体現するのが担い手だけをメンバーとするA地区の集落営農である。

A地区の集落組織を二階建て集落営農に準じて示すと（表3）、土台―一階―二階に対応した体制がそれなりに整備さ

作付作物，関連事業	備考
水稲25ha，飼料米7ha，大豆7ha，大麦7.5ha，ホウレンソウ，長ネギ0.6ha，ゆき菜0.6ha，赤シソ、梅干加工，直売所	集落の農地所有者49戸のうち27戸で設立
水稲17.2ha，飼料米1.3ha，大豆17.1ha，大麦8.7ha	5戸で設立
水稲15ha，飼料米7ha，大豆4ha，大麦3.5ha，みそ加工（4戸共同）	
水稲12ha，飼料米8ha，大豆1ha，トマト・ホウレンソウ225坪	3戸で設立した農事組合法人Kで転作の一部に対応
水稲42ha，大豆15.5ha（当初予定していた施設野菜を中止）	本社が新潟県にある暖房機メーカーが角田市A地区の隣接地区に第2農場を設立，後継者不在のために担い手の1名（入り作）が事業を譲渡

れているようにみえる。しかし、各階が有機的なつながりをもって厚みのある体制が形成されているとは言いがたい。

すなわち、角田市は「角田市協働のまちづくり推進基本指針」を二〇〇六年に策定し、これに基づいて地区単位に自治センターを設置、地区振興協議会による住民自治機能の向上を目指している。A地区の振興協議会の中には農業振興のための組織も置かれているが、機能していない。A地区内には八つの自治会があり、前述のように圃場整備事業工区は五自治会にまたがっている。行政区・自治会に重なる形で農家組合が存在する。多面的機能支払交付金を受給し共同活動を担う保全隊は四自治会（環境保全型農業直接支払交付金の受給は三自治会）で設立されている。いずれも圃場整備事業工区内の自治会だが、農地利用調整の役割を担うアグリセンターとの結びつきはない。アグリセンターも承認機関としての性格が強く、調整主体としての機能は弱い。この

表2　担い手の農業経営の概要

	所属集落	農業労働力	経営耕地面積	左のうち圃場整備事業工区外
農事組合法人T生産組合	A-3区	組合員の出役	44ha（うち田40ha）全て借入	農地の大半は工区外，地代：水稲7000円，転作3000円/10a
農事組合法人G生産組合	A-5区	5戸が作業を分担して個別に作業，おでってクラブ15～16名（集落内の高齢者）	35.6ha（全て借入）＋作業受託10ha	工区外は堤外地6haを含む14ha，地代ゼロを含む
農家YY	A-6区	経営主（42歳），妻（42歳；補助），常雇1名，農繁期パート3名，妹が手伝い	32ha（畑2ha）＝所有6ha（畑2ha）＋借入26ha	工区外借地10ha，地代：30kg/10aが基本だが，20kgや15kgの借地もある
農家HK	A-8区	経営主（60歳），妻（54歳），常雇1名，農繁期パート3名，子3名が農繁期手伝い	21ha＝所有4.5ha＋借入16.5ha	工区外借地4ha，地代：30kg/10a
株式会社C	F-2区	所長を含め正社員7名，パート3名	51ha（借入）＋水稲作業受託6.3ha	工区外借地45ha，地代：20kgないし3000～4000円/10a

出所）聞き取り調査（2016年7月）の結果に基づく

表3　A地区の集落組織

2階	担い手の形態（現在）	なし	1戸	1法人	2戸	1法人	1戸	6戸＋1法人	
	担い手農家数（当初）	0	1	0	2	1	1	1	5
	安心米生産組合数	2	1	1	1	1	1	1	
1階	アグリセンター	×	×	×	○	○	○	○	○
土台	保全隊	×	×	×	○	×	○	○	○
	圃場整備事業工区	（圃場整備事業工区外）			圃場整備事業工区				
	行政区・自治会・農家組合	1区	2区	3区	4区	5区	6区	7区	8区
	その他	A地区振興協議会・自治センター・小学校区							

出所）聞き取り調査の結果に基づく

ように、コミュニティ形成に向けた行政や集落レベルの対応が行われ、二階建て方式の集落営農を構成する諸要素は存在しているのだが、これらが密接な関連をもって集落営農を形作っているのではない。つまり、政策課題に対応して様々な集落団体が存在するものの、相互に連携して問題に対応する体制はとられていない。

2009年以降

2014年，27戸で農事組合法人（法人T）設立

2013年，5戸で農事組合法人（法人G）を設立したが，THは加わらず

2009年，3戸で農事組合法人（法人K）を設立したが，転作の一部のみで，稲作等は個別で対応

個別
個別
個別

2009年，暖房機メーカーC社が設立した農業法人（株式会社，法人C）に事業を引き継ぎ，HS自らも社員として勤務

A地区では圃場整備事業とともに担い手による集落営農組織の確立に向けた動きが活発化した。だが、その展開は非常に流動的である。一九九九年に一一名の担い手で設立された転作組合はF地区からの通作農家二戸を加えてメンバーが一三戸に増えた。しかしその後、縮小再編に向かう。

まず二〇〇四年に三つの作業班に再編された。第一班のうちの一戸は翌年脱退し、同じ自治会の農家五戸とともに別の集落営農組織（G生産組合）を立ち上げた。作業班再編の背景には、工事の進捗に伴い比較的小面積で分散した転作団地が設定されるようになったこと、メンバーの規模拡大が進むにつれて出役調整が困難になったことが挙げられ、より小回りのきく作

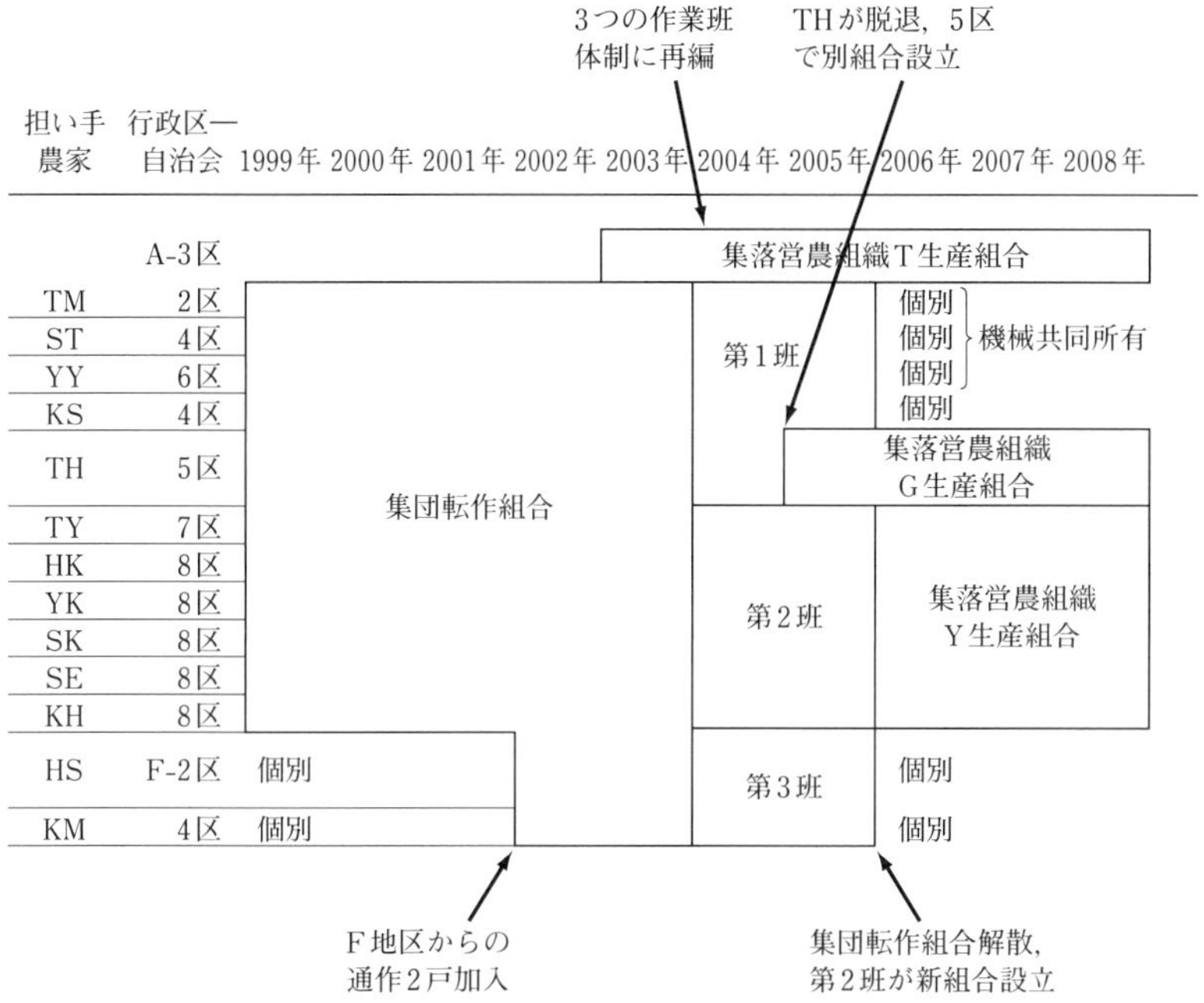

図2　A地区における集落営農組織の変化

業組織の編成に向かった。その後、二〇〇七年に始まる品目横断的経営安定対策への対応を迫られるなかで転作組合は解散し、次のような動向をたどる（図2）。

（イ）第一班は農業機械の共同利用を残しながら転作には個別で対応することにした。

（ロ）G生産組合は集落営農組織として活動を続けながら、法人化を計画し、二〇一三年に稲作部門の共同事業を含む農事組合法人（法人G）を設立した。ただし、当初の担い手のひとりで、この集落における営農組織の牽引役とみられた農家THは法人に参加していない。

（ハ）第二班は集落営農組織Y生産組合として再出発し、法人化を目標にすえた。六戸の認定農業者が参加し、A地区全体を担う組織に発展することが期待されたが、法人化に向けて足並みがそろわず、三戸が個別化、残る三戸が二〇〇九年に法人化（法人K）に踏み切った。だが、稲作は個別経営の事業のままで、法人Kが行う事業は転作の一部にとどまる。

（ニ）F地区からの入り作農家で担い手に加わった農家HSは高齢のため経営の継続を断念した。他の担い手に農地の引き受けを打診したが実現しなかった。農業経営を引き継いだのは、新潟県に本社がある企業が出資する株式会社（法人C）である。新潟県の農場に次ぐ第二農場をA地区に開設したのである。当初は稲、大豆、施設・露地野菜で二〇ヘクタール余りを耕作する計画だったが、野菜作を中止し、稲と大豆の作業受託を中心に約五七ヘクタールを耕作している。

（ホ）農地の供給側になっていた三区では、定年退職を機に農業専従者となった者を中心に新たな集落営農組織（T生産組合）が立ち上がった。減農薬米生産者でつくる安心米生産組合を母体に二〇〇五年に集落営農組織を設立、二〇一四年には法人化し、稲、大豆、野菜の栽培、梅干加工、直売所の事業に取り組んでいる。構成員二七戸で四〇ヘクタール余りを耕作する。

このように担い手の農業経営は大勢として共同事業よりも個別事業に重きを置いた動きを示すが、当初から個別展開を指向していたのではなく、第一班、第二班ともに法人経営の設立を検討した。法人化の目的のひとつは農業所得の増大であり、転作物の栽培管理強化による収益向上、農機具等の固定資本投資の負担軽減、野菜の作付けの拡大や直売所経営による事業拡大が期待された。もうひとつは農業後継者確保である。法人化によって後継者の就農条件を拡大するとともに、後継者が確保できない場合の対応の幅が広がると考えられていた。

だが、一括利用権設定を通じて農地集積を実現したにもかかわらず、担い手の農業経営の組織化には成功していない。むしろ、個別稲作（＋個別野菜・農外兼業）＋集団転作という枠組みの中で急激な農地集積を実現した結果、集団転作と個別の稲作・野菜作等との間の矛盾が拡大した。稲作では個別経営で規模の経済を発揮できる規模に達し、共同事業に取り組むインセンティブが低下した。他方、転作の作業体制を確立することができず、栽培管理が粗放化し、低位生産性を脱することができない状況に陥ったのである。

2　地代をめぐる対立の顕在化

(1) 対立の顕在化

一括利用権設定を通じた担い手への農地集積は地代をめぐる地権者と担い手の間の対立を生むことになる。A地区では二〇〇九年からそれが顕在化した。

圃場整備事業が始まり、一時利用地をめぐる農地の利用調整が始まった二〇〇〇年以後、工区内では一律に一〇アール当たり一万円ないし玄米三〇キログラムとする地代が設定された（以下では地代額を一〇アール当たりで表示する）。二〇〇六年と二〇〇八年（一括利用権設定時）にも地代を同水準で維持することを確認している。ところが、二〇〇九年のアグリセンター連絡協議会に一〇名の担い手が出席し、地代を五〇〇〇円に引き下げるよう要求したのである。以後の経過を詳しく説明するが、ここで登場する担い手部会（担い手協議会）とアグリセンター連絡協議会について予め説明しておく。

圃場整備事業の実施に際し、地域農業の将来構想を示す活性化計画の策定が求められた。その作業を担う推進協議会の下に担い手部会が置かれ、竣工によって推進協議会が解散した後も担い手協議会として存続している。現在、一五の農家・法人で構成され、年二回の会合（総会と研修会）を開催している。

アグリセンター連絡協議会は六つのアグリセンターを束ねる団体である。アグリセンターは集落（自治会）単位に設立されている地権者組織で、農用地利用改善団体に準じた性格をもつ。A地区の八集落のうち圃場整備事業の工区から外れる三つの集落にはアグリセンターがない。また、アグリセンターのひとつは工区に通作地をもつF地区の農家がメンバーである。

(2) 地代決定のルールづくり

二〇〇九年に担い手協議会から提出された地代の引き下げ要求に対し、アグリセンター連絡協議会は地代決定のルールづくりに着手した。検討項目を「小作料改定委員会の設置」「金納と物納の一本化」「小作料金改定の協議時期」「担い手農家部会とアグリセンター協議会の連携」「地区アグリセンターごとの地代の設定」等に整理し、意見集約を行った。それを踏まえて「一括利用権設定地内の賃借料改定に係る基本方針」を定めた（二〇一〇年二月）。

基本方針はまず賃借料金を協議・決定するための体制を定めた。新たに賃借料改定委員会を設置し、各アグリセンターから二名を選出し、角田市農業委員会、角田市農業振興公社を加えて委員を構成することにした[8]。委員会が改定案を提示し、アグリセンター連絡協議会が各アグリセンターと担い手協議会の意見を聞き、賃借料金を定めることになった。

ルールについては、賃借料金の適用範囲をA地区一括利用権設定地区内とし、料金は一律、土地改良区賦課金は耕作者が用排水費、地権者が工事費を支払う等、従来の内容を踏襲することを確認した。新たに取り決められたのは、第一に、賃借料金の有効期間を一括利用権設定の契約期間と同じ三年間固定とし、Ⅰ期（二〇〇八〜二〇一〇年度）、Ⅱ期（二〇一一〜二〇一三年度）、Ⅲ期（二〇一四〜二〇一六年度）の三期に区分した点である。転作のブロックローテーション等を考慮して水田を三年ごとに再配分する方針が決められており[9]、これに合わせたのである。ただし一〇年の利用権設定期間の最終二〇一七年度の取り扱いが不透明であった。第二に、二〇一一年度からの賃借料金は原則金納とし、物納（現物地代）を希望する場合、アグリセンター連絡協議会は関与しないことにした。第三に、天災等の際は臨時に賃借料改定について協議することにした。

このような基本方針を決定した上で、Ⅱ期（二〇一一～二〇一三年度）の地代は一〇アール当たり一万円から七五〇〇円に引き下げられた。

(3) 水田転作に関する地権者受取額

Ⅱ期の地代改定に際しては水田転作に関する地権者受取額も大きく減額された。

転作対応は作業受委託によって実施されることになっているが、実際には収穫された農産物の販売代金や水田転作に関わる助成金が担い手の収入となる等、農地賃貸借と同様の扱いがなされてきた。ただし土地改良区の用排水費賦課金は委託者の負担であり、この点が利用権設定と異なる。

一九九九年度から収穫物の販売代金の一部として受託面積一平方メートル当たり一〇円（一〇アール当たり一万円）を委託者に支払うルールだったが、水田転作の助成制度が変更されるのに合わせて金額も変化している。二〇〇四年度以降の産地づくり交付金および産地確立交付金制度の下で角田市ではその一部を地権者への支払い分としていた。この時期にはA地区の農作業受委託契約書において受託者から委託者への支払いの記載がなくなり、地代はゼロになった。ところが二〇一一年度からの産地資金制度への移行に際して地権者に対する助成金支払いがなくなった。それに伴って契約書では委託者に一〇アール当たり三〇〇〇円を支払うように変更され、この支払分を「転作地代」と呼ぶようになった。農作業受委託の契約期間は一年だが、二〇一一年度以後、転作地代は変更されていない。地代はゼロから三〇〇〇円に上昇したものの、水田転作に関する地権者の受取額は大幅に減少した。

もともと用排水費賦課金等を差し引くと地権者受取額がマイナスになる水準であったが[10]、二〇一一年度の変更に際し、担い手側からは、水田転作により米の戸別所得補償（現在の米直接支払交付金）が受給可能になっているのでマイナス分はカバーされているという主張がなされた。

(4) 地代引き下げ要求の先鋭化

三年後、Ⅲ期（二〇一四〜二〇一六年度）の賃借料金について協議した結果、七五〇〇円から七〇〇〇円に引き下げられることになった。改定理由として挙げられたのは、二〇一三年度産米概算金が玄米三〇キログラム当たり前年度の六二五〇円から五六〇〇円に下落し、追加払いの見通しが不透明であること、燃料等の生産資材費が上昇し農業経営を圧迫していることである。

このようにⅢ期の賃借料金が決定したものの、期中の二〇一六年六月、担い手協議会はアグリセンター連絡協議会に要望書を提出した。それは二〇一六年度からの賃借料金の引き下げを求める内容で、理由として米価低迷、資材価格上昇、米直接支払交付金の引き下げと今後の廃止を挙げた。また要望書には農地利用権設定に関する一〇年の契約が終了する二〇一八年度以後について一括利用権設定の継続を求める項目が加えられていた。現在の体制を解消した場合には平均団地数が三・七団地から大幅に増加することを懸念した要望である。

これを受けて二〇一六年八月、賃借料改定委員会、アグリセンター連絡協議会で協議が行われ、不透明であった契約期間の最終二〇一七年度の賃借料金を六〇〇〇円に引き下げることを決定、二〇一八年度以降の賃借料金は二〇一七年度に検討することにした。すでに賃借料金が決定している二〇一六年度については改定しないが、二〇一七年度から引き下げるという結論で、（イ）角田市の平均賃借料四八〇〇円、（ロ）当地区では三〇〇名を超える地権者の合意により一括利用権による団地を形成、（ハ）米価低迷、米直接支払交付金の減額と廃止予定が考慮された。（イ）（ハ）は引き下げを容認する要素であるが、（ロ）はA地区の地代が相対的に高いことの正当性を認める要素で、担い手と地権者の双方に配慮した妥協的結論に導いた。

3　地代をめぐる対立構図とその解消方向

(1) 対立構図

以上のように、地代の改定を扱う体制とルールが策定されたものの抜本的な問題解決には至らず、対立が再燃する可能性が高い。問題の構図はいくつかの観点からとらえられる。

第一に、参照地代の変化である（表4）。地代の高低を評価する要素はひとつではない。例えば、水田の借り手負担となった一〇アール当たり用排水費は二〇〇〇年の二万四〇四〇円から漸減し、二〇一六年では一万一三〇〇円である。しかしこの点は考慮されず、周辺の地代との比較が焦点となった。二〇〇九年に担い手が地代の大幅な引き下げを要求して対立が顕在化したが、その年次性が注目される。二〇〇〇年に設定した一〇アール当たり一万円の地代は当時の標準小作料の半額の水準で、二〇〇八年改定の標準小作料と比べても低かった。しかし、農地法改正により二〇〇九年に標準小作料から参考賃借料に変更され、角田市の最高額一万二七〇〇円を下回るものの、平均額七三〇〇円を上回る水準であることが認識された。角田市平均賃借料は二〇一五年には四八〇〇円まで下落したが、周辺地代の下落傾向に加え、標準小作料から参考賃借料への制度変更が引き下げ圧力を強めたのである[11]。

第二に、圃場整備と団地化による生産性向上および地代の地域管理という条件をもつA地区では、かかる条件をもたない周囲に比べて高地代となる可能性が高い。つまり先進的な農地管理の取り組みゆえに高地代となり、この相対的高地代が地代引き下げ圧力の原因となる。加えて、A地区では三集落が圃場整備事業の工区から外れ、ここに属する農業経営や入り作者が属するF地区の農業経営を含めて担い手が位置付けられた。担い手の耕作地は農地管理の対象となる

表4　角田市における水田標準小作料および水田賃借料の推移

①水田標準小作料　（単位：円／10a）

地帯区分	水稲収量	1996年	1999年	2002年	2005年	2008年
10a区画地帯	510kg	28,000	26,000	23,000	21,000	16,000
	480kg	24,000	22,000	19,000	17,000	13,000
	450kg	20,000	17,000	16,000	14,000	10,000
大区画地帯	510kg	31,000	28,000	26,000	23,000	18,000
	480kg	26,000	24,000	21,000	19,000	15,000
	450kg	22,000	19,000	17,000	15,000	11,000

②水田賃借料　（単位：円／10a）

水利費負担者	区分	2009年	2010年	2011年	2012年	2013年	2014年	2015年
地権者	最高額	22,600	20,500	21,000	22,600	19,700	15,000	15,000
	平均額	12,500	12,000	13,400	12,800	12,000	8,800	8,600
	最低額	5,000	4,900	4,100	4,800	4,500	3,000	3,000
耕作者	最高額	12,700	10,000	10,000	11,000	10,200	9,300	8,200
	平均額	7,300	5,900	5,700	6,500	6,200	5,700	4,800
	最低額	2,900	2,100	3,000	3,000	2,300	2,000	1,800

出所）角田市農業委員会による

圃場整備事業工区とその外部の双方を含み、農地管理体制の内部と外部から農地を調達している。

第三に、圃場整備事業工区の農地の一部は零細な自作農家（自己完結農家）によって耕作されている。それらは転作の作業委託のほかに一括利用権設定のメリットを享受していないことから、圃場整備事業竣工後も自らの所有地を耕作できないことについて不満が燻り、一部に一括利用権設定の撤廃を求める声がある。担い手側は農地の団地的利用が崩壊することを恐れており、それが強硬な地代引き下げの主張を抑制している。

(2) 対立の解消方向と協働型集落活動

A地区における圃場整備事業から一括利用権設定に至る取り組みは、工区内の全農地を守ることを大義としてきた。農地管理体制を崩さない前提で妥協成立に向けた調整が行われるが、相対的高地代が続く限り対立は解消しえない。

地代をめぐる対立は周辺の農地賃貸借市場との地代

格差から生じていたが、それは農地管理による農業構造問題の組織的解決をはかる取り組みの成果でもある。すると問題解決の方向は「市場的解決への転換」あるいは「組織的解決のいっそうの高度化」のいずれかになる。

市場的解決は一括利用権設定による農地管理体制の解体を意味し、地代格差は解消に向かう。組織的解決の高度化は、地代をめぐる対立の緩和・軽減をはかる、換言すると所得分配における地代の重みを下げる方向であり、具体的には所得獲得機会を増加させる方向で地域農業の発展を実現することが考えられる。地域農業が産み出す付加価値を増大させ、賃金等を通じて分配するならば、相対的な高地代も地域農業の成果の一部として許容される余地が広がる。集約作物の栽培、「おでってクラブ」[12]のような高齢者等の就業機会創出、農産物直売所の運営、農産物加工等、各農家や法人が個別に取り組んでいる活動を発展させることが課題となる。

A地区は八集落の連合体で、集落ごとに独自性があり、そのことが担い手の営農組織の縮小再編につながったが、各集落が独自に集落営農を展開できる状況ではない。A地区全体の営農組織の再建が必要だとする意見があるが、現時点ではそれも容易に実現する見通しではない。状況を打開するためには市役所や農協等の支援を受けながら、A地区の地域農業づくりの取り組みを強化しなければならない。

この観点からA地区における協働型集落活動を振り返ると、過去二〇年近くの期間は農地管理体制の構築と運営に力が注がれてきた。圃場整備事業と関連して農地管理の実務を担当する土地改良区とA地区との協働によって農地管理体制が構築、運営され、これに集落営農組織が上乗せされて地域農業が展開してきた。A地区との協働のパートナーとなるべき団体は土地改良区以外にも市役所、農協、角田市農業振興公社等が挙げられるが、その中で土地改良区がパートナーとなった理由は取り組みの起点が圃場整備事業であったからに他ならない。

集落営農組織と土地改良区の協働は工区内の全農地を守ることに向けた取り組みを実現した。この方向に沿って各種の政策をとり入れ、その効果を最大にする努力が注がれてきた。しかし、地代をめぐる対立を地域農業の発展によって解消するためには、より高いレベルで農業構造問題の組織的解決をはかる取り組みが求められる。そのための体制として現在の協働体制が限界をもつのは明白である。求められる取り組みに相応しい協働の組み替えが必要となる。

三　北海道水田作地帯における新規農業参入支援の新たな取り組み

1　北海道における新規参入支援の動向

(1) 新規参入支援の特徴――定型化と同化――

北海道では離農が多発する一方、農業経営を継続する農家が規模拡大を進めてきた。離農多発の背後には後継者不在の農家が多数を占める状況がある。農業センサスにおける同居農業後継者がいる販売農家の割合は全国最低水準で推移している（二〇一五年では都府県三〇％に対し二一％）。経営組織別にみると畑作と稲作でその割合が低く、酪農で高い。

大規模経営ながら後継者不在という問題を抱える北海道では規模拡大の限界の到来と農村社会の存続に対する不安が以前からもたれ、早い時期から新規農業参入への関心が高かった。新規参入支援の取り組みは一九九〇年代に強化され、主に北海道農業担い手育成センターを通じて対策が講じられてきた。一九九五年に設置された同センターは新規参入希望者の相談窓口となり、研修者を全道各地に送り込んでいる。その受け入れの役割を担うのが市町村や農協が設置している地域ごとの農業担い手育成センター（以下、地域センター）であり、北海道農業担い手育成センターと連携しながら独自の施策を加えて対応してきた。道内の地域センターは六九を数え、自前の就農支援体制をもつところが多い。都府県の集落営農に匹敵する、地域農業の最重要課題との位置付けをもって新規参入支援が行われてきたと言える（柳村、二〇一六a）。

北海道における新規農業参入支援の特徴として第一に挙げられるのがこの地域センターの取り組みである。近年、新規参入者数が最も多い野菜作では、品種・栽培方法・出荷先等を指定し、定型的な営農方法を習得させる形で研修を実施している。定型化はリスクを抱える新規参入の失敗を回避するための対応である。[13]地域センターによる支援は研修にとどまらず、研修中の住宅や生活資金の提供、就農地の斡旋、営農開始時の初期投資や地代を含む賃借料に関する助成、借入資金の利子補給、固定資産の軽減等、多岐にわたる。財政や担当職員の投入は大きくならざるをえない。

第二の特徴は、これらの取り組みが自営農業者の育成を目指して行われてきた点である。新規参入者の就農には法人経営への就職（雇用就農）をはじめ複数のルートが考えられるが、実際にとられている対応の幅は狭い。大多数は退出者に代わる自営農業者として新規参入者を受け入れるもので、自営農業を軌道にのせる方向で関係者の努力が注がれてきた。留意すべきは、これには「農事組合型」と形容される北海道の農村社会（柳村、二〇〇四）の維持という意図が込められている点である。経営資産と事業を継承するだけではなく、離農農家と入れ替わる形で新規参入者とその家族が農村社会の構成員となることが期待されている。つまり新規参入者を地域の農業と社会に同化させる方向でその受け入れと定着がはかられてきた。

こうした取り組みの結果が次のような形で現れている。新規参入者数の推移をみると長期的には増加の趨勢をたどっているが、作目が酪農と野菜に二分されている。初期には酪農が多く約三分の一を占めていたが、二〇〇〇年代に入り新規参入者の数が増加するとともに主流は野菜に移り、近年では野菜が約半数を占める（図3）。これは、各地の地

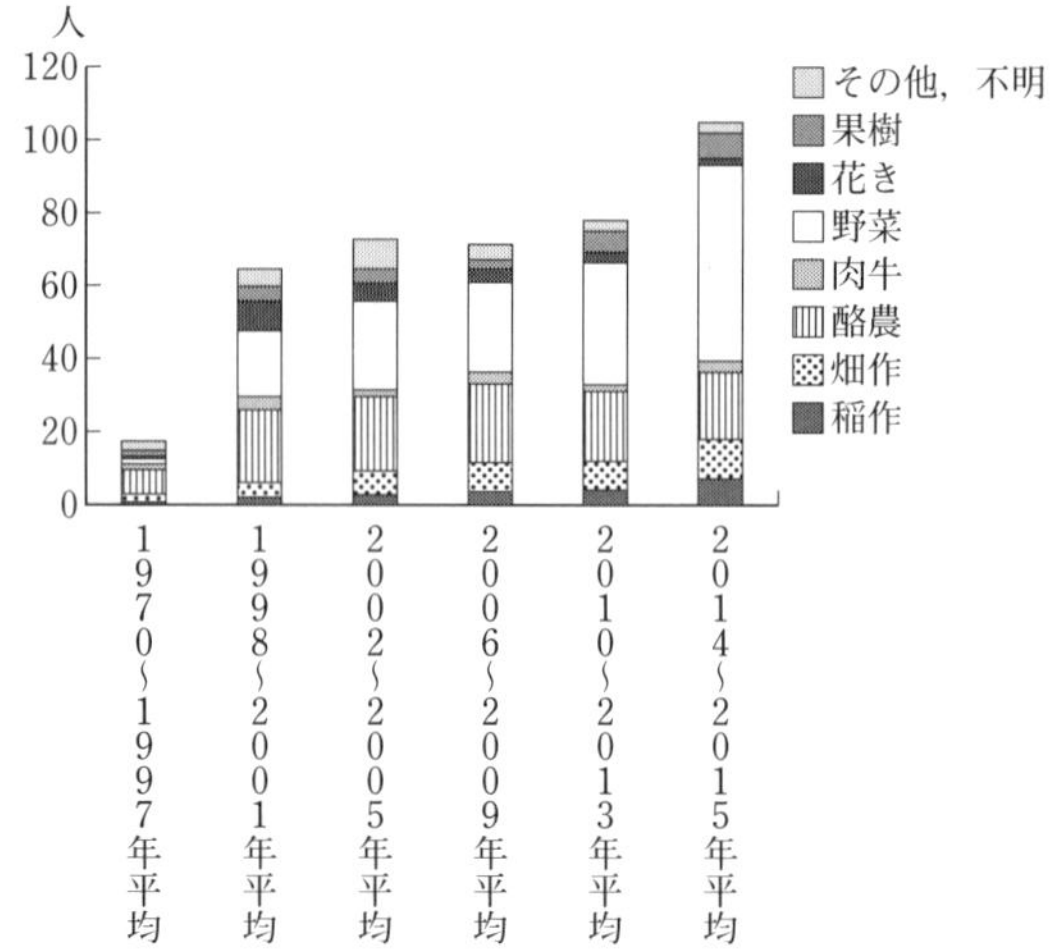

図3　北海道における新規農業参入者数の推移

出所）北海道農政部「新規就農者実態調査」による
注）2011年の果樹は「その他，不明」に含まれている

域センターが、まず酪農について、次いで野菜について新規参入の定型的パターンを確立したことを反映している。一方、農業後継者の確保割合が低く、新規参入が求められるはずの稲作や畑作では新規参入の実績が少ない。

この差が生じるのは、新規参入支援に向けた取り組みが、後継者不在の程度よりも地域センターによる対応の難易によって左右されているからである[14]。より正確に言えば自営農業者としての新規参入者の受け入れ・定着に向けた対応の難易である。地域の事情に応じて多様な新規参入を実現する取り組みではなく、一様に自営農業者育成に向けた取り組みがなされてきたのであり、それに成功したのが酪農と野菜であった。

(2) 支援対策の強化と限界

酪農や野菜では技術習得や経営実践経験を積むための研修農場を設置する等、新規参入支援対策をいっそう強化する動きがみられるが、本論のテーマである協働型集落活動も強化策のひとつである。その先駆をなす存在として上川地方北部・美深町の「R&Rおんねない」（酪農）が知られており、集落レベルの団体が地域センターと協力して新規参入支援に取り組み、着実な成果を上げている（柳村ほか、二〇一二）。当初のメンバーは後継者不在の七戸の酪農家だったが、現在は新規参入を成就した継承者（参入者）と移譲者（離農者）を加えた構成である。トマトの施設栽培での新規参入を進めている日高地方・平取町でこの活動に刺激を受けて「ネオフロンティア」と「アンビシャス」の二つの集落団体が設立されたように、同様の動きが各地で散見される。これらは行政や農協では対応が難しい分野の支援活動に取り組んでおり、[15] 地域センターと集落団体との協働は新規参入支援に不可欠な要素という認識が広がっている。

こうした強化策が求められるのは定型化・同化の方向での自営農業者育成が壁にぶつかっているためである。稲作や畑作で新規参入が進展しないだけではなく、酪農や野菜の取り組み先進地でも研修者確保の困難が実感されつつある。農林水産省「新規就農者調査」と北海道農政部「新規就農者実態調査」の結果を突き合わせると、全国の新規参入者数に対する北海道の割合は三％台にとどまる（二〇一五年では三・五％）。また、全国の新規雇用就農者数は新規参入者数の二・九倍に達するが、北海道では雇用就農の位置付けが小さいため道農政部「新規就農者実態調査」の対象から外れている。つまり、懸命な取り組みにもかかわらず北海道での新規参入者数は伸び悩み、全国各地での新規参入支援の強化に伴って研修者確保に困難をきたすようになっている。

これには新規参入に際する過大な初期投資が影響している。北海道で一般的な売買による農地取引と規模拡大の進展が新規参入の初期投資額を押し上げているのである。初期投資を軽減するには、新規就農のスタートを借地経営や雇用就農とする等、これまでの自営農業者育成の考え方を緩め、より多様な新規参入ルートを切り開く必要がある。また、そのことが稲作等への新規参入の広がりにも結びつくとみられる。

だが多様化は集落団体による支援を困難にする。同種の農業経営であるがゆえに経営支援が可能となり、農村社会の構成員となることを前提に生活支援が行われるのである。この意味で定型化・同化と集落団体による支援は密接に関連する。そして、新規参入の多様化は定型化・同化の方向で築き上げてきた支援対策を揺るがす可能性がある。

2　栗山町における多様な新規農業参入の取り組み

(1)　町農業振興公社を中心とする新規参入支援対策

ここで取り上げる栗山町は空知南部の水田作地帯の一角を占める。栗山町では丘陵部に種子馬齢薯等を生産する畑作が展開しており、田に畑が加わる地目構成である。かつては隣接する夕張市向けの野菜生産が行われ、現在もタマネギや施設野菜の栽培が盛んである。肉牛繁殖経営も加わり、地域農業の作目構成は多様性に富む。政策を積極的に活用して地域農業振興を進めており、中山間地域等直接支払制度や新規農業参入支援についても北海道の水田作地帯で最も熱心な取り組みを行っている。

新規参入支援の中心的役割を担うのは栗山町農業振興公社である。二〇〇〇年に町・農協・農業委員会・土地改良区が栗山町農業振興事務所を設置、二〇〇四年に農地保有合理化法人の資格を取得するために財団法人・栗山町農業振興公社が設立された（二〇一三年に一般社団法人）。事務局は九名体制で、構成四団体から各一名の出向職員のほか事務職員二名、就農アドバイザー一名、地域おこし協力隊員二名で構成されており、全道の地域センターの中で指折りの充実した事務局体制をもつ。また自治会から一名ずつ選出された農業推進委員が合計二三名いて、町農業振興計画の策定作業等に加わっている。二〇一五年度予算は六二二万五〇〇〇円で、町と農協の負担金二八〇〇万円と農地利用集積円滑化事業二五九九万五〇〇〇円が主な収入源である。また別途、農業振興事業予算（二〇一五年度六二四万円）をもち、中山間地域等直接支払交付金および多面的機能支払交付金の一部を公社の農業振興事業費としてプールして独自事業の費用と職員の人件費に充てている。上記の農業推進委員の役割のひとつは交付金の配分を決定することである。このように栗山町では事業内容と資金の流れの両面において公社が「車の両輪」政策を実行する体制が整えられている。

新規参入支援対策への着手は、公社が実施したアンケート調査の結果から一〇年後に六五歳以上の農業者の保有農地が一三〇〇ヘクタール余りに達することが判明したことが発端である。表5は公社が示す「受け入れのスタンス」であるが、個々の新規参入者の意向や条件に応じた多様な新規参入の実現を後押しする姿勢を鮮明にしている。[16]

(2) 新規参入の実績と特徴

表5　栗山町の「新規参入希望者受け入れのスタンス」

	栗山町	他の地域の例
品目	限定しない	花き，トマト，酪農等限定
年齢	基本的に限定しない	年齢範囲を限定
性別	区別しない	基本男性
家族構成	指定しない	配偶者または同居家族
自己資金	受け入れ条件としない	多くは自己資金額条件
研修先	受け入れを希望する農家	指導農業士が多い
研修人数	限定しない	募集人数を限定
選考基準	面談によるマッチング	選考方式
スタンス	広い受入間口と多様な就農	

出所）栗山町農業振興公社「ようこそ栗山町へ」（2016年4月20日）による

①研修者の受け入れと就農の実績

公社は二〇一一年度から研修生の受け入れを本格化し、公社の一般予算と農業振興事業予算を活用して支援事業を進めた。二〇一一年度以降の研修受け入れは三〇件である（二〇一七年一月時点）。二〇一二年度から青年就農給付金事業が開始されたが、この年度以降に研修を開始した二二件のうち一三件がこの事業を利用している。加えて農の雇用事業（二件）、地域おこし協力隊（三件：一組の夫婦は各々別の事業）の事業も活用している。

三〇件の受け入れ先は研修受け入れ余力のある農業法人と有力農家である。一六件が法人（九法人）、三件が経営の移譲を希望する農家で、残り一一件が一般農家である。[17] 就農実績を確認すると、研修中の四件を除く二六件のうち就農は一三件で、自営農業を開始したのが九件である。残り四件は法人への就職（一件が研修を経て就職、三件が従業員として研修開始）だが、すでに全員が退職した。法人退職以外の研修中止が一三件ある。法人退職と合わせて一七件が離脱したことになるが、そのうち他町での研修や雇用就農に転じた者が三件、他町の農業者と結婚した者が三件、妻の実家（栗山町）の農業経営を継いだ者が一件ある。これらは農業への関わりを続けているが、残り一〇件は家族の事情や適性を判断して就農を断念した。

②新規就農者の経営状況——経営規模の零細性——

近年、町内で農業経営を開始したのは計一一件である（表6）。研修を経て農業経営を開始した九件は二〇一二～二〇一四年度に研修を開始し、二年後に経営を開始したパターンが多い。調査時点（二〇一六年七月～二〇一七年一月）では、経営開始後、長くて二年余りを経過したにとどまる。このほか同時期に研修のプロセスを踏まずに経営を開始したケースが二件あり、いずれも企業参入のケースである。聞き取り調査の結果に基づいて一一件の経営概況を述べる。

作目については肉牛繁殖二件と採卵養鶏一件の畜産を含むが、最も多いのは野菜の八件である。稲作に取り組む農場は二つで、いずれも企業参入のケースである。

農場資産の取得方法に注目すると、独立就農タイプ五件、第三者継承タイプ四件、中間タイプ二件に区分することができる[18]。全般的に経営規模が小さく、特に独立就農タイプが零細である。経営開始直後という事情にもよるが、十分な農業所得を得られる規模に達しない状態で経営を開始しているケースが多い。企業参入の二件を除く九件は青年就農給付金を受給しており、経営開始型の五年の交付期間内に経営基盤の確立を迫られている状況にある。

零細規模の農場は研修先への依存度が高い点でも自立的な経営と呼べる状態ではない。女性が単身で経営を開始したB農場は水田二〇アール（研修先の法人経営の代表が所有）と四棟の小型ハウス（法人所有）を年間一五万円の賃借料で、倉庫とトラクター（法人所有）を無償で借りている。初期投資は軽トラック、テーラー、動力噴霧器の購入に充てた一二〇万円にとどまる。

A農場とD農場の経営者は高品質メロンを栽培する同じ法人経営で研修を受け、直接販売事業を学んだ。徐々に農場規模を拡大する計画で、まだ十分なハウスを確保できていない。研修先農場からハウスや生産資材の調達について便宜を与えられているほか、現在もそこでアルバイトとして従事し、収入を得ている。

経済的依存は独立就農タイプ以外でも認められ、また依存する相手は研修先農場以外にも及ぶ。中間タイプのＪ農場は、栗山町農業振興公社が研修農場用地として確保していた離農跡地を住宅付きで取得した。経営者は単身なので、農作業については隣市に住む両親の労働力に依存している。住宅と農地の取得も親が資金を提供した。第三者継承タイプでイチゴとアスパラガスを栽培するＧ農場は、住宅の改築とトラクター等の機械施設の購入資金六八〇万円の大半を実兄からの借り入れでまかなった。一般に指摘されることだが、栗山町でも、経済的サポート源の有無とその大小が新規参入経営のスタートに大きな影響を与えている。

第三者継承タイプは経営規模が比較的大きい。上記のＧ農場と和牛繁殖のＦ経営は農地中間管理事業・売買事業等を活用し、日本政策金融公庫の資金を組み合わせて農場資産を購入する計画で、酪農の新規参入に類似したプロセスを踏もうとしている。

③法人経営のサポート源

ところで一一件の中で法人経営が三件を数える。いずれも経営基盤を確立した状態ではなく、この点に課題をもつことは他の新規参入と同様である。ただし研修先や親族とは異なるサポート源を有し、それが新規参入の条件となっている。

有機農業の実践を目的としてＩＴ企業が参入したのがＥ農場である。担当として配置された同社従業員は一名で、繁忙期には本社からの応援を得て農作業に対応している。しかし、水田一・四ヘクタールとハウス二棟という零細規模に加え、農地の荒廃が進む山間部（日出地区）という立地条件により初年度は収穫皆無に近い状態だった。経営状態が劇的に改善される見通しはなく、本社の支援がなければＥ農場は立ちゆかない。

営農開始後の状態					備考
経営開始（年／月）	就農地（研修先との関係）	農地・施設の取得方法	経営形態	経営規模	
2014/4	同じ集落	畑0.5haを借りてハウス栽培をスタート，その後畑2haと樹園地を購入	施設野菜（トマト，メロン）＋栗	畑2.5ha（ハウス2棟含む）＋樹園地（栗）3ha	妻が看護師，農地購入までは本人もアルバイト
2014/4	同じ集落	法人・代表からハウスと農地を賃借	施設野菜（キュウリ，ミニトマト等）	ハウス4棟（390m^2）＋水田借地20a	
2015/2	同じ集落	農地を購入し，畜舎新設	肉牛繁殖	繁殖牛24頭，子牛15頭，採草地10ha＋牧草作業受託5ha	原発事故被災者
2015/4	同じ集落	農地とハウスを借入	施設野菜（メロン，トマト）	ハウス2棟（600m^2），畑80a	
2016/4	―（日出地区）	農地とハウスを借入	稲＋施設野菜（トマト，キュウリ,ナス）	田1.4ha＋畑0.9ha（ハウス2棟）	IT企業の農業参入，有機栽培
2015/1	同じ集落	農場資産購入＋牛舎と住宅新築	肉牛繁殖	農地13ha，繁殖19頭，育成15頭	
2015/4	同じ集落	農場資産と住宅を購入	イチゴ，アスパラガス	ハウス18棟（2400坪），田13ha	
2016/4	別の集落	兄が経営する鹿児島の農場の資産を使用（一部購入）	露地野菜（葉ネギ，レタス）	5ha，畑1haを購入＋河川敷4ha	鹿児島の法人経営の北海道農場の事業を引き継ぎ
2016/4	―	農地所有者から購入	稲＋採卵鶏（株式会社）	田7.5ha＋畑1.9ha＋採卵鶏400羽	葬儀会社が参入
2014/9	別の集落	農地とハウスと住宅を購入	施設野菜，イチゴ，露地カボチャ	ハウス11棟，農地205a	研修農場用に公社が取得していた農場を購入
2015/4	同じ集落（日出地区）	農地と住宅を購入	施設野菜（トマト，ミニトマト，アスパラガス）	田80a＋畑180a，ハウス8棟（1800m^2）	

表6　新規参入者のプロフィール

タイプ	農場区分	法人・非法人の区分	年齢	家族	出身	来町以前の状態	研修	
							研修開始（年／月）	研修先
独立就農	A	非法人	43歳	妻＋子2名	札幌市	自営業	2012/4	メロン作経営（法人）
	B	非法人	38歳	なし	兵庫県	会社員	2012/4	稲畑作経営（法人）
	C	非法人	38歳	妻＋子2名	福島県	肉牛繁殖＋稲作自営	2012/7	肉牛経営（法人）
	D	非法人	33歳	妻	長崎県	公務員→道内で農業研修	2014/4	メロン作経営（法人）
	E	株式会社	28歳	なし	新潟県	自社の青森農場勤務	—	—
第三者継承	F	非法人	36歳	妻	東京都	道内各地で農業研修	2013/1	和牛繁殖農家
	G	非法人	28歳	妻＋子2名	大阪府	会社員→道内で農業研修	2013/4	イチゴ作農家
	H	株式会社	25歳	妻	鹿児島県	会社員	2014/4	畑作＋野菜経営（法人）
	I	株式会社	39歳	妻＋子2名	千葉県	本社で勤務	—	—
中間	J	非法人	36歳	なし	岩見沢市	会社員等	2013/4	野菜経営（法人，鹿児島），イチゴ農家
	K	非法人	36歳	妻＋子3名	札幌市	会社員	2013/4	就農地区内の6，7戸の農家

出所）聞き取り調査（2016年7月～2017年1月）による

Ｉ農場は千葉県の葬儀会社による第三者継承という異色のケースである。農業生産法人を設立して農地を購入し、二名の従業員を派遣している。高齢を理由にリタイヤする移譲者の経営をＩ農場が継承したのだが、経営の開始に当たり、従業員の技術習得と事業の引き継ぎのために移譲者を一年雇用した。生産物の主な販売先は本社で、葬儀・法事の返礼品用の米セットを極めて有利な価格で販売している。そのためＩ農場は精米加工用機械を導入し、副産物の米糠の有効利用をはかるために採卵養鶏にも着手した。Ｉ農場の資金は本社が供給し、農繁期の応援部隊の派遣も受けている。

Ｈ農場は研修者が立ち上げた個人企業である。実兄が鹿児島県で営む農業法人Ｓ社（特例有限会社）が二〇一〇年に栗山町で農場を開設し、数名の人員が鹿児島―北海道間を移動して農作業を遂行する体制を組んでいたが、無理が生じていた。Ｈ農場は栗山農場を引き継いだもので、企業参入農場を継承したケースになる。Ｈ農場の重要な経営資源はＳ社が二年前から始めたカット野菜メーカー（大阪府）との取引である。このメーカーに出荷する農場が全国に散在しているが、これらを束ね、グループを形成する動きが進んでいた。Ｈ農場はこのグループの一員として立ち上げられた。Ｈ農場の経営者はグループのマネジメント業務にも携わり、それによって報酬を得ている。また繁忙期に必要な労働力はカット野菜メーカーとＳ社に応援を頼んでいる。住宅や機械施設の多くはＳ社から賃借、Ｓ社が所有していた一ヘクタールの畑の購入資金も同社から借り入れた。北海道内のグループ農場（網走地方・小清水町）からネギ定植機とブームスプレヤを借用している。

(3) 農村社会への関与

ところで、多様な新規参入を果たしたＡ～Ｋの農場経営者は農村社会とどのような関わり方をしているだろうか（表7）。第一の特徴として挙げられるのは通作が一一件中六件を数えることである。就農地とは異なる場所に住居を確保する理由は、（イ）研修者用宿舎の生活を継続【Ｃ、Ｄ】、（ロ）就農地で住居を確保できなかった【Ａ、Ｂ】、（ハ）本社からの応援部隊の宿舎を兼ねた社員宿舎として確保【H、J】である。（イ）は資金力の欠如、（ハ）は企業参入と関係しており、通作は新規参入の多様化とある程度関連した事象としてとらえられる[19]。

第二の特徴は、新規参入者に農村社会と積極的に関わる姿勢がみられる点である。通作者や企業参入のケースについても同様で、企業参入で通作をしているI農場の経営者を例にとると、就農地の農事組合と自治会に加入し、農協総代を務めている。妻も同じ自治会の女性部の活動に加わっている。栗山町農業振興公社は地域社会と協調することの重要性を新規参入者に強く指導しており、参入企業も同様の方針を掲げていることが影響している[20]。

第三に、一一件の中には就農地との関係が希薄なケースもある。高品質メロンの直接販売事業を展開する農場を研修先としたA農場とD農場の経営者は農協に加入しておらず、農事組合の正規メンバーではない。必然的に地域社会との関わりは弱くなる。また、H農場はカット野菜の原料を供給する全国的な農場グループの一員であるため、研修先や就農地の農業者との関係は希薄で、居住地の農事組合と自治会に加入している。

(4) 協働型集落活動の可能性

さて、以上のように多様な新規参入が進む下で前述の「R&Rおんねない」のような新規参入支援を行う集落団体が展開する可能性はあるだろうか。

先述のように、集落団体による新規参入支援は条件を伴う。つまり同種の農業経営であるがゆえに経営支援が可能となり、農村社会の構成員となることを前提に生活支援が行われる。多様な新規参入が進み、その多くが通作という条件の下では新規参入支援に取り組む集落団体が登場する必然性は低いと考えられる。

栗山町の新規参入支援は公社と研修先の農業法人や有力農業者を結ぶラインを軸に行われている。就農支援資金や青年就農給付金等の政策によって枠組みが与えられており、それは、新規参入希望者を起点とする［新規参入希望者→

集落組織への参加			備考
農事組合	自治会	その他の団体	
△	○（居住地）	―	農事組合の寄り合いに呼ばれて出席している
○	―	―	女性消防団員，農協総代
○	○	農協和牛改良部会	転作牧草の作業受託の依頼に積極的に対応
―	―	―	農事組合の活動が不活発
△	○		農事組合への加入手続き中
○	○		移譲者は60代，栗山町市街に転居
○	○	緑の会（若い世代の会），婦人部（妻）	移譲者は60代，栗山町市街に転居
○（居住地）	○（居住地）		
○	○	集落の女性部（社長妻）	農協総代
○	○	青年部	
○	○	農協部会，栽培技術勉強会，消防分団，PTA	90代の高齢女性から農場資産と住宅を購入

による

北海道農業担い手育成センター↓栗山町農業振興公社↓研修先農場↓集落」という一方向のラインとして描くことができる。

問題は［研修先農場↓集落］の部分である。栗山町の農業振興計画（二〇一七～二〇二一年度）は「守ろう農地、進めよう地域を担う人づくり」を掲げており、新規参入を支援する協働型集落活動への期待は強い。しかし、受動的な立場に置かれた集落団体が積極的に関与する可能性は低い。過疎化・高齢化が進行し地域再生を迫られている日出地区を対象に公社が特別対策を講じ、それが奏功して新規参入が進みつつある。だが集落側の支援活動は低調で、公社の取り組みを容認するにとどまる。状況は他の地区でも変わらない。今後も、直接支払交付金のプールによる公社事業の財源確保に理解を示しつつ、それから踏み出して、集落団体の独自の対応が行われることは予想しにくい。

酪農や野菜のように定型化・同化を目指す取り組みの線上に集落団体と地域センターの協働が成立する場合は、「新規参入希望者↕北海道農業担い手育成センター↕地域

表7　新規参入者の地域社会への関わり方

タイプ	農場区分	住宅	農協への加入
独立就農	A	市街地で住宅を取得して通作	―
	B	他集落で住宅を取得して通作	○
	C	研修生宿舎から通作	○
	D	研修生宿舎から通作	―
	E	就農地で住宅借入	○
第三者継承	F	就農地で住宅新築	○
	G	就農地で住宅取得	○
	H	他集落の住宅から通作	○
	I	市街地で住宅を取得して通作	○
中間	J	就農地で住宅取得	○
	K	就農地で住宅取得	○

出所）聞き取り調査（2016年7月～ 2017年1月）

センター↕研修先農場↕集落団体」という双方向のラインが形成される可能性があり、研修先と集落団体は一体化しやすい。地域農業と農村社会の維持をはかる意図が明確に打ち出され、新規参入者の受け入れ条件を示すことで集落からのメッセージが伝えられる。

だが、前述のようにこうした従来型の新規参入支援は限界をもつ。それを直視し、多様な新規参入を目指したのが栗山町であるが、次のような課題を抱えている。

多様な新規参入は零細経営の創出につながっている。このことは多様な新規参入の成果であり、否定的な評価を下す問題でない。新規参入者は親族等によるサポートを受けつつ青年就農給付金を経済的な支えとしていた。交付期限の五年以内に自立的な経営規模に到達する等、十分な所得を得るだけの基盤を整えなければならない。つまり新規参入経営の底上げが求められる。また、新規参入者の農村社会への定着に向けて通作を解消（就農地での住居確保）することが望まれる。これらに対する取り組みは公社と研修先農場を結ぶラインによって行われることになるが、それで十分な対応をなしえない場合、困難な課題ながら、集落団体との協働によって多様な新規参入を支援する体制を構築する方向に向かわざるをえない。

四　農業構造改革のジレンマと協働型集落活動

農業政策が「車の両輪」を掲げるなかで行政・農業団体と集落団体との協働が様々に形成されている。だが、これらの協働によって農業構造改革のジレンマの解消に有効な取り組みが可能になるとは限らない。

角田市A地区では土地改良区との協働により高度な農地管理体制を構築した。しかし、地域社会において地代をめぐる対立が顕在化し、その解消に苦悩していた【ジレンマ（イ）】。農業構造改革は対立の原因をなし、その推進による問題解決は見通せない。対立を解消するには別の地域農業振興が求められ、それには協働関係の組み替えが必要となると考えられる。

農業構造改革が進む北海道では、過疎化による農村社会や地域農業の崩壊に対する不安が高まっている【ジレンマ（ロ）】。新規農業参入対策が強化され、定型化と同化を基本とする取り組みが行われてきた。その方向を強化するために地域センターとの協働で支援対策を講じる集落団体の活動が注目を集めている。しかし、「過大な初期投資」の重圧の下でこれらの対策への限界感が強まっている。その打開に向けて多様な新規参入が求められているが、協働型集落活動による支援体制を構築する課題と両立させることは容易ではない。栗山町では多様な新規参入を進める対策を講じたが、それが集落団体との協働を形成する条件を狭めている。

角田市A地区における地域農業の新たな発展に向けた協働の組み替え、栗山町における多様な新規参入を支える協働型集落活動という課題に対応するには、いずれも集落サイドの強い主体性が求められる。

「車の両輪」の下で農業構造問題の組織的解決をはかるために市町村・農業団体と集落団体との協働が種々の政策を

通じて形成されるが、有機的な相互関連は希薄である。集落団体の活動は農業から生活に及ぶ広い領域にわたる。この包括的な共同性に基づいて政策を補完し、実効性を高めることが期待されるものの、実際には集落団体が諸々の協働を関連付け、調整する活動は低調である。集落団体と行政等との協働関係は往々にして便宜的に形成され、冒頭で述べた、齋藤純一が指摘する両義的なコミュニティ再生の具現に至らぬ場合が多いとみられる。換言すると「車の両輪」政策の意図に反して問題解決に向けた組織力は発揮されていない。

かかる組織力が発揮されるのは、自身による地域問題の解決が強く意識される場合であろう。しかし、農業構造改革は地域の意思を超えた政策意図に従って進められる場合が多く、それが集落団体の主体性を弱めることにつながっていると感じられる。本論で分析したように、農業構造改革のジレンマは容易に解消できる問題ではない。「車の両輪」政策が実効性をもつためには、集落側の主体性を引き出し、担保することが非常に重要である。

注

（1）拙稿（柳村、二〇一四・二〇一五）を参照されたい。
（2）取引コストの市場的解決と組織的解決を対比的に論じた宮本光晴の議論を参考にした（宮本、二〇〇四）。
（3）地域政策の実際、あるいは自己統治機能を有する点から、本論では集落レベルの住民・農業者の団体に注目する。ただし、自治会や農事組合のような統治機構に組み込まれた団体だけではなく、住民・農業者の一部で構成されるボランタリーな団体を含め、集落に基礎を置いて組織・設立されているものを集落団体とする。
（4）「平成二二年度農業農村整備事業優良地区コンクール」の農業生産基盤整備部門で農林水産大臣賞を受賞した。また、「平成二二年度食料・農業・農村白書」で「基盤整備を契機とした効率的な営農体系の確立の取組」として取り上げられた。
（5）A地区の一括利用権設定と集落営農については別稿（柳村、二〇一六b）でも論じた。また、小山良太による、二〇〇七年度における A地区の取り組みに関する調査研究も参照されたい(小山、二〇一一)。

(6) 宮城県では、亘理町での集合的利用権等調整事業を活用した取り組み(矢口、一九九六)を手始めに県営圃場整備事業の実施地区で同種の取り組みが進められている。

(7) 二〇一〇年度から農地利用集積円滑化事業として実施されている。また、煩雑を避けるために説明を簡略化したが、転作に関わる農作業受委託推進事業が並行して実施されており、農地集積の一部をなしている(後述)。工藤昭彦は角田市A地区の取り組みを含めて一括利用権設定の積極的意味を論じている(工藤、二〇〇七)。

(8) 六つのアグリセンターから選出された賃借料改定委員会委員一二名のうち担い手は二名であった。

(9) 実際に農地を移動しているのは六つのアグリセンターのうち一つ(五区)にとどまる。

(10) 小山の調査結果(小山、二〇一一)によると、二〇〇七年度、産地づくり交付金の地権者受取額は一〇アール当たり基本額一万円、地域とも補償一万二八〇〇円の合計二万二八〇〇円である。一万円を大きく上回るが、とも補償拠出金・特別賦課金(工事費)・用排水費賦課金・固定資産税を控除すると、受取額はマイナスになる。

(11) 標準小作料制度の廃止の影響は全国一様ではない。角田市A地区で制度変更が地代下落につながった背後には、ここで挙げた諸点に加え、制度変更前から標準小作料を下回る地代水準の農地市場が近隣で形成されていたという事情が挙げられる。

(12) 「おでって」は「お手伝い」を意味する方言である。

(13) ここでいう「定型化」とは、新規参入者が営む農業経営について定型を想定し、それに向けて研修生の受け入れから営農の開始、農業経営基盤の確立の各段階にわたる各種のサポート体制を整備する傾向を指す。

(14) 詳しく論じる余裕はないが、新規参入に対する取り組み方の差は土地利用型農業の稲作、畑作と、施設を含む酪農や野菜の違いに基づくと考えられる。

(15) 農場資産の譲渡に関する調整や経営開始後の助言や機械の貸与等、多岐にわたる。「R&Rおんねない」では新規参入者の資金借入に際し他の会員が保証人になっており、新規参入者が抱える経済的リスクの一部を負っている。

(16) 栗山町における新規参入支援対策の内容は、研修の受け入れ、青年就農給付金の申請手続きや経営開始に対する援助を除くと、

（イ）研修者向け住宅の提供、（ロ）施設等導入助成（三〇〇万円を上限とする事業費の半額補助）、（ハ）経営安定化資金（月額二万五〇〇〇円）と賃借料助成金（借地一〇アール当たり一万円を上限）を経営開始後三年間支給、（ニ）地域再生を目指す日出地区（過疎化・高齢化による農地荒廃が懸念されている）の農地借入に対し初年度一〇アール当たり二万円を交付、（ホ）研修指導農業者に対する謝金支払いである。

(17) 一般農家のうち三件はトレーニング農場で、農業経験がない研修者向けに二〇一五年度から始められた。地域おこし協力隊員として採用し、公社が依頼した特定のベテラン農業者の下で基礎的な農業経験を積むための研修を行う。その後、一般の就農研修につなぐことになっている。

(18) 独立就農タイプは農場資産を取得し新たな農場を開設するものである。第三者継承タイプは農場の有形資産と無形資産を一体的に引き継ぐもので、引退する移譲者とそれを継承する継承者（新規参入者）が一定期間、ともに農業を営み、事業を継続するのが通常である。中間タイプは有形資産を引き継ぐものの併走や事業の継続はなく、新たな事業を開始するものである。

(19) H農場の住居は、実兄が経営するS社が企業参入した際に取得した、応援部隊が滞在可能な大型住宅である。農地の主要部分が河川敷地という事情もあり、就農地から離れた集落に住宅がある。

(20) 農事組合を基礎として形成されている農村社会（農事組合型村落）であるために、通作者であっても、農業者であれば就農地の農事組合を通じて農村社会との関係をもちうる。

引用・参考文献

伊庭治彦「集落営農のジレンマ—世代交代の停滞と組織の維持—」、『農業と経済』第七八巻第五号、二〇一二年、四七—五四頁
工藤昭彦「農地保有合理化事業による参加型構造改革の展望」、『土地と農業』No.三七、二〇〇七年、一—二六頁
楠本雅弘『進化する集落営農—新しい「社会的共同経営体」の役割—』農山漁村文化協会、二〇一〇年
小山良太「基盤整備事業と経営所得安定対策を契機とした農地の権利移動と調整システム—宮城県角田市に於ける一括利用権設定と営農集団—」、『福島大学地域創造』第二三巻第一号、二〇一一年、三—二二頁

齋藤純一「コミュニティ再生の両義性―その政治的文脈」、伊豫谷登士翁・齋藤純一・吉原直樹『コミュニティを再考する』平凡社新書、二〇一三年、一五―四六頁
宮本光晴『企業システムの経済学』新世社、二〇〇四年
矢口芳生編『資源管理型農場制農業への挑戦―圃場整備事業と農地保有合理化事業のパッケージング』、農林統計協会、一九九六年
柳村俊介「北海道―独自な農村社会の姿―」、戦後日本の食料・農業・農村編集委員会編『高度経済成長期Ⅲ―基本法農政下の食料・農業問題と農村社会の変貌―』農林統計協会、二〇〇四年
柳村俊介・山内庸平・東山寛「農業経営の第三者継承の特徴とリスク軽減対策」、『農業経営研究』第五〇巻第一号、二〇一二年、一六―二六頁
柳村俊介「経営安定対策の動向と新対策の特徴」、『農業と経済』、第八〇巻第三号、二〇一四年、二〇―三一頁
柳村俊介「本気度が問われる『車の両輪としての産業政策と地域政策』」、『農業と経済』第八一巻第八号、二〇一五年、二三―三一頁
柳村俊介「現代日本農業の経営継承―後進地域型から先進地域型へ―」、『農業と経済』第八二巻第三号、二〇一六年a、五―一六頁
柳村俊介「集落営農の展開―東北―」、高崎経済大学地域科学研究所編『自由貿易下における農業・農村の再生―小さき人々による挑戦―』日本経済評論社、二〇一六年b

第二章　農村社会における集落営農の意義と新たな展望

――島根県の中山間地域を事例に――

今井裕作

本稿のねらいは、過疎化の進む中山間地域において、集落営農の意義を再検討し、今後の展望について考察するものである。島根県では、集落営農の定義が明確になかった一九七〇年代から、集落営農づくりを推進してきた。また、近年では、集落営農の持つ「農地維持機能」「経済維持機能」「人材維持機能」「生活維持機能」を地域貢献機能として評価した施策の推進を図ってきた。

しかしながら、こうした地域貢献機能がどのようなプロセスや仕組みで発揮されるのか詳細な報告は少ない。そこで、組織形態、経営規模、事業内容など様々なタイプの集落営農が存在する地域において、タイプの異なる特徴的な組織を抽出し、調査を実施することで集落営農の意義に接近した。

調査を進める中で、四つの地域貢献機能では、すくいきれない機能があることを見いだした。それは、「人が集う拠点機能」「連結・協働機能」「誇りの再生機能」であり、これらは、集落営農の根幹をなす注目すべき機能である。また、集落営農の意義を評価する上でも重要な機能である。そして、この注目すべき三つの機能が相互に作用し、四つの地域貢献機能を発揮することで、コミュニティ再生の可能性が広がる。

農村再生を展望した時、注目すべき三つの機能を集落営農の意義として捉え、コミュニティ再生に向けて、その機能を発揮できるような活動を一歩一歩進めていくことが重要である。その時に、集落営農が様々な主体との協働活動による仕組みづくりを進めていくことが効果的である。

一　はじめに

そもそも「過疎化の進む農村の再生」をどう図れば良いのだろうか。この途方もなく大きな課題に対して、定住対策の視点から、あるいは地域経済活性化の視点など様々なアプローチと議論が行われてきたことだろう。

この課題に対する私の問題意識として大きいことは、今、「その地に死ぬまで住み続けたい」と思っている人が、日々の暮らしに充実感や希望を持って生活していくためにはどうしたら良いかということである。その手法もいろいろあると思うが、私がこれまで県内でみてきた取り組みを振り返ると、そこにないものをただ単純に外から求めるのではなく、今、そこにあるものをベースに、地に足のついた取り組みから始めることが重要と感じている。そのような視点で考えた時、農村社会のどんな地域資源に着目して、どのような活動をしていけば将来への展望が開けるのだろうか。

本稿では、島根県の農村社会で重要な役割を担うようになった集落営農に着目して、その意義を再検討し、集落営農の可能性と農村再生に向けた方向性を検討したい。

1　集落営農とは何か

(1)　集落営農の成り立ちと発展過程

今や全国で一万五〇〇〇を超える集落営農組織が存在する。農林水産省の『集落営農実態調査報告書』における集落営農の定義は、「集落を単位として農業生産過程における一部または全部について共同化・統一化に関する合意の下に実施される営農」とされている。

ただし、それらの組織が設立された経過や発展の過程は、その地域や時代によって様々である。農村社会の高齢化が早くから進んだ島根県の中山間地域では、集落営農という用語が明確でなかった一九七〇年代から集落での話し合いを基盤に農業機械の共同化などによる組織化が進展した。この動きは隣接する広島県においても同様にみられた。また、全国のいくつかの県においてもそれぞれの地域に応じて独自の発展過程を経て集落営農という仕組みが形成されていった。

集落営農の組織化の歴史について高橋正朗『地域農業の組織革新』では、磯辺俊彦の整理を参考に、一九六〇年代は共同田植えなど「労働の組織化」、一九七〇年代は農業機械など「資本の組織化」、一九八〇年代は「集団的土地利用」と呼ばれる「土地利用に係わる組織化」と述べられている（高橋、一九八七）。一方、集落営農が全国的に拡大したのは、二〇〇六年に国が担い手経営安定新法によって、集落営農を担い手として位置づけ、施策の対象としてからである。

(2)　集落営農の定義

集落営農が農林水産省の定義にあるように「集落の合意の下に共同で営農をする仕組み」であることは間違いないが、その成り立ちが地域や設立時期によって異なるため、集落営農の捉え方は地域や人によって様々である。集落営農が国の担い手経営安定新法より前にカタチづくられ、進められた地域では、集落営農を農業の生産活動だけをする仕組みとは捉えていないケースが多い。

島根県においては、一九七五年から島根県農業振興対策（通称「新島根方式」）によって、集落営農に取り組む組織を、農業の担い手であると同時に農村社会の担い手であるとして施策が推進された。この施策づくりを担当した県の職員は、過疎や高齢化といった課題を抱える集落の維持・活性化を図るにはどうすれば良いかという立場で現場を歩き、議論し、出した結論は、「集落が互いに手を携え、協力し合って、共同で生産性の向上、自治機能の強化という問題に

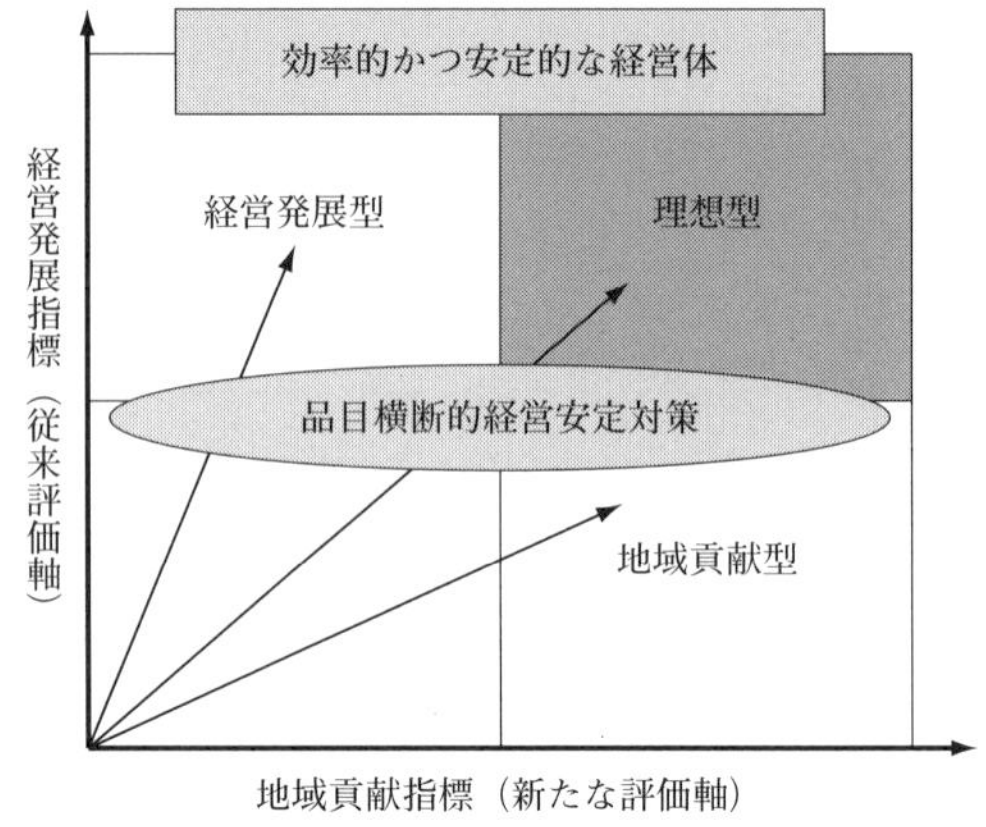

図1　地域貢献型集落営農の施策推進イメージ

出典）島根県農業経営課作成（2007）

取り組む」ということだった。そして、この施策を行政主導ではなく、農家主導で推進すること、そして、農業振興と地域振興を一体的に進めていくという点で、当時、全国から注目を集めた。この考え方は三期一三年にわたって継続され、施策の対象となった約三〇〇地区で現在の集落営農の原型となる仕組みが作られた。

その後、二〇〇七年の品目横断的経営安定対策で全国的に集落営農の組織化が相次いだが、この施策は、「効率性」「所得」「専従者」などの経営的発展を集落営農に期待するもので、「地域資源を管理しながら農村社会を維持・活性化していく」という視点が軽視された感があった。そこで、島根県の行政担当者や現場の普及員で組織された施策検討チーム「次世代の集落営農の在り方研究会」[1]では、集落営農の意義や機能を再評価し、農地の維持に加え、地域の経済維持、人材維持、生活維持に貢献する地域公益的な集落営農を地域貢献型集落営農と定義し、二〇〇八年より施策を推進した。この施策の推進イメージを図1に示した。[2]品目横断的経営安定対策で国が支援する対象が一定規模以上で経営発展を目指す経営体とすれば、島根県では、国の支援対象とならない経営規模の小さな組織も含めて、地域の課題や実情に応じて地域貢献を目指す組織も施策の対象とした。

さて、集落営農の定義について、全国の集落営農に詳しい楠本雅弘は、集落営農を農業生産活動の視点からだけ捉えるのではなく、「暮らしを支え地域を再生する社会的協同経営体」と再定義している。「社会的協同経営体」については、「地域環境の維持保全の協同」「生産の協同」「暮らしの協同」が分割できない「三位一体構造」で結合したものとみている（楠本、二〇一〇）。集落営農については、いろいろな捉え方があるが、本稿で対象としている中山間地域の集落営農に関しては、楠本の再定義が参考になる。

2　本稿のねらい

本稿のねらいは、過疎化が進む中山間地域において、集落営農の意義を再検討し、今後の農村再生に向けた展望を考察するものである。特に、小さな集落営農の取り組みや新たな協働の仕組みで活動を行う事例を通して、集落営農の注目すべき機能を明らかにし、今後の可能性を検討したい。

集落営農が農業生産活動を通じて農地維持や地域経済を維持する機能を持つことは明らかである。一方、集落営農の存在や活動が農業生産活動の側面からだけでは説明がつかない点がある。この点について、安藤益夫は、広島県の中山間地域を対象に集落営農が農業生産だけでなく、地域社会や農村社会にまで踏み込んだ活動を行い「生産・生活両面の再生」を図っていることを評価している（安藤、一九九六）。集落営農を分析する際に、生産や経済だけでなく、生活や社会の面にも踏み込んでいくことの重要性を指摘した安藤の先駆的研究は、本稿における考え方のベースにある。

しかしながら、この二〇年の間に、農村を取り巻く環境は大きく変容した。中山間地域では高齢化と人口減少で過疎化に拍車がかかり、集落営農の経営基盤となる米価は下げ止まらない。また、設立された集落営農組織も組合員の高齢化と農地を預けた組合員の農業離れによって、後継者の確保も容易ではなくなってきた。

このように変容した農村社会において、あらためて集落営農の意義を再考したい。現在の農政は、地方創生に向けた経済活性化対策の下、農地集積による大規模農業者の育成や輸出など農産物の競争力強化に力点がおかれている。このような状況の中で、集落営農の研究についても、経営的な視点や企業発展論的な研究が多い[3]。また、全国的なモデル事例を取り上げてその成功要因や波及効果を検討したものは多いが、中山間地域の小さな集落営農の意義やその機能に注目した詳細かつ具体的な報告は少ない。

集落営農の持つ機能については、竹山孝治「島根県における地域貢献型集落営農の実態と政策への適合性」が報告している(竹山、二〇〇九)。これは、島根県が地域貢献型集落営農の推進に併せて、集落営農の持つ機能に着目して作った評価システムを用いて県内六二組織を対象に調査した結果をとりまとめたものである。評価にあたっては、集落営農の持つ四つの地域貢献機能（農地維持、経済維持、人材維持、生活維持）それぞれに三つの評価項目を設け、合計一二項目について点数化している。この報告では、総じて中山間地域の組織の地域貢献度が平坦地域の組織の地域貢献度を上回っていること、また、組織の経過年数と共に地域貢献度が高まることが明らかにされている。

ただし、この調査は、県内でも比較的活発に活動している法人組織を中心に行った試行的調査であり、評価システム自体の検証と現場の傾向をつかむことを主眼としている。また、この評価システムだけでは、どういう背景、プロセス、仕組みで集落営農が地域貢献機能を発揮できたかといった評価結果の要因分析は困難である。加えて、その結果を基に、集落営農や農村社会の将来展望を論じることには至らない。

そこで、本稿では、集落営農の持つ地域貢献機能がどのようなプロセスや仕組みによって発揮するに至ったかを探ることで集落営農の意義を明らかにし、今後の展望を検討したい。そのために、対象地域を限定し、著者が改良した集落機能評価シートとヒアリング調査を実施することで、普段あまり知られることが少ない小さな集落営農組織の活動も含め、その活動を考察したい。

また、対象地域における近年の動きとして、集落営農が高齢者の外出支援サービスなど福祉部門に取り組んだり、地域で廃れた生業を復活させたりすることが見られる。さらには、複数の集落営農どうしが協働して広域連携組織を設立し、六次産業化など新規分野への進出や、集落営農が地域の多様な主体と協働した仕組みの中で若いU・Iターン者を受け入れる取り組みも増加している（今井、二〇一三ａ）。こうした新しい動きについても継続調査を行い、集落営農による農村再生への可能性を探る。

二　中山間地域における集落営農の意義と課題

1　対象地域の概要と分析の枠組み

(1) 調査内容と分析の枠組み

調査の対象を出雲市の中山間地域に位置する佐田町の集落営農組織とした。この地域に焦点を当てた理由は、町内に一七の集落営農組織が存在し、その中に八つの集落営農組織が協働した広域連携組織「株式会社未来サポートさだ」が設立されていること、加えて、集落営農組織の中には、法人格を取得して、経営を多角化し、雇用によって事業拡大を図るところもあれば、任意の組織のまま組織の維持・存続に不安を抱える組織もあるからである。このように多様な組織が存在する中で、集落営農の抱える課題と意義を検討したい。

対象地域の出雲市佐田町は、二〇一七年一月末の人口が三四八九人、高齢化率四〇・八％で、約八割を山林が占める中山間地域である。昭和の合併で佐田村（その後、佐田町に名称変更）となり、二〇〇五年に二市四町の合併により出雲市となった。佐田町の人口は、平成以降の出生数の減少と転出数の増加により減少傾向が強まり、高齢化率も上昇している（表1）。農地は、小規模な水田が多く、高齢者や兼業農家を中心とした稲作農家が多数を占め、島根県の典型的な中山間地域の農村である。

一方、佐田町は、合併以前より「農村コミュニティの再構築」を基本理念に掲げ、住民と行政がパートナーとして地域づくりを展開できる新たな住民自治組織として、一九九七年より町内の五五の集落を一三のコミュニティブロックに分け、その単位ごとに地域振興協議会を設立している。佐田町におけるこのような先進的なコミュニティづくりの取り組み(4)は、多くの集落営農組織が設立された背景と推測される。

本稿では、佐田町内の一七の集落営農組織の概要を整理した上で、その中から特徴的な二組織を抽出した。次に、

特徴
水稲主体から多角経営（施設園芸）＋若手専従者雇用型へ転換
高齢者外出支援等農外事業も取り込む地域貢献型集落営農モデル
水稲主体の組織（2015年度法人化）
主な従事者が3人の高齢者による水稲中心の小さな組織
畦畔率高く，畦畔除草軽減にグランドカバープランツに取り組む
集落内の一部の農地の機械作業を請け負う経営（水稲＋WCS・ソバ等の転作作物）
様々な組織の運営形態があるが，総じて小さくて緩やかな組織
総農家数[3] 556戸

表1　出雲市佐田町の人口と高齢化率の推移

	1990年	1995年	2000年	2005年	2010年	2015年
総人口（人）	5,189	4,870	4,576	4,213	3,816	3,406
高齢化率（%）	20.9	26.6	32.3	34.7	35.7	40.1

出典）国勢調査

表2　出雲市佐田町の集落営農組織の概要

組織	組織の運営形態	組合員数	経営農地面積（ha）	集落内水田面積（ha）	集落数	世帯数[2]（2016）
A[1]	協業経営型	20	21.4	33.5	4	68
B[1]		32	23.3	20.3	5	94
C[1]		24	7.0	10.0	1	34
D		7	6.3	7.9	2	34
E		5	4.2	7.0	3	58
F	作業受託型	12	4.3	8.5	3	29
G		68	7.4	31.7	3	72
H		4	2.2	7.5	1	30
小計（A～H）8組織 ※未来サポートさだエリア		172	76	126	22	419
その他 （I～Q） 9組織	協業型1 受託型2 機械共同型6		48		12	200
合計（A～Q）17組織			124		34	619
佐田町全体			全水田面積[3] 314ha		55	1,206

出典）A～Hは著者ヒアリング（2016年10月），I～Qは島根県農業経営課調べ，その他は著者調べ
注1）法人組織
注2）世帯数は2016自治会回覧数
注3）全水田面積，総農家数は，2015センサス（面積は畦畔込み）。なお，経営農地面積は畦畔を除く

集落営農の持つ四つの地域貢献機能に着目し、それぞれの組織が集落の維持・活性化にどのような役割を果たしてきたか検討する。また、その機能を発揮するに至ったプロセスや仕組みについて探る。

調査対象の橋波アグリサンシャイン（表2のA組織、以下「橋波アグリ」）は、一九九三年に設立された全戸参加型の組織である。組織設立五年目に法人化し、現在は、青年Uターン者を受け入れ、雇用を

きっかけに経営の多角化に踏み切っている。もう一つの調査対象とした佐田川北営農組合（表2のD組織、以下「佐田川北」）は、二〇〇六年に設立された水稲経営中心の任意組織である。経営規模が小さく、主に高齢者三人で運営している。また、上記のA、D組織を含め八組織が参画する広域連携組織「株式会社未来サポートさだ」を広義の集落営農と捉え、この協働の仕組みや意義について検討する。

(2) 水田農業の担い手と課題

佐田町内に存在する一七の集落営農組織の概要を表2に示した。法人組織となり経営の多角化をする組織もあれば、経営規模が小さく、緩やかな協働活動を行っている組織もある。総じて言えることは、佐田町農業における集落営農の位置づけが高いことである。例えば、町内五五集落の六割にあたる三四集落に集落営農が存在しているし、町内水田面積三一四ヘクタールの約四割を占める一二四ヘクタールで集落営農が農業経営を行っている。なお、佐田町をはじめ島根県の集落は一つの集落の規模が小さいため、コミュニティとしては複数の集落で機能しているところが多いことから集落営農組織も複数の集落で構成されているケースが多くなっている。

一方、集落営農組織が存在しない集落に大規模な担い手農家がいるわけでない。そうした集落の多くが小規模な兼業農家または高齢専業農家によってなんとか支えられている。こうした農家の後継者はほとんど確保できておらず、今の現役世代がリタイヤした後の農地の維持管理を誰がするかという点については深刻な課題である。

集落営農の場合は、集落の農家が高額な機械を共同化することで生産コストを低減し、経営を成り立たせている。これが集落営農が広がってきた大きな要因の一つであり、集落営農が佐田町における水田農業を担う中心的な担い手である。ただし、集落営農の構成員も高齢化し、多くの組織で後継者育成に課題を抱えている。

表3　集落営農による地域貢献機能とその評価

機能	評価項目	橋波アグリサンシャイン（A組織）	佐田川北営農組合（D組織）
農地維持	①耕作放棄地が防止されること	5	5
	②農地が守られ生産活動ができること	5	5
経済維持	③組合員の主たる従事者の所得向上	5	5
	④一般組合員の所得向上	2	4
	⑤新規事業による所得向上	5	4
	⑥集落に還元される農業所得向上	2	4
	うち補助金収入	5	4
人材維持	⑦UIターン者の増加	5	1
	⑧女性の活動の場が増えること	5	1
	⑨定年帰農者の活動の場が増えること	5	3
	⑩後継世代の参画の場が増えること	5	2
生活維持	⑪鳥獣害が防止できること	5	5
	⑫収穫祭等地域行事が維持されること	5	4
	⑬集落の景観が保全されること	5	5
	⑭高齢者の生活維持への貢献（見守り・安否確認，除雪，外出支援等）	2	4
気持ちに関すること	⑮集落に対する誇り・愛着が高まること	5	5
	⑯住民とのつながりが強くなること	4	4

出典）著者によるアンケート結果（2016年10月）より作成
注）集落営農の活動によって①～⑯の評価項目に対してどの程度効果があったかについて，集落営農組合役員にヒアリング
　数字は，「1：効果なし，2：あまり効果なし，3：どちらでもない，4：やや効果あり，5：効果あり」を示す

(3) 集落営農による地域貢献機能とその評価

　さて、表3は二つの集落営農組織に対して行ったアンケート調査結果を示したものである。このアンケートは、島根県の集落営農評価システムでの設問を基に筆者が改良したものである。アンケート調査は、二〇一六年十月に各組織の役員に対して対面方式で実施した。集落営農の活動によって、農地維持、経済維持、人材維持、生活維持の各評価項目に対して、効果がどの程度あったか五段階で評価してもらった。また、集落に対する誇り・愛着などの気持ちに関する評価も重要と捉え、これについても評価してもらった。次に、このアンケート結果を基に、各組織

の特徴的な機能やそれぞれの機能の関連性に注目したヒアリング調査を実施した。

アンケート調査の結果からは、橋波アグリは、二、三の評価項目を除きいずれの維持機能でも高い評価を得ており、佐田川北についても、人材維持機能以外は、高い評価の項目が多くなっていることが明らかとなった。

そこで以下では、これらの調査結果を基に、高齢化が進む条件不利地に存在する集落営農組織がいかにしてこうした機能を発揮し続けることができているのか、その要因について明らかにすることを試みる。その際、橋波アグリについては、近年、多くの集落営農の共通課題となっている人材維持機能に注目した考察を行う。人材維持機能については、竹山孝治（二〇〇九）の調査結果からもこれを発揮できている組織とそうでない組織とあることが指摘されており、本稿の分析ではさらにその要因を探ることを目指す。一方、佐田川北に関しては、農地維持機能に注目する。集落営農の最も基本的な機能である農地を維持するために、小さな集落営農組織がどのような取り組みをしてきたかを明らかにすることは重要と考えるからである。

2　地域を牽引してきた老舗組織の進化――農事組合法人橋波アグリサンシャイン――

(1)　ムラの暮らしと集落営農の成り立ち

佐田町の橋波地区に島根県の集落営農を先導してきた老舗とも言える組織がある。橋波地区は、出雲市の中心部から南西部に車で約四〇分かかる中山間地域に位置する。四つの集落で構成されるこの地区は、一戸当たりの農地面積が小さく、高度経済成長期以前から、いわゆる「五反百姓」が多数を占めている。農家の多くは兼業であるが、当時は、米の他に養蚕と炭焼きと畜産など複数の生業を営んでいた。また、地区を流れる神戸川では、ウナギ、鮎、鯉が捕れる豊かな農村であった。その神戸川の度重なる洪水被害によって、田んぼへの用水路や畦畔の補修を否応なく地域住民が協

表4　橋波アグリサンシャインの概要

1.	組織設立	1993年（1998年法人化）
2.	構成員数	20名（うち役員として理事5名，監事2名） ※構成員以外に若手専従者雇用3名，研修者2名
3.	農地集積面積	約22ha
4.	経営概況	水稲13.8ha，飼料用稲5.6ha，ソバ6.2ha，施設園芸61a，露地野菜30a
5.	総収入額	約3,800万円（2016年1月総会資料）

力して立ち向かわなければならず、そうした経験が住民の団結力を育み、四つの集落のまとまりをよくしたと言われる[5]。

だが、高度経済成長期になると、地区外に仕事を求めて流出する人が増え、地域社会の過疎化が進んでいく。そうした状況に危機感を抱いた人たちが、そこで暮らしていくための知恵を出し合い、集落での話し合いと農業機械の共同化の活動を続けていくことで、それがやがて一九九三年の橋波アグリの発足につながっていく。

このことについて、現在の橋波アグリの総務部長で、一九九三年の組織設立当時から事務局長としてこの組織を支え続けてきたM氏が、「一九九一年に県のふるさと農業活性化事業で橋波地区が町のモデル地区として指定を受けたことが橋波アグリ組織化の直接的な契機であった」と振り返る。町のモデルとして指定を受けたのは、橋波地区のまとまりが良いことが周囲から認知されていたことによる。

当時、橋波地区には、現在の橋波アグリの先駆けとなった二つの農作業受託グループがあった。しかし、依然として個人で農業機械を所有する人も多く、米価が低迷する中、地域住民にとっては将来への不安が大きく、このまま高齢化が進めばダメになるとの思いがあったという。そこで、モデル地区として指定された後に、二つの農作業受託グループが中心となり、青年会と自治会を加えた「ふるさと活性化委員会」が組織されている。この委員会では、全農家の意向調査や先進地調査を行いながら、農業講演会や秋祭りなどで気運の盛り上げや課題を洗い出し、地域住民の心を一つにするように努めた。二年間の協議の末、将来の農業の維持のためには、「四地区（集落）全体で集落営農をすることが必要」と結論づけた。その結果、二つの農作業受託グループは解消し、一九九三年に四つの集落が集まって橋波アグリが設立された。組織設立の背景には、過疎・高齢化があったのは勿論であるが、それを乗り切るために地域でしっかりと話し合い、合意形成に至った住民の団結力が大きかったことがうかがわれる。その後、一九九八年に農事組合法人となっており、現在の経営概況は表4のとおりである。

先に触れた橋波アグリの総務部長のM氏は、農地を五反ほど所有する兼業農家であるが、佐田町役場の職員として、一九九六年に退職するまで長年地域行政に携わってきた。役場勤務時代の一九八六年に橋波地区の公民館事務局を担っていたが、役場退職後の一九九六年に橋波地区公民館の主事として再就職しており、当地区の地域振興に深く関わってきた人物である。M氏が「農地の荒廃を防止し、美しい橋波づくりと地域活性化を目指してきた」というように農業振興と地域振興を車の両輪のように進めてきた。もっと言えば、この地区での集落営農のベースは地域づくりであり、「地域を守ること」を理念に集落営農に取り組んできている。こうした考え方は、この時代に設立された島根県の中山間地域の集落営農の根底にある。

(2) 橋波アグリの直面した課題

橋波アグリが法人化された一九九八年は、地区内農家六五戸のうち一八戸が法人役員または組合員として加入し、地区内農地の約半分を集積し経営を開始している。現在は、地区内農地の約八割にあたる二一・四ヘクタールの農地を集積している。設立当初から米を経営の柱とし、組合員全員参加型の組織で経営的にも人材的にも安定した経営であった。しかし、米価の下落や高齢化・人口減少など取り巻く社会情勢の変化の中で「構成員の高齢化に伴う後継者の確保」が課題として顕在化し始めてきた。橋波アグリが直面している課題を私が把握したのは、二〇一一年のことである。では、この課題をどのようにして克服したのか。そのプロセスも含め、特に、橋波アグリの人材維持機能に焦点を当ててみていく。

(3) 集落営農による人材維持機能

橋波アグリでは、現在、二名の三〇代Uターン者と一名の二〇代Iターン者を正規雇用している。また、アルバイト雇用などパート勤務を含めると二〇代から三〇代でこの数年間に六名が就業した。表3からも、橋波アグリの人材維持機能が特に高い評価となっていることがわかる。

それでは、組合員の高齢化に課題を抱えていた組織がわずか数年間で、どうやってこれだけの人を確保し、集落営農がそうした若い人材の受け皿として人材維持機能を発揮できたのか、その理由は何だろうか。ここに至るまでの経過は以下のとおりである。

二〇一一年、島根県が主催する集落営農の人材育成の研修会に参加した橋波アグリの役員総務部長M氏が「今は経営的にも問題になっていないが、一〇年先を考えたら組織の後継者が不足する。若い人の雇用も考えたいが、そのためには経営の多角化が必要。しかし、それにはリスクも伴う。進むべきか立ち止まるべきか迷っている」と発言している。県内のモデル事例として歩んできたこの組織も設立から二〇年近く経過する中で、地域全体の高齢化、人口減少という社会情勢の変化に直面し、将来への危機感を覚えてこの研修会に参加している。

この研修会のテーマは、「とにかく人材確保・育成に関するプランを各組織で作って、一年かけて何か一つ実践しよう」というものであった。これを契機に、この組織では、「組織の後継者づくり」を役員会の議題にあげて、毎月検討するようになったという。その過程で、以下にみるように、若者をアルバイトとして雇用したことが人材確保につながっていくことになる。

二〇一二年四月に橋波アグリに最初にUターンしてきたA氏は、この組織の組合員の息子で当時二〇代である。農業を志してUターンしたわけではない。近隣の松江市で古着屋を経営していたが、その店をたたみ、帰郷していた際に、たまたま農繁期だったのでバイト感覚で営農組合の農作業を手伝うようになったという。

そして、これもまた偶然であるが、同年五月に同年代のB氏が東京のテレビ番組制作会社の仕事を辞め、地元に戻り、営農組合のアルバイトをするようになった。B氏も特に農業をしたかったわけではなかったが、「いずれ生まれ育った地元に戻って仕事をしたい」という考えを持っていた。

農業を続けてきた理由や決断のきっかけについてB氏にたずねると、「農業が苦にならなかったし、集落の高齢者から感謝の声をかけられる。生まれ育った土地で、少しでもそこの役に立っていることを実感しながら、自然な流れで今日に至った」と答えた。A氏についても同様に、「まわりの高齢者から『見ているだけで元気がでる』と喜ばれるので、地元を少しでも盛り上げられたら自分も嬉しい」と答えた後、さらに、「B氏と一緒だったので」「やってみたらおもしろかった」と付け加えた。Uターンして半年後の九月には、県の支援制度を活用して研修に切り替わっている。この間に米づくりを通じて集落の住民と触れあう中で、徐々に、自然なかたちで気持ちが固まっていったものと思われる。以上、就農までの道筋をその受け皿となった集落営農の動きと併せて年表的に整理すると表5のとおりである。

若い人材を雇用したこの法人組織の経営規模をいわゆる一般的な会社と比較すると極めて小さい。同規模の水稲経営であれば年間の農業売上額は二〇〇〇万円程度であり、若い専従者二人の人件費を捻出するのは容易ではない。

では、どうしてこの組織が若い人材の受け皿となり、雇用することができたのか。表4に示した経営概況だけから判断するとビニールハウス一六棟で新たにホウレンソウ生産を開始したことが大きな要因と思われるかもしれない。しかし、これはあくまで一つの手段でしかない。ホウレンソウを開始する前にすでに二名の雇用を決断しており、現在では六名の若い人材を受け入れているのである。

表5　若いUターン者の就農・定着までの経過

年月	UIターン者の動き	橋波アグリ及び未来サポートさだの動き
2011年11月		・橋波アグリが県の主催する人材育成研修会に参加。その後，役員会で人材確保をテーマに検討
2012年 3月		・橋波アグリを含む8つの集落営農組織で広域連携組織未来サポートさだ設立
2012年 4月	・A氏，B氏Uターン →アルバイト的に橋波アグリの仕事従事 →未来サポートさだの機械オペレーター	
2012年 9月	・研修開始（県の研修事業を活用） ＊橋波アグリ，未来サポートさだ等で研修	
2013年 4月		・未来サポートさだの株式会社化
2013年 9月	・正規雇用（国の雇用事業活用） ＊橋波アグリで雇用	
2014年 9月		・米価下落への対応として施設園芸部門の拡大を決定
2015年 9月	・国の事業を終え，橋波アグリで完全雇用 ＊主な業務は，橋波アグリの機械オペレーター，施設園芸＋未来サポートさだの機械オペレーター	

注）著者ヒアリング

この組織がこうした人材維持機能を発揮できたのは、「地域を守ること」を理念に組織化し、「後継者不足という課題」を役員がしっかりと受け止め、その解決策を検討し続けてきたことが起点となる。役員会で後継者不足の課題を検討し始めていたちょうどその時期に二人のUターン者が現れたのは偶然である。しかし、いわゆる田園回帰の流れの中でそうした機会は地域にけっこう溢れている。都会に住んでいる若者の中には、仕事があれば地方で暮らしたいという思いを持っている者は少なくない。大事なのはその機会を組織として活かせるかどうかである。橋波アグリの場合、近隣の集落営農との協働によって新たな事業を展開することで雇用の場を生み出してきたことが大きい。具体的には、最初の二人を受け入れた二〇一二年の春、橋波アグリを含む八つの集落営農組織が協働して飼料用稲などの転作作物の大型機械を共同所有し、作業受託する組織未来サポートさだ

（以下「未来サポート」）が設立され、橋波アグリのＭ氏が事務局機能を担うことになった。この広域連携組織の受託作業には、橋波アグリの若い二人も機械オペレーターとして出役することとなり、そこからの収入確保の目処もあったのである。

当初は、未来サポートの法人化と事業拡大に併せて、彼らを未来サポートで雇用する構想もあった。しかし、最終的には、橋波アグリの役員による話し合いによって、自らの組織でもホウレンソウという新たな事業を立ち上げることで、未来サポートでの事業と併せて二つの方向から彼らの雇用環境を整えることにしたのである。現在では、一六棟のビニールハウスを建設し、ホウレンソウなどの施設園芸部門（六一アール）を設けている。なお、ホウレンソウ以外には、水稲一三・八ヘクタール、飼料用稲五・六ヘクタール、ソバ六・二ヘクタール、露地野菜〇・三ヘクタールを経営している。経営を多角化しながら、事業を拡大し、補助金を含めた総収入は約四〇〇〇万円である。

二〇一二年の春にＵターンしてきた二名は、今年で六年目を迎える。橋波アグリの支援のもと彼らが定着に向けた道のりを確実に歩んでいることが、その後の四名のＵ・Ｉターン者の受け入れにつながっている。

(4) 集落営農による生活維持機能

さて、集落営農の持つ地域貢献機能として、農地や地域経済を維持する機能があることは、表3の評価結果からも明らかである。では、生活維持の点についてはどうであろうか。生活維持機能の指標として示した鳥獣害防止、収穫祭などの地域行事の維持、集落の景観保全について、橋波アグリが活動することで、どの程度効果があったか調査したところいずれも高い評価であった。その理由は、地元の自治会的組織（橋波地区四集落の地域振興を担う橋波地域振興協議会）と集落営農組織が協働の仕組みをつくってきた点が大きい。そのことによって、活動を継続的なものにしている。例えばこの地域ではかなり以前からフラワーロードで集落に花を植えて、集落の景観づくりをしている。花を営農組合でつくり地域振興協議会で管理運営している。また、営農組合の重機を無料で利用して集落内の除雪をしている。

本来、ここで述べた除雪、集落の景観づくり、地域の祭りといった行事は、自治会などの住民自治組織（橋波地区の場合は地域振興協議会）の役割である。しかし、高齢化や人口減少が進んだ地域において、話し合い組織として輪番制で役員が決まる自治会などのような組織では実行力が伴わないことが多い。そうした時に、各種機械や技術を持つ実働部隊である営農組合が自治会などと連携することで活動を効果的かつ継続的に実施できるようにしているのである。

3　小さな集落営農が直面する課題と意義

(1) 佐田川北営農組合の成り立ち

二〇〇六年に設立された佐田川北の主な活動エリアは、川北上と下の二集落（戸数三七世帯）である。現在、集積している圃場は全部で六五枚あるが、そのうち三九枚は一〇アール未満の棚田で農作業の効率性の観点からすると圃場条件が良いとは言えない。もともと一戸当たり農地面積が小さい上に、畦畔面積が広く、個々の農家の高齢化に伴って、個人での稲作経営を継続するのは厳しい状況にあった。そうした状況の中で、現在の集落営農の立ち上げに関わった役員に農作業を委託する依頼があったことをきっかけに組織化することとなった。

設立当初は、経営面積も小さかったが、現在、集落内の全水田面積約八ヘクタールのうち農地を所有する二七戸から六・二ヘクタールを集積し、〇・九ヘクタールを機械作業受託している。経営内容は、水稲四・八ヘクタール、飼料用稲一・二ヘクタール、そば一・三ヘクタール、水稲育苗ハウスでの野菜づくりに取り組んでおり、総販売金額は六三〇万円である。

また、組合の構成員は七名（四〇代一名、五〇代一名、六〇代二名、七〇代二名、八〇代一名）いるが、実質的に

表6　佐田川北営農組合構成員と組合との関わり

	役職	年齢	属性	営農組合との関わり
A氏	組合長	72歳	元 食糧事務所職員	組合代表兼基幹オペレーター
B氏	副組合長	69歳	現 会社員	副組合長，組合の立ち上げに関与
C氏	事務局長	76歳	元 建設会社勤務	組合会計兼基幹オペレーター
D氏	役員	65歳	現 学校勤務	基幹オペレーター
E氏	組合員	80歳代	元 役場職員	高齢のため農作業への出役なし
F氏	組合員	50歳代	現 建設会社役員	昼間の仕事等により出役できず
G氏	組合員	40歳代	現 市役所職員	昼間の仕事等により出役できず

出典）著者ヒアリング（2017年3月）により作成

は、ほぼすべての作業を七六歳、七二歳、六五歳の三名で担っている。役員の構成や属性は表6のとおり会社などを退職した後の高齢者専業農家と兼業農家で構成されている。

集落営農の経営規模としては、全国的にみても極めて小さい。集落の大きさが山や川に挟まれて小さい上に、畦畔面積が大きいことから経営規模を拡大してコスト低減できる条件にない。こうした組織の取り組みが紹介されることはあまりないが、島根県の中山間地域では、規模、人数、年齢構成などこうした組織も多い。

この組織に注目した理由は、中山間地域で法人化していない集落営農組織の典型的な規模であること、また、こうした小さな組織の持続なしには、中山間地域の農業が維持できないと考えるからである。規模が小さく、棚田で条件も厳しいが、小さいなりの工夫によって経営は成り立っている。こうした小さな組織の課題と意義を検討したい。

(2)　集落営農による農地維持機能とその効果

佐田川北の場合は、法人格を取得していないため組織として農地を借り受けることができない。そこで、主な従事者である三人が個人名義で農地を借り受け、三人で共同機械を効率良く利用するために、計画的な作付けや転作作物の団地化を図りながら共同経理を行っている。一般的な集落営農法人と同程度に経営効率を高めることによって経営を成り立たせている。

しかし、わずか三人に農地を集約した組織であるが故に、調査に入る前は、将来の後継者育成等人材面で課題を抱えているのではないかという予想があった。構成員が少ない上に、農地を預けた住民とのつながりが希薄化することによって、ますます後継者を育成できない状況を招いているのではないかという懸念である。

確かに、現時点で後継者が確保できているわけではないし、女性や後継世代の参画の場が増えたわけでもない。しかし、ヒアリングを通じて住民とのつながりという点では決してそうとは言いきれないと感じた。例えば、「集落営農をして良かったことは」の問いに、役員は、「田植えや稲刈りを自分達がする姿を見て、地主の人が『助かります』と声をかけてくれ、ビールなどのお礼の品をそのつどいただけるんです」と答えた。これは、農地を預けた地域住民から集落営農組織に対する感謝の気持ちの表れである。また、農地を預けた住民は、集落営農組織から地代をもらうのが一般的であるが、ここでは、地主と営農組合の間にそうしたやりとりはなく、地代はゼロである。逆に、「自分達がお金を出してでも営農組合にやってもらいたい」と言う地主もいる。

このことは、二つのことを意味している。一つは、個人による零細な稲作経営は、経営的にはすでに成り立っておらず、近隣にも作り手がいないこと。もう一つは、地主の側にとっては、お金を出してでも自分の農地や集落の住環境を維持したいという気持ちが強いことである。集落営農は、このような地主の思いを受けて活動しているため、役員は、「営農を通じて地主から信頼され、つながりは強くなっている」と自信を持ってコメントしている。

この組合の組合長と事務局長へのヒアリングでは、「集落営農がなかったら全くもって荒れ地になっている」とそろって指摘するように、集落営農の活動によって、集落内のほぼすべての農地と畦畔がきれいに管理されている。また、営農をする上で対策が必要な鳥獣害の防止活動については、二〇一七年度から集落のまわりを囲む一六〇〇メートルの電気牧柵を設置できる事業が採択されている。この事業は要望の多い事業であるが、採択された理由は、この組織が日々農地を管理し、営農を継続してきたことで事業効果が高いと行政が判断したためである。

(3) 地域住民とのつながりと満足度

この組織では、農業生産以外の活動として、組織が所有するバックフォーを使った除雪を行っている。また、高齢者世帯の中で超急傾斜な草刈り場の作業請負をしている。また、営農組合が栽培したそばを使い、地元の住民を対象にそば打ち教室を年四回開催している。その他、営農組合が所有する水稲用の育苗ハウスで栽培する小玉すいかも地元住民からの評判が良く、毎年、心待ちにしている住民も多いという。こうした活動は、集落営農組織の経営面での効果はわずかだが、集落営農組織が地域住民とのつながりを深める効果がある。

さて、集落機能の維持を考えた時、地域住民や集落営農組合員の気持ちに関することも重要な要素と考え、組合長と副組合長にヒアリングを行った。具体的には、「集落営農の活動によって、それに従事する組合員の集落に対する誇り・愛着が高まったか」という問いに対して、「効果あり」と回答された。また、「住民とのつながり」についても「やや効果あり」との回答であり、「地主から信頼してもらっているという意味でつながりも強くなっていると思う」と添えられた。さらに、「農地を預けて疎遠になる地主もいるのではないか」の問いに、「ここに住んでいる地主はそんなことがない」と力をこめてコメントされた。

単年度の農産物の販売額は六三〇万円で、地域への経済効果は限定的ではあるが、従事する組合員にとっては、所得面からも気持ちの面でも満足度は高い。

(4) 後継者確保の下地づくり

佐田川北は、現在でも後継者確保の課題を抱えている。前掲表3からも人材維持機能の評価が低いことがわかる。農業経済学者や各県の行政担当者の中には、「集落営農によって土地持ち非農家化が助長され、そのことが将来の後継者確保を困難にする」と指摘する者も多い。確かにそういうケースもあるが、この集落の場合、農地条件や高齢化の状況から考えて、集落営農に取り組まなければ、至る所が荒廃地になっていた可能性が高い。

当時六〇歳前後の三名が立ち上がり、一〇年間にわたり集落営農で農地を維持してきたことは、定住を支える基礎的な環境維持への貢献であり、その意義は大きい。また、無理のない範囲ではあるが除雪やそば打ちなど農業以外の地域貢献活動に取り組んできたことは、地域住民との良好な関係づくりに加え、コミュニティづくりにひと役かっている。こうした活動の積み重ねが、将来の後継者確保の下地になっている。

ちなみに、この集落の農家世帯二七軒のうち同居している若い世代がいる家は八軒、出雲市内や近隣の松江市など一時間程度の圏域に住んでいる世帯が七軒ある。現在、この営農組織には四〇代、五〇代の組合員が各一人ずついる点は心強い（表6）。組合員である彼らは、普段は会社などでの仕事をしている都合などから営農活動には参加していないが、彼らを含めて集落内外に住んでいる若い世代との関係がうまく築いていければ後継者確保に向けた新たな展開も期待できる。佐田川北の組合長は、徐々にではあるが、若い世代とのつながりを強めるために、集落の青年会に声をかけ、共同草刈りを実施したり、お酒を飲みながら話をする機会を作っている。

なお、この組織も、前述した八つの集落営農組織による協働組織「未来サポート」にも参画しており、その協働組織の機械を利用して、飼料用稲やそばを栽培している。佐田川北の役員は、未来サポートとの協働活動が始まったことで、「うちの集落がピンチの時は助けてくれるという期待感がある」「何か新たな途が切り開けるのではないかという希望もある」とコメントしている。

(5) 小さな集落営農組織の意義――人が集う拠点機能を発揮し、コミュニティ再生――

佐田町の集落営農組織の大半は、前述の佐田川北のような小さな組織である。では、佐田川北以外の組織の状況や展望はどうであろうか。今回、補足調査として、そのような小さな集落営農を訪問し、調査する中でいくつかの重要なコメントを得た。

前掲表2のC組織の組合長は、「集落営農をすることで営農組織の存在が住民にとって大きくなった。今、自治会的な活動として非農家も含めて若い人を参加させる何かをしたいと考えている」とコメントしており、住民の祭りの準備に営農組織の施設を無料で開放して、使ってもらっている。このように営農組織の施設は、人が集まる拠点として機能している。同様のことを他の営農組合でも聞くことができた。

また、二〇一七年三月にE営農組合では、自治会の共催による地域活性化研修会を三年ぶりに開催した。当日は、女性活性化事例の講演と農業と地域づくりを考えた簡単なワークショップが開催された。主催者である自治会長は冒頭の挨拶で、「三年ぶりにこの研修会が復活したのは営農組合の熱意と資金的協力のおかげ」と述べており、営農組合が地域づくりにひと役かっている。

佐田町役場のOBで現在集落支援員のI氏は、「集落営農はコミュニティの維持に役立っている」と評価する。このことは、昔は、田植えや稲刈りの他にも地域のお祭りや葬儀の「手間替え」によってコミュニティを維持してきたが、今はそれがなくなった。その代わりに集落営農というカタチの共同作業の中で田植えやお祭りに取り組んでおり、それがコミュニティづくりに役立っているということを意味している。

手間替えがなくなった今、集落営農で人が集まることで何か新たな活動や事業に発展することにつながっていくことも期待できる。それはC営農組合長の発言と一致する。また、事例で紹介した佐田川北、橋波アグリの取り組みも同様で、集落営農の活動そのものが地域住民が集う拠点として機能し、コミュニティづくりに貢献している。

4　小さな集落営農による新たな協働のカタチ――八つの集落営農が連携した未来サポートさだの取り組み――

(1) 設立のプロセス

二〇一二年三月に佐田町内の八つの集落営農組織で設立された「未来サポート」の設立目的について、総会資料では、「佐田地域の農地及び景観や住民の生活を維持し、地域農業を活性化することを目的に設立」と記述されている。この組織の設立に至るプロセス、事業、意義等については、今井裕作「島根県における地域貢献型集落営農の推進と新たな展開」に詳しい（今井、二〇一三b）。

未来サポート設立の主要因は、以下の四点である。

第一は、小規模な湿田が多く、生産条件が不利なこの地域の転作対応として、広域連携組織で高価大型機械を共同で購入することができれば、飼料用稲にソバまたは菜種栽培を組み合わせた二毛作によって高い収益を見込めたことである。最初の事業は、飼料用稲をラッピングする高額な大型コンバインを共同で購入し、各営農組合が作付けする飼料用稲の収穫受託事業であった。

第二の設立要因は、地域の核となる二つの集落営農法人が存在したことである。一つは、先にみた橋波アグリ、もう一つは米と福祉で地域貢献活動を行うグリーンワーク（表2のB組織）である。

第三の設立要因は、四人のキーマンの存在である。一人は、地元JA職員N氏の存在である。この地域の集落営農（表2のH組織）の組合員でもあるN氏は、かねてから条件不利地域での転作作物の生産振興をどう進めるかという課題と疲弊する地域をどう守っていくかという問題意識を持っていた。そこで、N氏は、地元にある県の農業改良普及センターのS氏にその対応策を相談していた。JA職員のN氏と農業普及員のS氏は、二〇一一年十月にグリーンワーク代表のY氏に対して、集落営農組織間の広域連携と転作用農業機械の共同の話を持ちかけたのが発端である。Y氏は、松江の民間会社を退職後、旧佐田町時代には町議を務めながら農業に従事し、営農組合を立ち上げた地域のリーダー的な存在である。相談を受けたY氏は、「いずれそういう時代が来ると思っていた。何かあればフォローするので話を進めて欲しい」と力強く賛同した。そして、橋波アグリの総務部長M氏に事務局を引き受けてもらうよう依頼し、内諾を得たことで話が本格的に進むこととなった。設立後、S氏が、「M氏に受けてもらえなければできなかっただろう」と振り返るように、誰がその事務局や調整機能を担うかというところが極めて重要である。

第四は、受け皿となる話し合い組織「佐田地区集落営農連絡協議会」の存在である。今回の提案を契機とし、将来に向けた意見交換を重ねる中で、組織設立に向けた気運を高めることができたのである。

なお、こうした話し合いが佐田町において進んだ背景としては、全国的にも早い段階から集落営農が進んできたように、集落のまとまりの良さがあげられる。また、笠松浩樹が佐田町のコミュニティブロックによる小さな自治の取り組みを評価するように、これまでの集落という枠を超えた範囲でのリーダー育成とコミュニティづくりの取り組みが、今回の町全域に及ぶ広域連携組織づくりに至った背景と考えられる（笠松、二〇〇五）。

(2) 設立の意義

この広域連携組織設立の意義は何か。二〇一二年九月に構成する八つの集落営農組織の代表または事務局に対して実施したアンケートの結果、未来サポートへの加入理由として、六組織が「今後の労働力確保や機械の更新など様々な不安を感じていたこと」や「農業生産以外の収益活動や地域貢献活動への期待感」を回答している。一方、「農業生産の収益性向上」や「機械共同利用によるコスト低減」を主な加入理由として回答した組織は二組織であった。また、設立されて良かったことについては、「複数の組織の連携によって安心感が生まれた」との回答が六組織と最多であった。

設立から半年後、M氏が「以前は、各集落営農組織間に見えない壁があった」と語る。以前からM氏は、つながりのある近隣集落の農家から緊急避難的に稲刈りなどの要望があっても、そこは別の営農組合のテリトリーであるため、助けることができなかったと言う。また、農村部では、近隣の組織どうしでも微妙な競争心があるのが一般的である。未来サポートが設立されたことで、組織間の壁が取り除かれ、オペレーターの派遣や資産の共有によって、地域住民の不安が解消の方向に向かいながら地域全体で農地を守る仕組みづくりにつながりつつあるのは、この協働組織の大きな意義と言える（今井、二〇一三b）。

(3) 新たな事業展開

二〇一三年四月に未来サポートさだが株式会社化された後も、主要事業が飼料用稲などの収穫受託事業であった間は、各営農組合から登録したオペレーターが作業を行い、正社員はいなかった。

しかし、当初から佐田町の農業の活性化に必要な事業を模索しており、二〇一五年十月に地元の味噌加工や各農家が生産した野菜の集荷・販売を担っているNPO法人まめだかネットの経営を継承し、事業の拡大に乗り出している。さらに、二〇一六年には、NPO法人まめだかネットの跡地に事務所を設置し、表7のとおりの雇用体制を整えている。また、同年から未来サポートの経営改善となるように味噌の原料となる大豆生産に取り組んでいる。加えて、現在は、

表7　株式会社未来サポートさだの概要

1. 出資金：1,435万円（株主25名）
2. 組織体制
   (1) 役員　：取締役3名（常勤1名），理事8名，監事2名
   (2) 社員等：社員5名，臨時雇用数名，地域おこし協力隊員1名
   (3) 部門　：総務部，営農部，加工部，産直部
3. 事業内容（平成2015年度実績）
   (1) 営農部門
      ・転作作物の収穫作業受託（飼料用稲16.5ha，そば・菜種7.5ha）
      ・耕作放棄地農地の集積・作付け（WCS・そば1.3ha）
   (2) 加工部門
      ・味噌の加工，タケノコ水煮，乾麺・加工
   (3) 産直部門
      ・佐田町内及び近隣地域で生産される野菜の集荷・出荷
4. 事業規模：単年度総収入見込み約5,000万円

出典）総会資料及びヒアリングにより著者作成

佐田町農業の最大の課題である草刈り作業を軽減するための事業化に向けた検討を始めている。

設立から五年目を迎える現在、これに参画している佐田川北の役員に、未来サポートができて良かったことをたずねたところ「これがなければよそが何をしているか全くわからんが、頻繁に情報交換の場ができたことは良かった」「その若いオペレーターと交流するうちに何かあった時には、助けてくれるのではという期待感もある」「新しい途が開け希望の光が見えたような気もする。若い人と一緒に何かしてみたい」といった感想が聞かれた。今後、株式会社化後の新たな事業活動が軌道にのれば、さらなる雇用の場として期待できる。

三　農村再生への展望

中山間地域の高齢化と人口減少という全国的な傾向は、まだ続くであろう。一方、都会にいる若い世代が地方に移住する動き、いわゆる田園回帰の一端を佐田町において確かにみることができた。そのような動きの中で、農村の再生を展望した時、本稿で取り上げた集落営農にどのような意義を見いだし、検討していけば良いのだろうか。

これまで、島根県が注目してきた四つの地域貢献機能を基に調査を進めていく中で、この四つの機能ではすくいきれない注目すべき三つの機能があることを見いだした。それは、集落営農の持つ地域貢献機能が発揮されるための機能であり、集落営農の根幹をなす機能とも言える。

その注目すべき機能があることを集落営農の意義として捉え、集落営農が軸となって、農村再生への展望を開くにはどうすれば良いか検討したい。これらの機能と農村再生に向けて目指すべき方向を図2に示した。

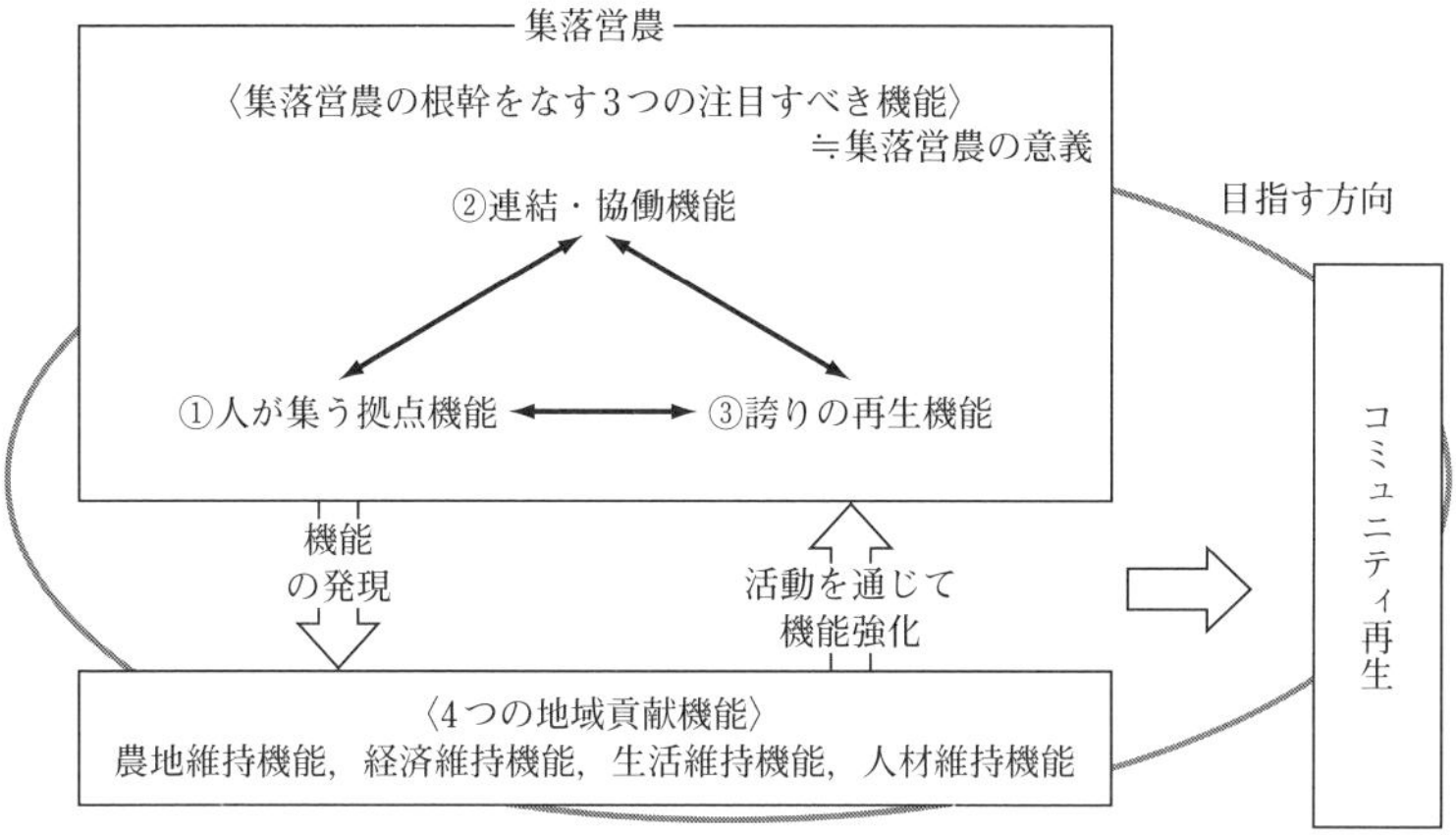

図2　集落営農の注目すべき3つの機能と農村再生に向け目指すべきこと

出典）著者作成

1　集落営農の根幹をなす三つの機能

注目すべき機能として最初に指摘するのは、「人が集う拠点機能」である。これについては、本稿で取り上げたすべての事例から見いだせた。橋波アグリのM氏は、「集落営農の事務所が農地を預けた住民も集う場所になっている。もし、集落営農をしていなければ、農業を束ねる者がおらず、今のように集落の人と普段、顔を合わす機会がなかっただろう」とコメントしている。実際、私は、何年も前からしばしばここを訪問してきたが、営農組合で農作業に従事する人以外に集落の住民と会う機会は多いし、関係する機関の来客者や電話などが後を絶たない。また、表2のC組織は、先に紹介したとおり、組合の施設を住民の祭りの準備のために開放しているし、表2のB組織（グリーンワーク）は「地域に年中灯りの点っている組織を」との思いで、高齢者の外出支援サービスなど農閑期の事業にも取り組むことで一年を通じて人が集う状況を作り出している（今井、二〇一二）。

次に指摘する機能は、「連結・協働機能」である。これは、集落営農に関与する人と人が連結し、組織と組織が協働する機能と言える。佐田川北は、地域貢献活動を通じて、営農組織役員と地域住民がしっかりとつながっている。また、未来サポートは、設立のキーマンである橋波アグリのM氏とグリーンワークのY氏がつながり、その二人がそれぞれ所属する集落営農組織を核にして、地元の畜産農家、NPO、コミュニティ組織が関与し、協働している。この協働組織設立のきっかけと主体は集落営農組織である。では、なぜ、集落営農がこうした取り組みの主体となりうるのか。それは、農業を軸に地域を守ることを理念に掲げて経済活動と同時にコミュニティ活動を行っているからである。すなわち、農村社会に住む多数の人にとっては全く無関心ではいられない「お米」と「田んぼ」に関わる活動を通して、「地域を守る」という共通の「思い」がスムーズに共有できたのである。「農村部においてもコミュニティが崩れかけている」と言われる今日において、集落営農の連結・協働機能があらためて評価できるし、この仕組みを活かしきれるかが地域再生を考える際に重要と思われる。

最後に指摘する機能は、「誇りの再生機能」である。佐田川北の事例で示したように、集落営農が農業と農業以外の地域貢献活動をすることによって、地域住民からの感謝の気持ちを受けている。そのことが、住民とのつながりを一層強くし、営農組合に関わる役員の集落に対する誇りや地域への愛着を高める効果もみられた。また、橋波アグリの役員やUターンした青年のコメントから「やりがい」や「生まれ育った地域に住むことの意義」も見いだせる。

この「誇り」に関連する研究として、小田切徳美は、農山村が直面する「人の空洞化」、「土地の空洞化」、「ムラの空洞化」の根底にあるのは「誇りの空洞化」であり、住民自身が農山村に住み続ける誇りや意義を再生することが最重要課題と指摘している(小田切、二〇〇九)。本稿で報告した佐田町の集落営農の取り組みは、いずれもこの「誇りの再生」につながる活動を一歩一歩着実に実行する動きと言える。

以上、三つの機能を「集落営農の根幹をなす注目すべき機能」として指摘した。この三つの機能は、互いにうまく作用することによって、先に述べた四つの地域貢献機能が働き、鳥獣害防止活動、新たなナリワイづくり、U・Iターン者の育成あるいは高齢者世帯の除雪・生活サービスといった地域貢献活動が行われる。そして、こうした具体的な地域貢献活動によって、三つの機能がさらに強固なものとなる。このような関係性については図2に示したとおりである。過疎化の進む農村において、「集落営農の根幹をなす三つの機能」は、集落営農が存在する意義として捉えることができる。また、「四つの地域貢献機能」は、集落営農の意義を高める機能とも言える。

では、農村再生を展望した時、これらの機能を活かしながら、次に、何を目指せば良いのか、その方向性について検討したい。

2　農村再生に向け目指すべき方向

かつて、田植えや葬儀など「手間替え」によって維持されていた農村社会のコミュニティは、人口減少や高度経済成長といった時代背景で薄れてきている。しかし、先に述べたように集落営農がある地域では、そば打ち講習会、収穫祭、あるいは集落営農組織の施設を地域行事に開放することなどによって、普段、集落営農とは関わりの薄い地域住民も集うことで、コミュニケーションを深める機会が創出されている。すなわち、集落営農が農村社会のコミュニティ再生にひと役かっているのである。決して、すべての集落営農がコミュニティ再生の役割を担いきれているわけではない。ただ、もともとコミュニティを基盤に形成された集落営農が、本稿で指摘した注目すべき三つの機能を相互に作用させ、それによって、従来指摘されていた四つの地域貢献機能を発揮することができれば、コミュニティ再生の可能性が広がる。本稿では、そうした可能性を佐田町の集落営農の活動に垣間見ることができた。また、未来サポートの事例のように、コミュニティ再生の場づくりを集落単位ではなく、旧村単位で取り組む動きも進展している。参画する個別の集落営農組織と複数の組織が連携・協働した広域連携組織による重層的なコミュニティ再生の動きによって、若いU・Iターン者の受け入れや新たなナリワイも生まれている。

こうしたコミュニティ再生に向けた動きが、新たな事業を可能とする。そして、その事業活動による経済的な満足度や気持ちの上での満足度が高まることによって、コミュニティを一層強固なものにする。農村再生に向け目指すべきこととして提示したいことは、集落営農の機能を活かし、具体的な地域貢献活動を通じてコミュニティ再生に向けた活動を一歩一歩進めていくことである。

3　最後に

繰り返しになるが農村再生を展望した時、まずは、そこに存在する重要な資源あるいは強みとも言える集落営農に関わる人々が、たとえそれが小さな組織であってもその意義を再認識して、できることから一歩踏み出すことである。そして、踏み出す中で、小さな組織だけでは完結できない事柄については、地域内の多様な人や組織との協働活動の仕組みづくりを工夫することである。

橋波アグリのM氏に「どうすれば農村社会を維持できるか」たずねたところ、「つまるところ死ぬまでここに暮らしたい。ここで暮らすことをみんなで考えると自ずとどうすれば良いか見えてくる。集落営農をみんなでするようになったのもそうした思いから」とコメントされた。橋波アグリは、一九八三年から集落で「花いっぱい運動」を始め、その後、みんなで話し合って地域のスローガン「みんなの和と美しい農社会」を掲げ、二〇〇一年に石碑を建てている。石碑を建てた時の思いについて「当時のメンバーは皆、胸に刻んでいる」という。その後、「高齢化に伴う後継者不足」という課題を正面から捉え、役員で頻繁に話し合いを重ね、試行錯誤しながら後継者を確保できたのは前述のとおりである。

現在、橋波アグリにUターンした二名は今年二〇一七年で六年目を迎える。彼らが帰ってきたことで、橋波地区に再び活気がでてきた。収穫祭や夏祭りは若い世代で企画・運営し、神楽、野球あるいは地元の人が集う居酒屋をしたりしながら若い世代のつながりを強くしているという。また、若い人が集まった時に「農業を活かして交流、観光、フェスなどを企画して、もっと地域に人が来る仕掛けがしたい」と話をしている。今後、彼らのアイデアを実現するためには、そのための良い場づくりが必要である。それには、彼ら自身の人的なネットワークの拡大に加えて、思いを共有できる様々な組織との協働の仕組みづくりが重要なポイントになる。その時、彼らを支え、後押しをするのが、集落にしっかりと根をおろし、集落営農という仕組みで地域を守り続けてきた先輩達であろう。

注

（1）次世代の集落営農の在り方研究会は、二〇〇七年に島根県の集落営農の施策担当者、農業普及員及び研究員で構成され、次年度に向けた島根県の集落営農の施策を検討した。この検討を基に二〇〇八年から地域貢献型集落営農確保・育成事業が開始された。（http://www.theperthexpress.com.au/contents/muranoyukue/v178/index.php）を参照のこと。

（2）地域貢献型集落営農の施策推進イメージ（図1）については、今井裕作「地域貢献型の集落営農で農業・農村を活性化」に詳しい（今井、二〇一一）。

（3）集落営農に関する既存研究の整理については、山本公平「水田農業を主体とした集落営農に関する既従関係研究の整理と課題」に詳しい（山本、二〇一一）。

（4）佐田町のコミュニティブロックによる先進的な地域振興の取り組みについては、笠松浩樹「行政による小さな自治へのアプローチ」に詳しい（笠松、二〇〇五）。

（5）橋波アグリサンシャインの成り立ちと当時のムラの暮らしについては、パースエクスプレス「ムラの行方」Vol.一七八／二〇一二／十一に掲載されている「第七回　たたらの里の暮らし考（七）」に詳しい。

引用・参考文献

安藤益夫『地域営農集団の新たな展開』、農林統計協会、一九九六年
今井裕作「地域貢献型の集落営農で農業・農村を活性化」、『AFCフォーラム』二〇一一年三月号、三一―三三頁
今井裕作「集落営農がとりくむ社会サービス事業」、『農業と経済』二〇一二年一・二月合併号、六九―七四頁
今井裕作「集落営農の新展開」、小田切徳美・藤山浩編『地域再生のフロンティア』、農山漁村文化協会、二〇一三年a、八三―一一六頁
今井裕作「島根県における地域貢献型集落営農の推進と新たな展開」、『農林業問題研究』第一九一号（第四九巻第二号）、二〇一三年b、四二一―四二六頁
小田切徳美『農山村再生「限界集落」問題も超えて』、岩波ブックレット、二〇〇九年
笠松浩樹「行政による小さな自治へのアプローチ」、『季刊中国総研』九（二）、二〇〇五年、一七―二二頁
楠本雅弘『進化する集落営農』、農山漁村文化協会、二〇一〇年、四九―五〇頁
高橋正朗『地域農業の組織革新』、農山漁村文化協会、一九八七年、一九九頁
竹山孝治「島根県における地域貢献型集落営農の実態と政策への適合性」、『農業と経済』二〇〇九年十一月号、六二―七一頁
山本公平「水田農業を主体とした集落営農に関する既従関係研究の整理と課題」、『広島経済大学経済研究論集』第三三巻第四号、二〇一一年、一〇一―一一六頁

第三章　ボランタリー地域組織による生活課題への取り組み
――要支援世帯の除雪問題を事例として――

澁谷美紀

本稿の目的は、秋田県横手市の「共助組織」における要支援世帯の除雪活動を対象に、共セクターを中心にしたセクター間の協働を解明することである。分析の要点は二つある。一つは、従来、村落各戸の生活を支えてきた互助協同の原理に基づく相互扶助に対して、有志で構成されているボランタリー地域組織が、それらとは異なる共助の仕組みをどう形成しているかである。もう一つは、住民や公的機関がそれぞれ共助についてどう理解して協働しているのか、これによっていかに公共性が構築されているかである。分析の結果、第一に、ボランタリー地域組織の構成には、近隣集団など村落組織の構成されている地域の社会関係が反映されており、村落組織と機能分担して生活課題を解決する協働の仕組みを形成していることを明らかにした。また、共助は、有志と要支援世帯における労働力の等価交換を前提としない生活支援の仕組みであるが、住民たちはこれを「地域」を通じた等価交換の仕組み、つまり互助協同であると解釈している。他方、公的機関は、こうした住民たちの理解とは異なり、共助を「住民による公共性ある地域活性化活動」「福祉ネットワークづくり」ととらえている。それと同時に、ボランタリー地域組織と公的機関とは、共助において「地域課題の解決」という目標をゆるやかに共有し協働しており、これらを通じて、地域的な営みである共助が公共性をもつ営みとなっている。

一　はじめに

本稿は、秋田県横手市の「共助組織」（計九団体）、なかでも南郷区の「南郷共助組合」を対象に、共セクターの生活支援活動を中心にしたセクター間の協働のあり方を明らかにすることを目的とする。横手市の「共助組織」の多くは集落より広域の地区や校区等の有志で構成され、要支援世帯の除雪や買い物支援といった生活課題への対応を志向する、有償ボランティア組織である。これらの組織は、集落自治会や近隣集団など原則的に地域の家々が世帯単位で参加し生活互助を担う従来の村落組織とは異なり、個人単位の参加を基本とし、生活維持の多様なサービスを、少ないながらも対価を得て持続的に提供するなど組織原理や活動内容に革新性、総合性を有する。いわば「手づくり自治区」（小田切、二〇〇九）の特徴をもつ。

近年、こうしたボランタリーな地域組織（以下、「ボランタリー地域組織」）が、従来の村落組織の機能を補完し今日の生活課題に対応できる「地域運営組織」として、政府の地方創生施策の中で推進されている[1]（総務省、二〇一五）。同時に、農村振興施策に関する住民ニーズの多様化に伴い、効果的、効率的なサービスの供給を行政のみで担うのは難しいことから、行政と住民や民間非営利等の多様な主体が協働しつつ担うことが期待されている（柏、二〇〇二）。農山村が停滞するなか、ボランタリー地域組織が異種セクターとの協働で、暮らしに必要とされる多様なサービスを充足する可能性が提起されているのである。

他方、これまで農村においては、地縁血縁による社会関係とそれらに基づく村落組織が、各戸が個別には充足できない生活上の様々な機能を補完していることが指摘されてきた。[2]それら社会関係は今日でも重要な役割を果たしており、生活課題の性質に応じてそれぞれに異なる種類の社会関係が機能する（澁谷、二〇一四）。したがって、農村における生活互助機能が縮小したとされる今日でも、ボランタリー地域組織が従来の村落組織の機能を単純に代替するものではないと考えられよう。これら双方の機能については、ボランタリー地域組織が経済活動等も含む新たな生活課題に対応し、集落が従来の生活互助機能を担う[3]（小田切、二〇〇九）というように機能分担が論じられている。だが、重層的な社会関係とそれらに基づく村落組織の機能がなお認められる農村においては、ボランタリー地域組織との相互関係をより注意深く捕捉する必要がある。そのうえで、協働がボランタリー地域組織の活動にどう影響しているかを検討する必要があろう。

したがって、本稿の論点は、ボランタリー地域組織が従来の生活互助とは異なる生活支援の仕組みをどう形成しているか、そこで異セクターとどう協働しているかにあり、主な組織活動として要支援世帯の除雪に注目する。そのため、第一に、非営利組織を社会再編の担い手とみて役割や社会再編方向等を議論するセクター論を手がかりに共セクターの位置づけを確認し、協働の分析視点を提示する。第二に、横手市とその除雪施策、南郷区自治会の概況を整理し、南郷区上南郷集落を例示的に取り上げ、地域の社会関係と自治会の実態を示す。さらに、横手市共助組織五団体の概要から特徴を抽出する。第三に、南郷共助組合の設立の経緯を、中間支援団体である秋田県南ＮＰＯセンター（以下、県南ＮＰＯ）と南郷区自治会の動きから把握する。それとともに、村落組織との連携や公的機関による支援から協働の仕組みを明らかにする。第四に、以上の分析を踏まえ、ボランタリー地域組織の協働に関する課題を検討する。

二　分析視点

ボランタリー地域組織は共セクター（非営利組織）の構成主体の一つである。共セクターを中心とした協働活動の分析にあたっては、公セクター（公的機関、行政）、私セクター（営利企業）とともに地縁血縁の社会関係が累積する地域社会と、そこに形成された村落組織をどう位置づけるかが問題になる。

本稿では、富沢（二〇〇八）と池上（二〇〇八）、池上（二〇一二）に依拠し、ボランタリー地域組織に対する地域社会とそれらに基づく村落組織ならびに異種セクターの関係を図1のようにとらえる。それぞれのセクターは、生活の必要からつくられた諸組織で構成されており（富沢、二〇〇八）、協働は組織と組織の関係において成り立つ[4]。農村の生活は地縁血縁に基づく社会関係の重層化した地域社会で営まれている。共セクターはその地域社会に基礎をおき、生活課題へ対応する非営利組織の集合する領域である。村落組織とボランタリー地域組織はともにこの共セクターに位置する。共セクターはさらに、住民全体を対象に生活課題の解決を目指す公セクターと、第一義的には利益の獲得を目的とする私セクターに囲まれている。共セクターは公・私セクターの主体と依存や補完、あるいは対抗関係に置かれ、それらとの関係に応じて生活課題への対応の仕方も変化する[5]。ボランタリー地域組織を中心とする生活支援は、より具体的には公的機関、民間企業との協働を意味しており、これら三者に加え村落組織との相互関係を検討する必要がある。本稿では事例に即して、特に村落組織、公的機関との関係に焦点を絞り、次の二つの視点からそれぞれの関係を分析する。

第一に、村落組織とボランタリー地域組織の関係については、それらがともに地域社会を土台としていることから、

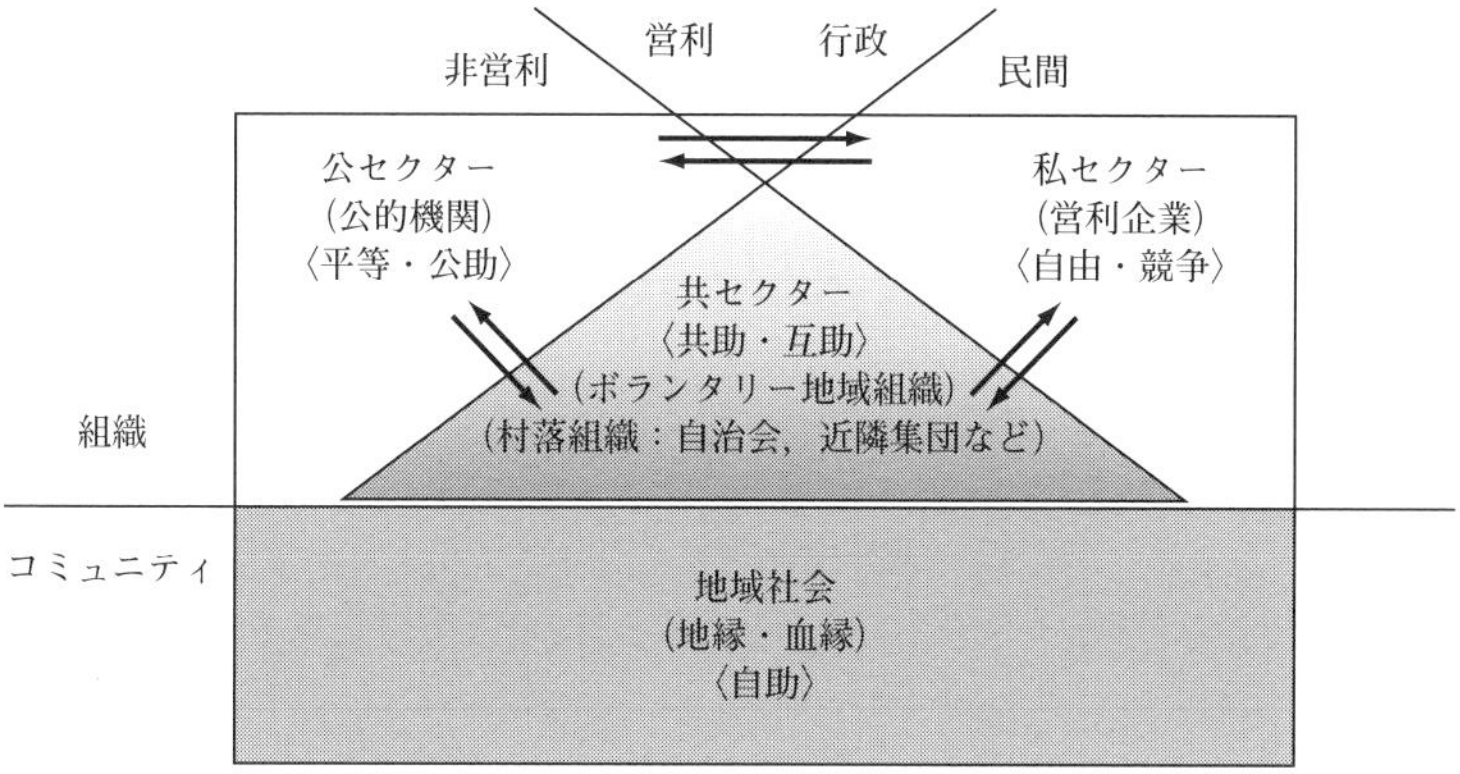

図1　公・共・私セクターと地域社会の相互関係

注1）富沢（2008），池上（2008），池上（2011）の図を一部改変
注2）矢印は各セクターの協働を示す

それぞれの組織構成とそこに組み込まれている地域の社会関係、および組織の活動原理に着目する。このうち活動原理については、二つの組織で異なることに留意が必要である。村落組織による生活補完が組織内の家々の平等性や互酬性を前提とする互助協同の原理に基づいているのに対し、ボランタリー地域組織の活動はそれらを前提とはしていない。例えば、道路や水路の普請、田植えの「ゆい」といった従来の村落の共同作業は、各戸が等しく労働力を提供することで成り立っており、互助協同に基づく生活補完の営みといえる。これに対して、ボランタリー地域組織の活動は同じく生活補完の機能を果たしているが、そうした等価交換を前提としない一方向の援助を含んでおり、ここでそれらを「共助」の原理に基づく活動ととらえたい[6]。

本稿の対象である「除雪」に即していえば、戦後の雪処理は多く住民の共同作業による処理方式が衰退する過程であったととらえることができる。田中（二〇〇七）は、雪切りや道踏みといった公共空間（道路等）におけるかつてのコミュニティ（共同）型雪処理方式が機械除排雪へと変化するのに伴い、行政による公共空間の雪処理原則と私空間（自宅等）の敷地内処理原則が明確になっていったことを明らかにした。[7] つまり、かつての公共空間における互助協同の雪処理は、今日、ほぼ行政によって担われている。だが、私空間においては、例えば、自力での自宅除雪が困難な高齢者も除雪を頼める相手を自分で探さねばならないとされるように、依然、私的対応が要請される状況にある。こうしたなか、ボランタリー地域組織の有志による要支援世帯への除雪活動は、私空間において共同型の雪処理を行おうとする試みであり、かつ家々の平等性・互酬性を前提としない共助原理に基づく、新たな雪処理の動きととらえられるだろう。

第二に、ボランタリー地域組織と公的機関の関係については公共性の創出過程に着目する。ボランタリー地域組織の除雪という「私空間での共同活動」に公的支援を行うには、公的機関がその組織活動に何らかの「公共性」を認める必要があるからである。

かつては、国家の開発事業が「公共事業」等の名目で行われてきたように、「公共性」は公的機関によって独占的に定義され担われているととらえられてきた。だが、事業に対抗する住民運動組織が、公的機関とは異なる「公共」の観念を提起し「公共性」の意味転換を促していった。今日こうした経緯等から、公共性の重層性や複数性とともに特定地域に成立する地域的公共性（「小さな公共性」）が議論されている（田中、二〇一〇）。

公共性をめぐる議論について、コモンズを論じる宮内（二〇〇六）は、「誰がどんな仕組みで（環境に）かかわるか」に加え「そのかかわりが誰にどう認知・承認されるか」が焦点になるとしている。公共性は所与のものとしてあるのではなく、各主体の働きかけや相互作用の中で「レジティマシー（正統性）が獲得されていくプロセス」なのである。関（二〇〇六）もこの視点から、住民の河川環境保全活動を自治体が後押しした事例を対象に、住民の活動という共同性が「行政施策と結びついて公共性の次元に押し上げ」られ、これにより川をめぐる人びとや行政機関の複数の価値が同時に実現されている様相を明らかにした。これらの議論からボランタリー地域組織と公的機関の協働は、住民の価値づけやその営為に公的機関が独自の観点から「公共性」を認め支援する過程であり、ボランタリー地域組織の活動が社会的に認知・承認されていく過程とみることができる(8)。したがって本稿では、ボランタリー地域組織の活動を通して住民や公的機関のどんな価値が実現され、そうした複数の価値を含みながら協働がどう成り立っているかを論点とする。

次節以降、ボランタリー地域組織における組織構成と活動原理、公共性の創出過程から村落組織や公的機関との関係を分析し、協働のあり方を考察する。

二　調査地および共助組織の概要

1　横手市の概況と除雪施策

まず、本節では、共助組織のある横手市の概要を整理する。横手市は奥羽山脈と出羽山地に囲まれた県南内陸部に位置している。南郷共助組合のある旧山内村《さんない》（以下、山内村）は市の東端、岩手県境に接した奥羽山脈沿いにある。横手市は、二〇〇五年に旧横手市と山内村を含む平鹿郡内七町村が合併して誕生した市である。二〇一〇年国勢調査によると、人口九万八三六四人と県下第三の人口規模である。高齢化率は県全体の三〇％と同程度の三一％であるが、六五歳以上世帯員のいる三世代世帯率が三六％と、秋田県全体の二八％を上回っている(9)。旧市町村の中で山内村は人口三八八九人と最も少なく、高齢化率は三五％に及ぶ。六五歳以上世帯員のいる三世代世帯率は横手市全体とほぼ同じ三五％であるが、二〇〇五年からの五年間における単身高齢者世帯の増加率が、横手市一九％に対し山内村は四三％と大きい。この間、六五歳未満はもとより前期高齢者も減少しており（減少率一三％）、著しい人口流出と少子化で単身の後期高

表1　横手市の除雪支援制度

管轄	制度・事業名	内容
横手市	一人暮らし高齢者等雪下ろし雪寄せ支援事業	高齢者世帯等と雪下ろし，雪寄せを行う作業員・事業者のマッチングとそれらの世帯への助成
	くらしの安心サポート推進事業	高齢者世帯，障害者世帯等の除排雪を行う団体（自治会等）に小型除雪機を貸し出し
	高齢者世帯等の雪寄せ作業員募集	業者やシルバー人材センター登録者以外の雪寄せ作業員を募集
	横手市除雪活動費補助金交付制度	消融雪施設設置・運営費等として管理団体に助成 流雪溝組合連絡協議会の運営費の助成
	生活道路除排雪協働事業制度	狭隘道の除雪機械・排雪車両費等の助成
	雪下ろし安全用具の貸出	ヘルメット，安全帯，ロープ等の無料貸出
横手市社協	除雪ボランティア事業	ボランティアから除雪の要望がある場合，除雪が必要と認められる世帯とマッチングを行う

注）横手市調査（2016年5月），横手市ホームページ（http://www.city.yokote.lg.jp/shobo/page000067.html，2017年2月）より作成

齢者世帯が増加していると考えられる。[10]

横手市全体では一七％が第一次産業に従事している。二〇一〇年農業センサスによると、販売農家は七一七二戸で、水田割合は八九％と秋田県全体と大きな開きはない。だが、山間地域で自給的農家の多い山内村やリンゴ産地の増田町では専業農家率がともに二三％と高く、一戸当たり経営面積が一・五ヘクタール以下と小さい。

横手市は、豪雪地帯対策特別措置法において豪雪地帯に指定されている秋田県でも特に雪深く、二〇一五年十一月から翌五月の累積降雪量は七〇二センチメートルに達した。山内村はなかでも特に降雪量が多く、特別豪雪地帯に指定されている。市は五年ごとに策定する雪対策計画において、一層の高齢化とそれに伴う雪処理の担い手不足を見越して市民協働の対策推進を標榜しており、高齢者世帯の支援や地域住民の協力を促す各種の施策を実施している（表1）。このうち「一人暮らし高齢者等雪下ろし雪寄せ支援事業」（以下、「高齢者除雪事業」）では高齢者世帯等の要支援世帯と除雪を行う事業者・作業員のマッチングおよび非課税世帯等への利用料金の助成を行っており、

二〇一五年度は玄関前の雪寄せで四六三戸、屋根の雪下ろしで五五一戸が利用登録している。また、「くらしの安心サポート推進事業」は除雪活動を行う地域へ除雪機等の無料貸出を行う事業であり、二〇一五年度は共助組織二団体と二つの自治会が利用した。このほか、横手市社会福祉協議会では無償の除雪ボランティアと除雪を要する世帯のマッチング（以下、「除雪ボランティア事業」）を行っており、二〇一五年度の支援戸数は旧三町村の三二戸である。これらは横手市で共助組織が結成される二〇一二年以前から実施されてきた。

なお、社会福祉協議会は社会福祉を推進する民間組織（社会福祉法人）であり、事業内容や事業形態からは共セクターに位置づけられる。ただ、これまで横手市の社会福祉協議会は横手市から運営補助を受け、多くの地域福祉事業を受託してきた。さらに、社会福祉協議会と市はそれぞれの活動計画、総合的指針を示す地域福祉活動計画および地域福祉計画のすり合わせを行ったうえで、一体となって二〇一七年度からの地域福祉を推進しようとしている。このように、横手市の社会福祉協議会は、財政基盤や実際の事業において市と緊密な関係にあることから、本稿ではこれを公的機関に準じる組織とみて公セクターに位置づけ分析する。

2　南郷区自治会と上南郷集落の概要

次に、南郷共助組合のある南郷区の概要をみると、この区は横手市街から一六キロの距離にあり、五集落で構成されている。一八七四年に創立され一九九二年に閉校した南郷小学校の校区でもある。二〇一六年現在、戸数九八戸、人口三三五人で、高齢化率は四一％、高齢者世帯は二一戸に上る。農業センサスによれば、二〇一〇年の販売農家四五戸のうち稲作単一経営が三八戸、六五歳未満男子専従者がいる経営は四戸で、経営耕地面積は計四五七八アールと、小規模な高齢農家が多い。南郷区では区の単位で自治会が形成されている。以下、南郷区自治会および上南郷集落を例示的に

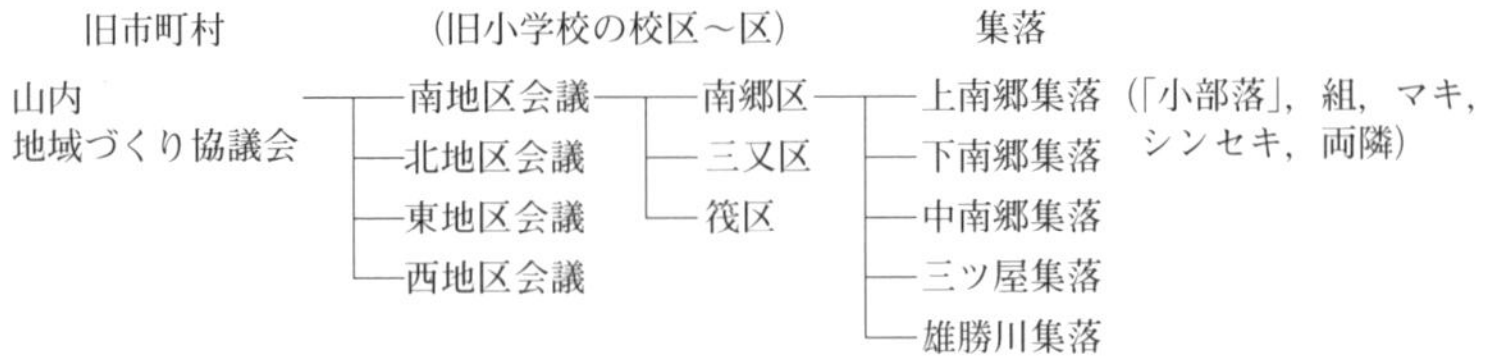

図2　対象地域における地域組織の構成範囲

取り上げ、概要を示す。

南郷区自治会では、独自の活動として春季の運動会、神社祭祀、雪中運動会、雪囲いやグラウンド整備を含む交流センターの管理清掃を行っている。役員は区長、副区長、会計、監事のほか、区長を補佐し業務を分担する地区長と必要事項を協議する協議員が各五名である。地区長と協議員は集落から一名ずつ選出され集落役員を兼ねているが、区長は自治会専任の役員として総会で選出される。老人クラブや婦人部、消防団、ＰＴＣＡ（学校支援組織）の地域団体が区の範囲で構成されている。各戸から徴収する区費と市からの助成が自治会の主な財源である。これを自治会活動のほか四七％を役員手当、一九％を地域団体の活動費補助に充てている。また、地上権設定で管理する入会林三ヶ所の租税を負担している。

なお、横手市では市町村合併を機に、自治会より広域の主体的な自治活動の拠点として市全域に「地域づくり協議会」と「地区会議」をもうけ、ソフト、ハードの事業に助成している（図2）。山内村を単位に「地域づくり協議会」が設置され、同じ範囲に四つの「地区会議」がもうけられている。このうち地区会議については、南郷区は隣接する筏区、三又区とともに「南地区会議」を構成している。[11] だが、南地区会議における主なソフト事業はグラウンドゴルフ大会のみであり、ハード事業費は地区会議全体ではなく区の単位で使途を検討し三年ごとに交互に活用している。地区会議よりも区が意思決定や住民活動の実質的な単位となっている。

上南郷集落は戸数二八戸、人口八〇人で、高齢化率が四六%、高齢者世帯は一四戸に及ぶ。集落で水神祭りと秋祭り、新年会を行っている。集落の中には、さらに畑南郷、塩貝、寒沢口、粕子瀬の四つの「小部落」がある。[12]祭祀や総会の準備、集会所の管理はかつて「小部落」で交互に行っていたが、人口減少と高齢化のため、現在は集落を上組と下組に二分しこの単位で担当する。[13]集会所の保険料や祭祀費など集落運営費は年度末の総会や行事のつど精算し各戸から徴収する。このように集落では独自に活動を行うものの、南郷区自治会役員として集落から選出された地区長と協議員が運営を担っており、集落はいわば区自治会の下部組織に位置づけられている。南郷区自治会集落には一三のマキがあり、四人が親類関係にある。本分家や親類関係にある家、さらに親類関係にあった故人の家はともに「シンセキ」として付き合いにあまり違いはない。また、家並みに即して隣接する二戸は「両隣」と呼ばれ、何かにつけ特に相互扶助が期待される。集落では近隣の日常的な往来はあるが、懇親や趣味が目的のものも含めグループはつくられていない。

集落で水田を所有する二五戸のうち稲作農家は一一戸にとどまり、自家菜園のみの世帯が多い。集落にある三つの水利組合のうち、上南郷集落からの加入世帯が最も多い塩貝堰水利組合は、一五戸で構成されている。この水利組合では第三期までの中山間地域直接支払制度（二〇〇一〜二〇一五年）を活用し、水田約七ヘクタールの農道の舗装やU字溝の設置といった生産基盤の整備に取り組んできた。取水口から農地までの二キロの水路整備を行うことが主目的であったが、耕作を中止する高齢農家が増えたことから第四期対策での取り組みを断念し、整備半ばで解散に至っている。

南郷区では、このように集落と区の自治会が意思決定と活動の単位として実質的に機能しており、集落においても「部落」や組、両隣、シンセキといった共同活動や生活互助を行う社会関係が累積している。ただ、高齢化のため地域資源管理が危ぶまれる状況にある。

3　横手市の共助組織

南郷区における南郷共助組合を含め、横手市の共助組織九団体はいずれも任意団体である。これらのうち七団体は県南NPOの後押しで結成され、四団体が二〇一二年に、三団体が二〇一五年に発足している。残る二団体は、二〇一二年における県の助成事業を機に組織されたものである。ここでは、二〇一二年に結成された共助組織五団体の概要から、その特徴を整理する。

表2はそれら五団体の組織構成と活動内容をまとめたものである。この表から共助組織の特徴を次の四点に整理できる。第一に、構成範囲について、南郷共助組合や三又共助組合、木下ふれあい隊、船沼SVOでは世帯数が五〇～九八戸、集落数が一～六集落であり、保呂羽地区自治会を除いて概ね小規模なことである。共助組織の活動範囲は住民相互の面識性が比較的高い範域といえる(14)。

第二に、活動について、どの共助組織も要支援世帯の除雪を行うほか、買い物支援（保呂羽地区自治会）や地元商店の支援（南郷共助組合）、住民サロン（保呂羽地区自治会、木下ふれあい隊）等を行っており、生活サービス中心の取り組みになっていることである。また、活動費を補うため、三つの組織で県道の除草を請け負ったり、福祉施設への食材供給を行ったりしている(15)。ただ、全国におけるボランタリー地域組織の一部で取り組まれているような直売所運営や農家レストラン等の経済活動、営農支援は行っていない(16)。

第三に、いずれの共助組織も実働構成員の中心世代は六〇代以上となっていることである。共助組織では除雪をはじめどの活動も壮年層が参加しやすい週末に設定されることが多い。また、保呂羽地区自治会のように地区の壮年層と交流会を行ったり、船沼SVOのように消防団員を組み入れたりして、積極的に壮年層の加入や参加を促している共助組

表2　横手市の共助組織の概要

組織名		保呂羽地区自治会	南郷共助組合	三又共助組合	木下ふれあい隊	船沼SVO
旧村名		大森	山内	山内	十文字	雄物川
結成の契機		県南NPOセンターの後押し	県南NPOセンターの後押し	県南NPOセンターの後押し	県助成事業への応募	県助成事業への応募
構成範囲	地域戸数	214	98	82	70	50
	集落数	17	5	6	3	1
活動（2015年）	雪寄せ	○（8戸）	○（9戸）	○（5戸）	○（5戸＋3施設）	○（7戸）
	雪下ろし	○（6戸）	○（6戸＋2施設）	○（3戸）	○（6戸＋1施設）	×
	その他	買い物支援，サロン，生活相談所，移住促進会，異世代交流会，県道除草，福祉施設への食材供給	地元商店の支援，県道除草，福祉施設への食材供給	県道除草，福祉施設への食材供給	いきいきサロン	―
共助組織員	組織員数	24	49	70	10	16
	うち実働組織員数	18	17	30	10	12
	中心世代	60歳代	60歳くらい	全員65歳以上	63歳	60歳代
	メンバーシップ	有志	有志＋区役員	有志＋区役員＋民生委員	有志	有志＋消防団員
主な歳入費目（2015年）		除草請負費，除雪受託料，会費，県助成，市助成	除草請負費，除雪受託料，市助成	除草請負費，除雪受託料，市助成	除雪受託料，社協助成	自治会費から活動費補助，除雪受託料
主な歳出費目（2015年）		除草・除雪作業労賃，機械管理・借上費，除雪資材費，燃料代，保険料	除草・除雪作業労賃，機械管理・借上料，除雪資材費，燃料代，保険料	除草・除雪作業労賃，機械管理・借上料，除雪資材費，燃料代，保険料	除雪作業労賃，機械管理費，燃料代，保険料，サロン講師料	除雪機管理費，燃料代，保険料

織もある。だが、この世代は仕事や家庭の都合、自宅や共助活動が及ばない他家の除雪等で忙しいため、実際に共助組織で活動しているメンバーは少ない。

第四に、どの共助組織も基本的には有志で構成されていることである。南郷共助組合、三又共助組合は自治会の役員が自動的に共助組織の構成員になるが、活動も財源も地域の全世帯が加入する自治会からは独立している。ただ、船沼SVOだけは集落自治会の一部会という位置づけで、自治会から年間五万円の活動費補助がある。

このように横手市の共助組織は比較的歴史が浅く、高齢の有志による生活サービス中心の小規模な有償ボランティア団体という特徴をもっている。南郷共助組合はその典型である。

四　南郷共助組合の設立の経緯

1　県南ＮＰＯによる設立の働きかけ

横手市の共助組織の多くは、県南ＮＰＯの働きかけで始まっている。そこで、この県南ＮＰＯをみると、住民の地域活動や男女共同参画を推進する中間支援団体として二〇〇四年に設立されている。共助組織は、二〇一〇年にＮＰＯ職員が山間集落の独居高齢者へ除雪支援を行ったのを機に共助組織を構想し、内閣府のモデル事業として採択されたことが、発足の端緒となっている。県南ＮＰＯでは事業を成功させるため、横手市と相談しながら、住民の紐帯が強い山内村ほか旧二町の三地域をモデル地区に選定した。県南ＮＰＯがこれらの地域へ組織化を働きかける過程では、次の四つのポイントがある。

第一は、住民自ら生活課題を解決する必要性を強調し続けたことである。財政難や少子高齢化で行政のみが課題解決を担うことは難しくなっていることから、今後はそれらを担う自立的な住民組織が必要になるとの意図である。同時に、今日住民が取り組むべきは、多くの自治会で行われている住民の懇親や環境美化といった活動だけではなく、暮らしの維持に必要な地域課題の解決であるとの意図もあった。各地で住民、地域役員対象の説明会や座談会を実施して認識の共有を図っていった。

第二は、最初に組織化を働きかけたのが地区会議の範囲であったことである。その理由は二つある。一つは、地区会議が比較的広域で設置されているため、壮年層の共助の担い手を確保しやすいと考えられたためである[17]。もう一つは、地区会議は行政が設置した組織であることから、行政の後ろ盾を得ながら住民を説得できると考えられたためである。県南ＮＰＯに対する住民の認知度は決して高くないため、まずは住民の信用を得ようと、地区会議で説明会を開き理解の醸成を図る方法がとられたのである。

第三は、自治会から独立した有志による組織化ではなく、自治会を含む既存の地域組織の連合体や自治会の一部門としての組織化を想定していたことである。自治会の意思決定を反映させ支援を得るため、そうした構成が考えられた。

第四に、有償の取り組みを提起したことである。田植えの「ゆい」や茅葺き屋根の葺き替えなど従来の村落の相互扶助は、各戸の労働力交換を第一義とする生活補完の仕組みであり、基本的には金銭や物品の返礼を前提とはしていない。また、南郷区においても共助組織の発足以前から、労働力が不足する世帯を中心に除雪での協力が行われていたが、そこでの金銭や物品のやりとりは補完的なものであった。だが、県南ＮＰＯは、共助組織が活動の継続に責任をもつには、サービスを受けた世帯からの長期的な労働力の返礼を期待するのではなく、最初から作業料を明確にした有償の仕組みが良いと考えていた。また、その料金については、生活課題を話し合う座談会で雪下ろしが最重要課題とされ

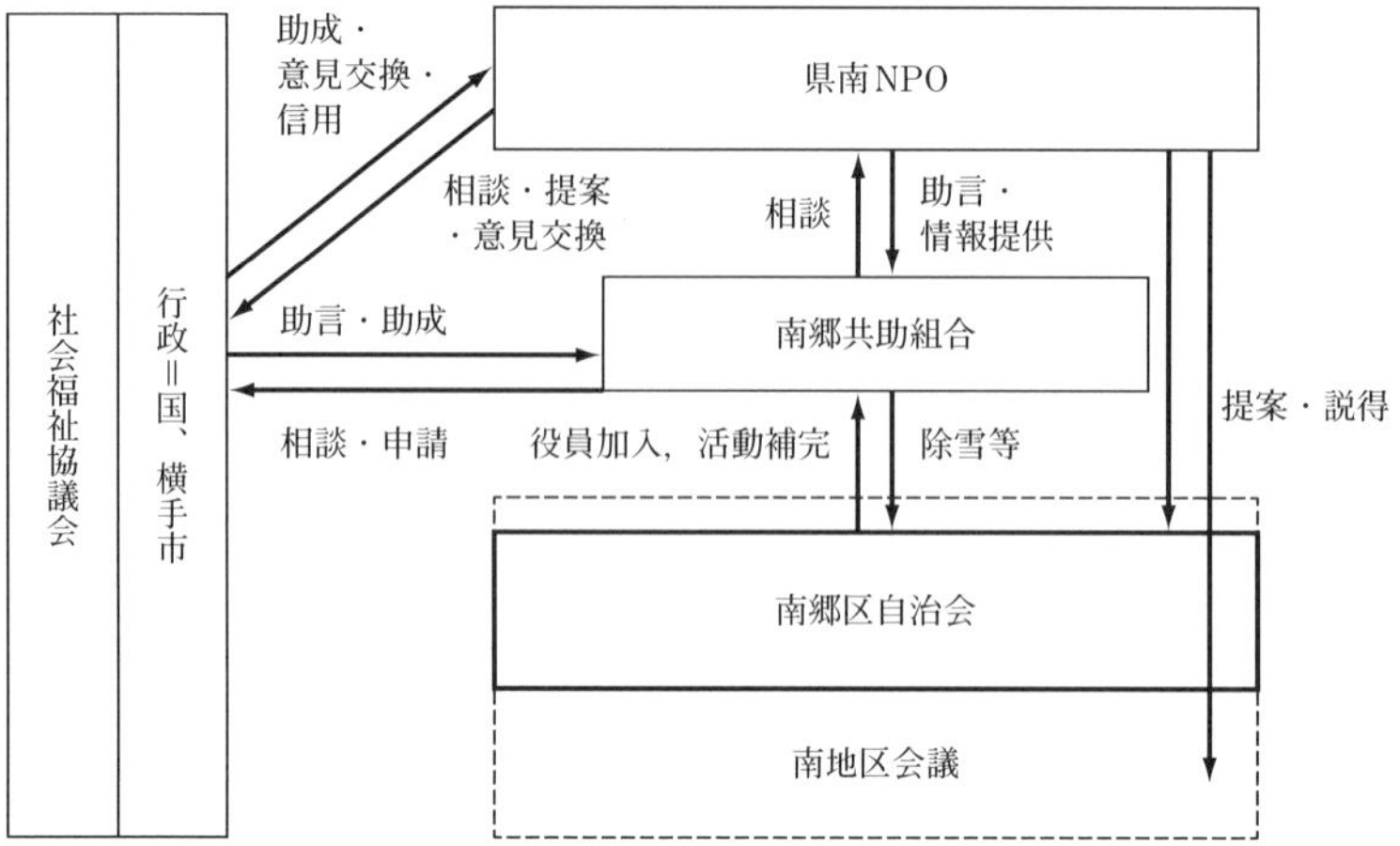

図3　南郷共助組合の設立と活動におけるパートナーシップ

注）行政と南郷共助組合間の「助成」「申請」は，実際には，県南NPOからの助成金の配分を含む

たことから、雪下ろしのみ住民に目安を示した。その目安とは、横手市の高齢者除雪事業における非課税世帯の利用料、作業員一人一時間当たり一六五〇円という額である。

県南ＮＰＯは横手市に相談のうえ共助組織の設立を住民に説得し組織活動について助言すると同時に、活動費調達のため各種助成制度の情報提供を行うなど、多面的に共助組織を支援してきた（図3）。これらの活動を通して県南ＮＰＯでは、活動内容、結成範囲、有償性の点で、今日の地域自治会等とは異なる原理に基づいた組織化が目指されていた。

2　南郷区における共助組合の組織化

県南ＮＰＯの提案は当初、南郷区ではなく南地区会議に対してなされ、区も共助組織の必要性は認識していなかったため、提案にはまったくの受け身であった。それにもかかわらず、提案から一年のうちに南郷区の範囲で共助組織の設立に至った経緯を、先の四つのポイントに即して整理する。

第一に、組織化の必要性については、県南ＮＰＯによる説明会や座談会が南郷区の集会所で行われ多数の区役員が出席したこともあり、区長や副区長中心におぼろげながら理解が進んでいった。説明会や座談会を経るうち、区の高齢化が進むなかで、高齢者が互いに雪下ろしを手伝ったり親類等に除雪を依頼する高齢者世帯が増えてきたりしたことや、近い将来さらに多くの世帯が同じ問題に直面せざるを得ないことに気づかされ、問題対応のための組織化が検討されるようになる。

第二に、結成の範囲について、南地区会議では、当初は県南NPOの提案通り地区会議の範囲で設立することを念頭に会議がもたれていた。だが、各区で組織化の必要性について認識が異なっていたり、三区合同の組織化に違和感が出たりしたため、区ごとに検討されることになった。地区会議の範囲での組織化が否定された要因は、地区会議が住民の従来の意思決定や活動の単位、交流圏と異なる点に求められよう。地区会議で提案されても、住民への周知や意見集約は区の自治会で行われるため、それぞれの区で考え方が異なってくる。また、住民にとって地区会議の範囲は広すぎて相互の面識性が低く、共助の意識を醸成しにくいと考えられたのである。

第三に、組織構成について、南郷区の範囲での設立が決まってから、区の役員会では当時の区長と副区長を中心に自治会で共助に取り組む検討を進めた。当時の区長は現在、共助組合長になっているが、かつて山内村議会議員を二八年間務め、顧問や区長として長年区政に携わってきた人物である[18]。また、当時の副区長は区の民生委員でもあり、前区長を継いで現在区長に就任している。だが、自治会での共助組合設立については役員一人の反対で断念せざるを得ず有志で組織化することになった[19]。村落での取り組みは、多くの場合、全員から同意を得ることなしには進められない。区長らは、反対者の説得に時間を要していては共助の取り組み自体も否定されかねないとして、有志による組織化に踏み切ったのである。ただ同時に、区役員が共助組合員を兼任するよう申し合わせをしている。したがって、現在の組合員には、当時の区長を含む自治会役員と現役員が含まれている。

第四に、有償であることについては、県南NPOと同じく継続には有償化が必要と判断し、雪下ろし、雪寄せとも作業料金を定めた。ただ、雪下ろし作業料は作業員一人一時間当たり一六〇〇円と市の高齢者除雪事業の利用料より低くなるよう設定している。利用者に過分な負担を負わせない配慮であると同時に、区の住民から「収益目的の活動」と誤解され反発を招かないための配慮でもある。共助組合は各組合員の作業料から一〇〇円／人・時間を徴収し除雪機械・器具の整備・更新や事務費等の活動費に充てているが不足するため、県道の除草を請け負って活動費を補填している。

南郷区では当初、県南NPOの提案が十分理解されていたわけではない。だが、やがて区役員を中心に高齢者世帯の除雪が地域の課題として意識化されるようになり、地域の実力者である当時の区長や副区長が主導することで、設立への動きが生まれていった。ただ、共助組合の構成や利用額については県南NPOの提案をそのまま受け入れるのではなく、自治会による組織化やサービスの有料化に対する地域住民の抵抗感に配慮して調整が加えられた。その結果、区役員が共助組合員を兼任するものの、共助組合自体は自治会とは別組織として設置された。また、除雪は地域の全戸ではなく有志がごく低額で実施する、共助原理に基づいた活動となっている。

五　地域の社会関係に基づく南郷共助組合の活動

1　活動の実態

南郷共助組合は組合長と副組合長（会計も兼ねる）、幹事五人、役員二人、有志の計四九人で構成されている。南郷区五集落の地区長が幹事を、南郷区の老人クラブと婦人部の長が役員を務める。主な活動は除雪と南郷区にある商店の存続支援で、除雪の主力として婦人部長を含む女性五人が共助組合に加入しているという特徴がある[20]。

雪下ろしを請け負う際は、屋根から下ろした玄関先の雪をさらに道路まで除雪する必要があるため、雪下ろしと雪寄せをセットで行うことになる。雪下ろしは作業自体が機械化できず共助組合員が高齢であるため、作業に多数動員し短時間で終えるようにしているが、雪寄せは除雪機械のオペレーターが一人で行っている。表３は共助組合における雪下ろし、雪寄せの除雪活動の実績である。総除雪時間と作業員数をみると、どの雪下ろしにおいても一人当たりの作業時間はほぼ一～三時間におさまっており、作業員の加重負担を避けていることが分かる。また、大型除雪機械導入後の二〇一五年には、新たに期間契約三件の雪寄せや公共施設二件の雪下ろし・雪寄せを行うようになっている[21]。大型機械で省力的な作業が可能になり、住民ニーズにより応えられるようになったと同時に、公共施設からの請負で増収を図ろうとしている。

商店の存続支援は、二〇一五年から開始している。共助組合では高齢者の買い物環境を整えるため、買い物バスを運行したり移動販売の参入を促したりするのではなく、地元に一店のみ営業している商店の品揃えや魅力づくりを進め、住民の利用を促進して存続を図ろうしている。具体的には、店舗運営のアドバイスを得るため県南ＮＰＯを通じコンサルタントを招聘したり、共助組合員の労賃の一部（除草請負労賃の一〇％、二〇一五年度四万五〇〇〇円）をその商店の利用券で支払い買い支えを行ったりした。

２　活動を支える社会関係

横手市の共助組織は有志の組織とはいえ地域社会を基盤にしており、組織活動の様々な局面で地域の社会関係が機能している。南郷共助組合では、その機能は除雪における次の二つの局面に現れている。

2014年度			2015年度		
除雪時間計	作業した組合員数（女性）	作業料（円）	除雪時間計	作業した組合員数（女性）	作業料（円）
33.0	22（7）	56,100	16.5	10（1）	43,950
49.5	28（8）	84,150	38.5	20（5）	73,300
37.5	17（5）	63,750	6.0	10（3）	13,500
5.0	5（1）	8,500	7.0	4（2）	11,800
30.0	18（6）	51,000	37.0	21（7）	59,200
9.0	6（1）	15,300			
			4.0	1	22,000
			3.5	1	19,250
			36.0	12（5）	64,800
			36.0	12（5）	64,800
					20,000
					20,000
					20,000

が異なる

一つは、除雪を円滑に進める仕組みにおいて現れている。共助組合の除雪作業料は低額とはいえ委託世帯の負担は重く、雪下ろしの回数はできる限り少ない方が望ましい。一方で、屋根に積もった雪が重くなったり滑り落ちたりすると、室内の扉の開閉に支障をきたしたり窓ガラスの破損や家屋倒壊の危険が生じたりすることから、早めに除雪する必要がある。そのうえ、一日の降雪量や雪質により除雪の必要性はごく短期間で変化する。これらから、除雪日は共助組合の都合だけでなく委託世帯の意向や積雪の状況を考慮して決める必要があるため、委託世帯とのこまめな意思疎通が欠かせない。

　共助組合ではこれら委託世帯との連絡役として自治会の地区長が大きな役割を果たしている。地区長は横手市の行政協力員および社会福祉協議会の福祉協力員[22]を兼任するため、市報の配布や見守り活動等で委託世帯を訪問する機会が多い。地区長は日頃から近隣の委託世帯を訪れ家屋の積雪状況を確認し除雪日を相談しており、円滑な除雪に貢献している。このように共助には、自治会という村落組織を媒介として地域の社会関係が機能している。

　もう一つは、近隣による共助の手助けとして現れて

表3　南郷共助組合の除雪活動の実績

作業種類	世帯主	2012年度			2013年度		
		除雪時間計	作業した組合員数（女性）	作業料（円）	除雪時間計	作業した組合員数（女性）	作業料（円）
雪下ろし＋雪寄せ	A	53.5	23	56,750	23.5	14（3）	37,600
	B	68.0	24	73,000	63.0	28（3）	100,800
	C	30.0	18（1）	48,100	32.0	8（3）	51,200
	D	14.5	7	22,000	10.0	6	16,000
	E				15.5	7	24,800
	F				41.5	20（3）	66,400
	G	10.0	5（1）	14,400			
	H						
	I						
	施設K						
	施設L						
雪寄せ期間契約	B						
	E						
	J						

注1）2015年度の「作業した組合員数」は雪下ろし作業のみの人数である
注2）2015年度から雪寄せ作業料が変更されたので，同じ作業時間でも2014年度までとは作業料

いる。機械除雪をする際には雪に埋もれた軒下の障害物や危険物が事故につながりかねないため、共助組合では積雪前の片付けを委託世帯に呼びかけている。それでも片付けを忘れている家がある場合、非組合員である隣人が代わりに注意を促すことがあるという。些細なことではあるが、近隣関係に基づく日常の見守りが共助の手助けになっている。

共助組合は集落や「部落」など徒歩圏内にあるごく日常的な往来の範囲よりはやや広い圏域で構成されている。広域だからこそ共助を担う有志を確保できるとはいえ、まったくの有志だけで活動すれば委託世帯の意向の把握や見守りが疎かになるおそれがある。共助組合は近隣の支援を得ることで、意思疎通や見守りという「負担は軽いが長期間必要になるサポート」[23]を、地域社会の重層的な社会関係で補完しつつ除雪を遂行している。そして、その社会関係は、共助が自治会役員を組み込みつつ営まれているように、自治会等の村落組織を媒介として機能する局面

も多い。[24] これらから、解決を要する様々な生活課題について、共助組織と地域社会・村落組織は、課題ごとに機能を分担しているというより、一つの課題を解決するために機能を分担しているといえる。これらの組織が地域社会を基盤としているがゆえに、地域の社会関係を生かして活動することが可能になっている。

ただ、先にみたように共助原理に基づく活動は、原則的に地域の全戸が参加する自治会の活動や特定の範囲内の家々が相互に労働力の等価交換を行う相互扶助とは異なり、住民の一部がごく低額で地域の抱える生活課題に対処する活動になっている。したがって、自治会活動や相互扶助のように共助が地域に根づく仕組みが十分に形成されているとはいえず、組合の継続を担保するものではない。そのため、除雪の支援者、被支援者双方の理解や経済面における組織の不安定性を補っていくことが必要となる。

六　共助への住民理解と公共性の形成

1　共助に対する住民の説得と納得

一般に自宅の除雪は、除雪を自力で行うか他者に依頼するか、その場合誰に頼むかといった依頼の有無や依頼先の探索を含めて、各戸がそれぞれに対処すべきプライベートな問題とされており、それは要支援世帯でも同じである。表4は、現在、南郷共助組合に除雪を頼む一〇戸が、以前は誰にどう除雪を依頼していたかを示したものである。一〇戸のうち二〇一四年まで自力で除雪していた一戸を除き、横手市の高齢者除雪事業の公的サービスを利用していたのは四戸に過ぎず、依頼先に高齢者除雪事業の利用料相当を支払っていたのは五戸と半数のみである。他の家は本分家や親類、

表4　共助組合利用世帯における利用以前の除雪状況

世帯主	年齢	世帯構成	共助組織の作業	以前の依頼先	当時の謝礼・支払額
A	89	2人（高齢者と障害者）	雪下ろし，雪寄せ	本家，別家	高齢者除雪事業の利用料相当
B	87	高齢夫婦世帯	雪下ろし，雪寄せ（年契約）	近隣	缶ビール1箱
C	75	高齢単身世帯	雪下ろし，雪寄せ	業者（高齢者除雪事業を利用）	高齢者除雪事業の利用料
D	91	高齢単身世帯	雪下ろし　雪寄せ	別家	無償
E	82	高齢夫婦世帯	雪下ろし，雪寄せ（年契約）	業者（高齢者除雪事業を利用）	高齢者除雪事業の利用料
F	86	2人（高齢者と病弱者）	雪下ろし	業者（高齢者除雪事業を利用）	高齢者除雪事業の利用料
G	80	高齢単身世帯	雪下ろし	親戚	缶ビール6本
H	77	高齢単身世帯	雪寄せ	（2014年まで自力）	
I	71	高齢単身世帯	雪寄せ	業者（高齢者除雪事業を利用）	高齢者除雪事業の利用料
J	68	高齢夫婦世帯（夫が要介護）	雪寄せ（年契約）	両隣	無償

近隣からほぼ無償で支援を受けていた。したがって、これらの世帯では共助組合の有償サービスに対する抵抗感は大きかった。特に、共助の仕組みが、労働力の提供に相互性がなく対価の根拠が曖昧な点において自治会活動や相互扶助の仕組みとは異なっていたため、サービス開始当初は、要支援世帯の共助に対する理解が十分であったとはいえない。ただ、作業料はごく低額であり、一方のサービス提供者である組合員にとっては負担に見合う料金設定とはいえなかった。

こうしたなか、組合設立に携わった当時の区長、副区長は共助を軌道に乗せるため、要支援世帯に対し、高齢化の中で地域が組織的に除雪へ対応していくことの必要性やサービスの内容を説明し、利用を促していった。他方、組合員には、「地域のために活動した大先輩たちにお返しする気持ち」で丁寧な作業を行うよう繰り返し説得した。やがてサービスを受けている高齢者の中には、「雪下ろしで地域に難儀をかけているから」と区の集会所清掃に参加するようになった者もいる。

そもそも共助組合の活動は、協力世帯の範囲が明確でその範囲での労力交換を行う相互扶助とは異なり、サービスの提供者と需要者の顔ぶれは明確であるが、その間の互酬性は前提とされていない共助の原理に基づく。だが、上記の経緯から南郷区では、除雪サービスの供給者は需要者を「地域に貢献してきた大先輩」と大くくりにとらえ、需要者は供給者を「地域」全体ととらえ区の共同作業へ参加するなど、相互に顔ぶれを曖昧化していることが分かる。つまり、除雪サービスの供給者、需要者とも、相手を世帯単位ではなく「地域」としてとらえることで互酬性を成り立たせ、互助協同の原理になぞらえた説得と納得を行っている。これによって生活課題への共同的対応がなされているのである[25]。

2　公的機関の支援

南郷区においては、住民の違和感や反対意見を調整しつつ地域の社会関係を組み込んだ共助の組織化が図られ、互助協同になぞらえた共助への理解が広まっていった。これとは別に、横手市や横手市社会福祉協議会山内福祉センターの公的機関ではそれぞれ独自の理解で共助組織を支援してきた。その支援方法は次の二つである。

第一は、市が共助を住民主体の中核的取り組みと位置づけ助成するやり方である。市では市町村合併以降、「市民協働のまちづくり」を標榜し、住民自治の拠点として「地域づくり協議会」や「地区会議」を、それぞれ旧市町村、旧小学校の校区の単位に設置している。これらのうち地域づくり協議会は、地方自治法に基づいて設置された「地域協議会」を二〇一〇年に改称し、継続させたものである。協議会には、地域課題解決のための地域づくり計画の策定や事業の立案が期待され、事業全体に毎年約二億円が配分されてきた。しかし、旧市町村は住民の意思決定の単位としては大きすぎる、協議会委員の三割が自治会代表者で年輩の男性が多いため女性や若者も含めた自由闊達な議論が難しいなど種々の弊害が指摘され、協議会の解散を検討している。他方、地区会議は全市二六地区に設置されている。地域づくり協議会と同様に地域課題解決の取り組みを実践するため、二〇一五年度予算で一地区会議当たり平均八〇万円の事業費が配分されている。地域づくり協議会の機能を補完し、さらに地域に密着した自治活動を行うことが期待されている一方、自治会よりも大きな単位であり一体性の醸成が困難といった課題もあげられるようになった。

一連の対策を通して市では、住民の自主的な活動が見込める組織化の範囲は地域で異なり、画一的な組織づくりでは住民参画が進まないことが明らかになったとしている。そこで、実質的に地域課題の解決に資する活動を支援するため、二〇一二年から「みんなでささえあう地域づくり活動補助金」事業を実施し、申請団体に一事業五〇万円を上限に助成するようになった。応募には、「地域における共助力の向上と共助の組織づくりを目的とした事業」「住民から労力の提供がある事業」「地域の活性化を図り特色を活かせる事業」「公共性のある事業」といった基準のすべてを満たす必要がある。この事業において、近年、共助組織への助成が増加し、交付割合が全体の六割を超えており（表5）、事業の採択基準から、市において共助は単に「共助力の向上と共助の組織づくり」というだけではなく、「住民からの労力提供」で「地域の活性化を図る」「公共性のある」取り組みと認知されていることが分かる。

表5　地域づくり活動補助金の交付割合

年	交付総額（千円）	活動種類別の交付額割合（%）		
		共助	防災	その他
2012	172	0.0	100.0	0.0
2013	616	0.0	91.6	8.4
2014	1920	67.4	30.3	2.3
2015	2259	62.4	31.4	7.1

注）「共助活動」はすべて共助組織への交付となっている

第二は、横手市地域局や山内福祉センターが共助組合の活動を前提に南郷区における除雪サービスの提供方法を調整していくやり方である。地域局では共助組合が活動しやすくなるよう高齢者除雪事業の関連情報を提供した。これにより、南郷区で高齢者除雪事業の利用世帯はなくなり、除雪はすべて共助組合が引き受けるようになった。山内福祉センターでは、共助を福祉ネットワークづくりととらえ、妨げとならないよう基本的に区内での除雪ボランティア事業を控えている。山内福祉センターの事業が無償であることから、住民がこれと共助組合の活動を比較して、共助をボランティアではなく収益事業と誤解しないよう配慮しているのである。[26] そのため、共助への支払いさえ難しい世帯には山内福祉センターの活動が目立たぬよう日時を選んでごく短時間の除雪を行ってきたという。

このように横手市や社会福祉協議会では、共助を「住民による公共性ある地域活性化活動」「福祉ネットワークづくり」と位置づけ、これを施策の裏づけとして助成や関連情報の提供、ボランティア活動の調整といった支援を行ってきた。特に助成は経済的基盤が脆弱な共助組合では貴重な財源となっている。他方、先述したように、共助は南郷区の住民にとって「互助協同の取り組み」であり、共助の意味づけは公的機関と住民で異なっている。ただ、そもそも共助組合は、県南NPOの支援を受けながら住民自らが地域課題へ対処する組織として設立されてきた。住民と公的機関とでは共助に対する意味づけは異なるものの「地域課題の解決」という目的の下に協働しており、地域の共同性を土台にした公共性が形成されつつある。[27]

七　ボランタリー地域組織の協働と限界

本稿では、秋田県横手市南郷共助組合の除雪を取り上げ、ボランタリー地域組織における生活維持の仕組みを村落組織と公的機関との協働の側面から検討した。分析の焦点の一つは、従来、村落各戸の生活を補完してきた互助協同の原理に基づく自治会活動や相互扶助に対して、有志で形成されているボランタリー地域組織が、それらとは異なる共助の仕組みをどう形成しているかであった。もう一つは、住民や公的機関がそれぞれ共助をどう理解して協働しているのか、これによっていかに公共性が構築されているかであった。分析の結果、第一に、ボランタリー地域組織はその構成に集落など村落組織を媒介として地域の社会関係を組み込み、村落組織と機能分担して生活課題を解決する協働の仕組みを形成していること、有志と要支援世帯における労働力の等価交換を前提としない共助の仕組みに対し、住民たちは「地域」を通じた互助協同であると解釈していることを明らかにした。第二に、こうした住民たちの理解とは異なり、公的機関は共助を「住民による公共性ある地域活性化活動」「福祉ネットワークづくり」ととらえていること、こうしたなかで両者は「地域課題の解決」という目標をゆるやかに共有し協働していること、これらの動きは、地域的な営みである共助が公共性をもつ営みとして立ち現れる過程であることを明らかにした。

　このように共助は、共セクターを中心に協働によって地域の直面する課題に対処しようという試みであり、現在のところその試みは一定の有効性を発揮している。だが、当然のことながら、その協働には次のような限界がある。最後に、これらについて三点から考察を加えたい。

　第一に、ボランタリー地域組織の結成や活動が見込めないところでは、組織を核に各戸の困り事へ共同で対処し行政支援を得るという方法には限界がある。過疎高齢化が極端に進行した地域では、ボランタリー地域組織の組織化が難しいところも多い。そうした地域では、行政と共セクターとの協働で生活課題を解決するのではなく、人びとの生活を維持するための直接的な施策が必要とされるだろう。

　第二に、行政支援の中心が助成事業になれば、ボランタリー地域組織の活動に対する認否の決定権を行政が握り、それら地域組織が行政の単なる末端機構へと変質してしまう危険性をはらんでいる。そのため、ボランタリー地域組織と行政が担うべき役割と協働のあり方について、双方がたえず確認していくことが必要になる。公共性のある活動とは何かを地域の実態に照らして住民の生活の側から提起し、広く承認を得る戦略的な手続きについても明らかにする必要があるだろう。

第三に、ボランタリー地域組織が結成されている地域においても、それらの組織が中心になって対応できる生活課題は限られている。共助組織活動にみられるような除雪や買い物支援といった活動は過疎高齢化に起因する課題であり、この主要な解決策は青壮年層を含む定住人口を増やすことだろう。共助はあくまでも生活維持への当面の対処策であって、根本的な対応策とはいえないのである。[28] こうしたことから、すでに各地のボランタリー地域組織で青壮年層を対象としたIターン、Uターンの定住を促す取り組みが始まっている。だが、これらの課題には除雪等への対処と異なり、雇用の創出や教育環境の整備など総合的な対策が必要となる。そのため、公的機関や地域社会、営利企業の果たす役割、またそれらの協働も異なるものが要請されるだろう。除雪など当面の生活課題だけでなく、Iターン、Uターンの定住促進といった中長期的取り組みが必要な課題においても、課題の性格を踏まえた協働が求められる。

注

(1)「地域運営組織」は小田切(二〇〇九)における「手づくり自治区」とほぼ同義である。なお、本稿では、それらの組織が地域社会を母体に構成されている側面をより強調するねらいから、「ボランタリー地域組織」という用語を用いている。

(2)松岡(一九九一)は、村落の社会関係を、個人や家族が個別には充足できない生活機能を補完する互助の関係ととらえ、村落をそうした社会関係からなる互助システムであるとしている。本稿は、同様の視点から、そうした村落に新たに成立したボランタリー地域組織の意義をくみ取ろうとするものでもある。

(3)小田切(二〇〇九)は「手づくり自治区」と集落の機能分担を論じているが、ここでは本稿の論旨を明確にするため、「手づくり自治区」に代えて「ボランタリー地域組織」とした。

(4)本書の序章を参照。

(5) 田渕（二〇〇九）は、エバース他（二〇〇七）に依拠して、共セクターを、公・私セクターとコミュニティセクターの三極のパワーバランスによって「姿を変えていく「場」」（一七頁）であると論じ、本稿と同様に共セクターとコミュニティ（地域社会）を峻別する立場を明確にしている。この議論で田渕（二〇〇九）は、「セクター」を社会の構成主体をそれぞれの理念で分類したものであるとし、コミュニティを「コミュニティセクター」として論じている。これに対し本稿では、地域社会をセクターではなく、諸主体の社会関係が集積する組織化の母体と考える。そのため、コミュニティの発展過程からセクターの分化を論じる富沢（二〇〇八）およびこれをもとに農村の暮らしにおける農協の役割を論じる池上（二〇〇八）、都市資源の共同利用と共同管理を論じる池上（二〇一一）を参考にした。

(6) 金子（二〇〇二）も「互助」と「共助」を明確に使い分けている。ただ、金子（二〇〇二）は、支援者と被支援者がともに個別の場合を「互助」、支援者が多数で被支援者が個々の場合を「共助」として、支援者と被支援者の人数で区別している。これに対して本稿では、双方向的、双務的な支援が行われる場合を「互助」、一方的な支援を含む場合を「共助」とし、支援者と被支援者の関係性によって区別した。

(7) 本稿の分析対象である横手市においても、国道および国道から集落の家々に至る村道で道踏みの共同作業が一九六〇年代まで行われていたことが確認された。

(8) 開発事業に対する住民運動等では、公・共セクター間だけではなく共セクターにおいても住民相互の立場や利害の違いによって公共性の形成が阻害されるため、まず住民の共同性を形成することの重要性が指摘されている（大森、二〇〇四）。本稿の事例でも、ボランタリー地域組織の活動が正統性を獲得する過程では、住民間の調整が重要なポイントであったが、論旨を明確化するため、ここでは主要な論点としては取り扱わない。

(9) 横手市で三世代世帯率が高い要因は明らかではないが、東北地域各市町村における高齢者世帯をみると、山形県全域と秋田県南部の市町村で三世代世帯率が四割前後と高い傾向がある（二〇一〇年国勢調査）。こうした地域的特徴についての詳細は別稿に譲りたい。

(10) 山本・高野（二〇一三）は島根県弥栄村等の人口動態の分析から、過疎の進んだ地域では若者の流出による過疎の段階から、少子化および高齢者の減少で過疎化する「高齢者減少」型過疎の段階に入っているとする。山内村では高齢者の減少率はまだ〇・一％と低いものの、同様の局面が現れつつあると考えられる。

(11) 横手市では旧小学校区を目安に地区会議を設置しているが、校区の広さは旧市町村で異なっており、地区会議と校区の範囲が一致していない地域もある。山内村南地区会議と旧南郷小学校区もその一つであり、かつては南地区会議を構成する南郷、三又、筏のそれぞれの区に小学校が置かれていた。

(12) 上南郷集落では、「上南郷」とその中の「畑南郷」「塩貝」「寒沢口」「粕子瀬」を、それぞれ区別せずに「部落」と呼んでいる。本稿では、これらを区別するため、「上南郷」を「上南郷集落」、「畑南郷」以下四つを「小部落」と記している。

(13) 上南郷集落では一九九四年まで山林を所有していたが、実際は「小部落」単位で管理し租税を徴収していた。今日、「小部落」の役割は明確ではないが、葬儀等で手が足りないときは、まず「小部落」の手伝いが期待されることからも、近隣関係においては「両隣」に次ぐ重要な相互扶助の単位となっていることが分かる。

(14) これら四団体に対して保呂羽地区自治会は、一七集落二一四戸の広域で組織されているため、活動範囲も広いようにみえる。ただ、この範囲は一九八九年に閉校した二つの小学校の校区であり、これらの校区は峠をはさんで広がっている。保呂羽地区自治会はそのうちの一つの校区で活動していた有志団体が組織母体となっている。そのため、二校区の構成員が一体的に活動する事業もある一方で、主要活動である除雪は概ねそれぞれの校区の範囲で別々に実施されている。つまり、広域で組織されている保呂羽地区自治会においても、活動内容によっては校区が実質的な活動範囲となることもある。なお、保呂羽地区の範囲では、地域の全世帯が加入し包括的機能を担う自治会は、集落以外には組織されていない。

(15) これら除草請負や食材供給事業は県南ＮＰＯの仲介で実施しているものである。

(16) 例えば、直売所運営を行う組織に「きらりよしじまネットワーク」（山形県川西町）が、農家レストランを経営する組織に「夢未来くんま」（静岡県浜松市）が、営農支援を行う組織に「川根振興協議会」（広島県安芸高田市）がある。これらのうち、「夢未来くんま」は農村女性起業として出発したものであるが、現在は区の全戸から一人以上が参加し福祉サービスや社会教育など多彩な活動を行っている。詳細は澤野（二〇一二）を参照。また、「川根振興協議会」については中條（二〇〇六）を参照。

(17) 同時に、県南NPOでは当初、地区会議を住民相互の面識性が高く組織化しやすい範囲と想定していた。

(18) 古くから酒造労働者としての出稼ぎが多かった山内村では、一九二二年（大正十一年）に杜氏養成組合が結成された（山内村郷土史編纂委員会、二〇〇〇）。山内村の酒造労働者は、矢野（二〇〇四）が諏訪地域の酒造「出稼ぎ」集団として明らかにしたように、杜氏を頂点とする集団を形成していたわけではなかったが、杜氏は酒蔵の人事の多くを掌握し地縁、血縁者に出稼ぎ口を斡旋できたため、地域での人望も厚かった。当時の南郷区長は、議員の傍ら秋田県内の酒造会社で杜氏を四一年間、杜氏組合（一九五九年に「杜氏養成組合」を改称）の組合長を八年間務めた人物でもある。

(19) 当時の南郷区長によると、この役員が反対したのは、彼がシルバー人材センターで高齢者除雪事業の作業員に登録しており、その仕事を続けることが共助の理念に抵触すると感じたことも理由の一つではないかという。

(20) 山内村は、戦前から酒造会社への出稼ぎが多く、女性が雪下ろしの主力であった。南郷共助組合にはこれらの女性たちが組合員として雪下ろしに参加している。

(21) 二〇一四年に、総務省の補助事業（「過疎集落自立再生対策事業」）で四四馬力の大型ホイールローダーを導入している。

(22) 横手市社会福祉協議会では地域福祉を推進する目的で、概ね四〇戸に一人を目安に各町内から福祉協力員を推薦してもらい委嘱している。

(23) 澁谷（二〇一四）参照。

(24) 社会関係および村落組織が共助を補完するこのような仕組みは、南郷共助組合だけではなく他の共助組織にもみられる。例えば、保呂羽地区自治会では、この地域の集落が沢沿いに点在することから、沢ごとに連絡員をもうけ委託世帯との意思疎通を図っている。かつては同じ沢沿いの集落で合同の盆踊り大会やイベントを開催していた地域もあるという。また、三又共助組合では、除雪のたびに必要な作業員の人数を集落に割り当てて動員する。集落での連絡調整は集落役員が行っている。

(25) 表4の要支援世帯では、他出子が病弱、子どもがいないなど他出子等の助力に期待できない状況が見受けられる。また、他家に除雪を依頼していた世帯では、別の機会に労力・情報提供・金銭等でできる限りの返礼をしており、必ずしも一方的に援助を受けていたわけではない。除雪の依頼は基本的に住民の互酬で行われてきたため、共助組合の設立で他家がこれらの世帯の支援から手を引くような問題状況は指摘されていない。

(26)　山内福祉センターの除雪ボランティア事業の対象は、「周囲が不安をおぼえるほど除雪の追いついていない世帯」であり、そもそも組合の対象世帯とは異なる。

(27)　田中（二〇一〇）は公共性の成立する範囲が日本全体かどうかによって「大きな公共性」と「小さな公共性」を、政策的公準として制度化されたものであるかどうかによって「大文字の公共性」と「小文字の公共性」を区別している。横手市の共助は特定地域の取り組みとはいえ、秋田県でもこれを参考に「共助による除排雪活動活性化事業」が立ち上げられており、「小さな大文字の公共性」が成立しつつあるといえる。

(28)　山内村のようにボランタリー地域組織の主力である前期高齢者が著しく減少している地域では、共助による当面の対処すら難しくなるおそれがあることから、早急な定住促進策が特に必要とされる。

引用・参考文献

池上甲一「農村における「新しい公共」と農協の役割」、『農業と経済』七四（九）、二〇〇八年

池上甲一「都市資源の〈むら〉的利用と共同管理の意味するところ」、池上甲一編『年報 村落社会研究第四七集　都市資源の〈むら〉的利用と共同管理』、農山漁村文化協会、二〇一一年

大森彌「身近な公共空間」、佐々木毅・金泰昌編『自治から考える公共性』、東京大学出版会、二〇〇四年

小田切徳美『農山村再生「限界集落」を超えて』、岩波書店、二〇〇九年

柏雅之『条件不利地域再生の論理と政策』、農林統計協会、二〇〇二年

金子勇「少子高齢化と支え合う福祉社会」、佐々木毅・金泰昌編『中間集団が開く公共性』、東京大学出版会、二〇〇二年

澤野久美『社会的企業をめざす農村女性たち』、筑波書房、二〇一二年

山内村郷土史編纂委員会『山内村史上巻』、山内村、二〇〇〇年

澁谷美紀「東北稲作地域における福祉サポート資源と高齢者対策の課題―地域社会の役割に着目して」、『村落社会研究ジャーナル』

二一（一）、二〇一四年
関礼子「共同性を喚起する力―自然保全の正当性と公共性の創出」、宮内泰介編『コモンズをささえるしくみ　レジティマシーの社会学』、新曜社、二〇〇六年
総務省地域力創造グループ地域振興室「暮らしを支える地域運営組織に関する調査研究事業報告書」、http://www.soumu.go.jp/main_content/000405694.pdf, 二〇一五年、（二〇一七年八月最終確認）
田中重好『共同性の地域社会学　祭り・雪処理・交通・災害』、ハーベスト社、二〇〇七年
田中重好『地域から生まれる公共性―公共性と共同性の交点―』、ミネルヴァ書房、二〇一〇年
田渕直子『農村サードセクター論』、日本経済評論社、二〇〇九年
富沢賢治「市場統合と社会統合―社会的経済論を中心に―」、中川雄一郎・柳沢敏勝・内山哲朗編著『非営利・協同システムの展開』、日本経済評論社、二〇〇八年
中條曉仁「山村コミュニティの再編成と高齢者の社会関係―広島県旧高宮町を事例として―」、『村落社会研究』一二（二）、農山漁村文化協会、二〇〇六年
松岡昌則『現代農村の生活互助―生活協同と地域社会関係―』、御茶の水書房、一九九一年
宮内泰介「レジティマシーの社会学へ　コモンズにおける承認のしくみ」、宮内泰介編『コモンズをささえるしくみ　レジティマシーの社会学』、新曜社、二〇〇六年
矢野晋吾『村落社会と「出稼ぎ」労働の社会学』、御茶の水書房、二〇〇四年
山本努・高野和良「過疎の新しい段階と地域生活構造の変容―市町村合併前後の大分県中津江村調査から―」、佐藤康行編『年報村落社会研究第四九集　検証・平成の大合併と農山村』、農山漁村文化協会、二〇一三年
Evers, A. and J.L. Laville, (eds). *The Third Sector in Europe*. Edward Elgar. 2004（内山哲朗・柳沢敏勝訳『欧州サードセクター―歴史・理論・政策』、日本経済評論社、二〇〇七年）

第四章　Ｉターン移住者、集落支援員による「協働」型集落活動
――京都府綾部市の事例から――

松宮　朝

近年の集落機能の持続可能性をめぐる議論では、Ｉターン移住者や地域おこし協力隊・集落支援員などの「地域サポート人材」に注目が集まっている。本稿の目的は、Ｉターン移住者の集落活動への参画を促す行政と集落との「協働」のしくみ、および、集落支援員が集落活動に果たす役割について明らかにすることである。この課題に対して、京都府綾部市の事例を取り上げる。綾部市では、人口減少が進む集落を対象としたＩターン移住の促進とともに、集落支援員による集落活動支援を基盤とした水源の里事業が積極的に進められてきた。こうした取り組みについて検討するため、Ｉターン移住者を対象とした質問紙調査とＩターン移住四家族の聞き取り調査を実施した。ここからは、積極的なＩターン移住促進施策と、特に条件が不利な集落に対する水源の里事業が展開されることで、Ｉターン移住者を集落活動に取り込む形で、行政と集落との「協働」が進みつつある状況が確認された。既存の集落活動の自律性を保ちつつ、Ｉターン移住者である集落支援員が多様な外部資源を集落活動に結びつけるしくみが構築され、「協働」型集落活動が展開されている。以上の点から、近隣の地域に居住する家族・親族のネットワーク、およびＵターン移住者だけでなく、Ｉターン移住者を集落活動に積極的に生かすしくみを基盤とした「協働」型集落活動の持つ可能性を見ることができる。

一　はじめに

「限界集落」や「地方消滅」をめぐる議論が活発化する中で、集落の存続、持続可能性をどのように展望できるかが村落研究にとっての大きな課題となっているが、その関心の中心は、他出家族を含む親族ネットワークの持つ機能に向けられている（山下、二〇一二／徳野・柏尾、二〇一四／牧野・松本、二〇一五）。これらの研究では、人口減や高齢化による集落活動の維持が困難な状況においても、近接する地域に居住する集落構成員の家族・親族ネットワークや、Uターン移住者によって集落機能が維持されることに焦点があてられている。

もっとも、集落機能の持続可能性を考える上では、親族ネットワークだけでなく、もともと集落に存在していなかった物的、人的資源による集落支援も重視されつつある。特に、Iターン移住者や地域おこし協力隊・集落支援員などの「地域サポート人材」には大きな期待が寄せられている状況と言えるだろう（小田切、二〇一四／小田切ほか、二〇一五）。振り返ってみると、こうした視点は、「集落再生」をテーマとした二〇〇八年度の村研大会テーマセッションにおいても提示されていた。このテーマセッションでの議論を受けて、吉野英岐は「農の心」を持つ農民層に期待する山本陽三と、青年たち、都市出身者、Uターン者などの新しい住民層に期待する安達生恒を対比的にとらえた上で、一九七〇年代から一九八〇年代では当該集落に居住する住民への期待が中心となっていたこととは対照的に、一九九〇年代から二〇〇〇年代の集落再生の議論は、集落支援員、都市住民など、広範なレベルでの資源管理に携わる主体が想定されつつある点に注意を促している（吉野、二〇〇九、三三頁）。ここから、「個として集落の範囲を超えて、ビジネス関係をつくったり、共感の関係を広げたりすることができる」（秋津、二〇〇九、二二八頁）Iターン移住者など、集落出身者以外のアクターがどのように集落活動に参画し、集落活動の再生に結びつくのかという課題が提起されたのである。本稿ではこの課題を引き受けつつ、Iターン移住者、集落支援員という、親族ネットワーク以外の人材が集落活動に与える影響から、「協働」型集落活動の現状と可能性について検討したい。

二　Iターン移住者、集落支援員による集落活動

1　Iターン移住者と集落活動

Iターン移住者の集落活動への参画を考える前提として、そもそも「よそ者」の集落へのかかわりが極めて限定的であったことを確認しておく必要がある。川本彰（一九八三）は、宅地以外の農地を持たない「よそ者」は集落において権利、発言権は与えられず、ムラの成員としては扱われないことを指摘するが、こうした傾向が集落における基本的な原理であったのは間違いないだろう（福与、二〇一一）。これは、「よそ者」としてのIターン移住者の側から見ても同様であったと考えられる。農山村へのIターン移住が目立ち始めた一九八〇年代には自治会・消防団など移住先の地域活動に対するIターン移住者の評価・関心・参加のいずれについても低い傾向が指摘され（菅、一九九三）、魅力的に語られる「田舎暮らし」と村用などの集落による縛りという現実のギャップに悩むIターン移住者の姿が明らかにされてきたのである（高木、二〇〇〇）。

これに対して近年の研究からは、Iターン移住者が集落活動に積極的に参画することが明らかにされている（関谷・大石、二〇一四／小田切・筒井、二〇一六）。西村亮介ほか（二〇一五）は、Iターン移住者を先駆的に受け入れてき

た地域である和歌山県那智勝浦町色川地区での調査から、Iターン移住者が「異質な存在」から「共に地域に関わる存在」、そして「共に地域を担う存在」へと変容するプロセスを描き出している。人口減に悩む集落においてIターン移住者が大きな役割を果たすことが示されているわけだが、こうした傾向は近年の村研の研究においても顕著に認めることができる。簗山秀夫（二〇一三、一八六―一八七頁）は長野県旧大岡村の事例から、従来は役員に就くことがなかったIターン移住者が、過疎化が進行する中で住民自治協議会の役員に就き、地元住民と協働で地域活性化の取り組みに向かいつつあること、また、相川陽一（二〇一六、一五六頁）は浜田市弥栄自治区の調査から、二七集落のうち四集落で移住者が自治会長になり、連合自治会長、地域協議会委員への選出も認められることを明らかにしている。

さらに、近年の動向を確認すると、地方へのIターン移住者の増加傾向が指摘され、「地方消滅」、「地方創生」をめぐる議論でも、Iターン移住者への期待が高まっている（小田切ほか、二〇一五）。たとえば、二〇一一年以降の住民基本台帳データにおける人口増傾向の予測から、島根県の人口を毎年一%ずつ取り戻していくことの提案（藤山、二〇一五）のように、実証的な根拠に基づく議論も現れている。これらは、集落人口の量的増加だけではなく、Iターン移住者の集落活動への参画による質的変容を重視するものである。

もっとも、「よそ者」としてのIターン移住者が地域社会に及ぼす積極的な影響をとらえる視角（菅、二〇〇七）が有力となりつつある一方で、集落への参画を中心とした地域との関係の面で、Iターン移住が決して容易ではないことにも目を向ける必要がある（西村、二〇一〇）。これらの研究では、収入など経済的な問題とともに、移住先の地域での人間関係が大きな問題とされており、特に集落活動への参画がどのように達成されるのかが課題とされてきた。本稿の一つ目の課題として、このようなIターン移住者と居住する集落との間の諸問題に対応する、Iターン移住者の集落活動への参画を促す行政による「協働」のしくみについて明らかにしたい（課題①）。

2　集落支援員と集落活動

近年の農山村地域活性化をめぐる政策の変化として、モノ・カネからヒトの支援へという流れが指摘されている（小田切、二〇一〇）。具体的には、地域おこし協力隊、集落支援員などの「地域サポート人材」（図司、二〇一四）による支援であるが、「協働」型集落活動を考える上では、日常的な集落機能の維持・活性化への寄与が期待される集落支援員の活動が重要な意味を持つため、本稿では集落支援員に焦点をあてたい。

集落支援員制度は、島根県の制度がモデル（藤本、二〇一〇）となり、二〇〇八年四月に過疎問題懇談会提言を受ける形で制度化されたものである（図司、二〇一四）。この提言では住民と行政の強力なパートナーシップを促進することが重視されており（図司、二〇一一、一九五頁）、地方自治体は、地域の実情に詳しく、集落対策の推進に関して、ノウハウ・知見を有した人材を委嘱し、集落への目配り、集落の状況把握、集落点検の実施、住民と住民、住民と市町村の間での話し合いの促進など、「単品型支援からパッケージ型支援への転換」（小田切、二〇一〇、一三頁）といわれるような多様な集落支援を期待している。

自治体が集落支援員を配置するための予算は特別交付税の算定対象となり、支援員一人当たり三五〇万円が上限（他の業務との兼任の場合一人当たり四〇万円を上限）である。制度発足当初は、専任では集落支援員として行政経験者、兼任では自治会長が想定され、その意味では既存の行政と集落との関係の延長線上に事業が実施される場合も多かった。しかし、本稿で取り上げる綾部市のように、意図的に公募によって外部人材を集落支援員に登用し、行政と集落との「協働」の深化を目指すケースも増えつつある。

さて、表1に示した通り、二〇〇八年以降、集落支援員数、実施自治体数とも増加している。集落レベルで見た場

表1　集落支援員数の推移（単位：名）

年度	専任支援員数	兼任支援員数	実施自治体数	うち，都道府県数	うち，市町村数
2008	199	約2,000	77	11	66
2009	449	約3,500	122	9	113
2010	500	約3,600	147	13	134
2011	597	約3,700	158	9	149
2012	694	3,505	192	6	186
2013	741	3,764	196	7	189
2014	858	3,850	221	5	216
2015	994	3,096	241	3	238

出所）総務省ホームページ(1)

合、二〇一五年に実施された国土交通省・総務省過疎地域等条件不利地域集落調査（国土交通省・総務省、二〇一六）では、高齢化率五〇％を超える集落で「地域サポート人材」がかかわる比率は二九％（地域おこし協力隊一六％、集落支援員一三％）と三割程度である。

では、実際に集落支援員はどのような形で集落活動にかかわっているのだろうか。地域おこし協力隊に比べて集落支援員を対象とした研究は多くないものの、島根県浜田市（図司、二〇一一）、広島県神石高原町、島根県邑南町（入江・小田、二〇一三）、島根県益田市（孫・澁谷、二〇一五）を事例とした先行研究では、集落支援員制度が機能するための条件として、行政と集落の協働体制をいかに構築できているかが重視されている。この点を踏まえ、本稿の二つ目の課題として、集落支援員が集落活動に果たす役割について、行政と集落の「協働」のあり方に焦点をあてて検討していきたい（課題②）。

3　京都府綾部市の事例(2)から

本稿では京都府綾部市の事例を取り上げる。まずは綾部市の概要をおさえた上で、前項で示した二つの課題にとって綾部市が注目すべき事例であることを確認しておこう。

綾部市の人口の推移は図1に示した通りである。綾部市では市制施行の一九五

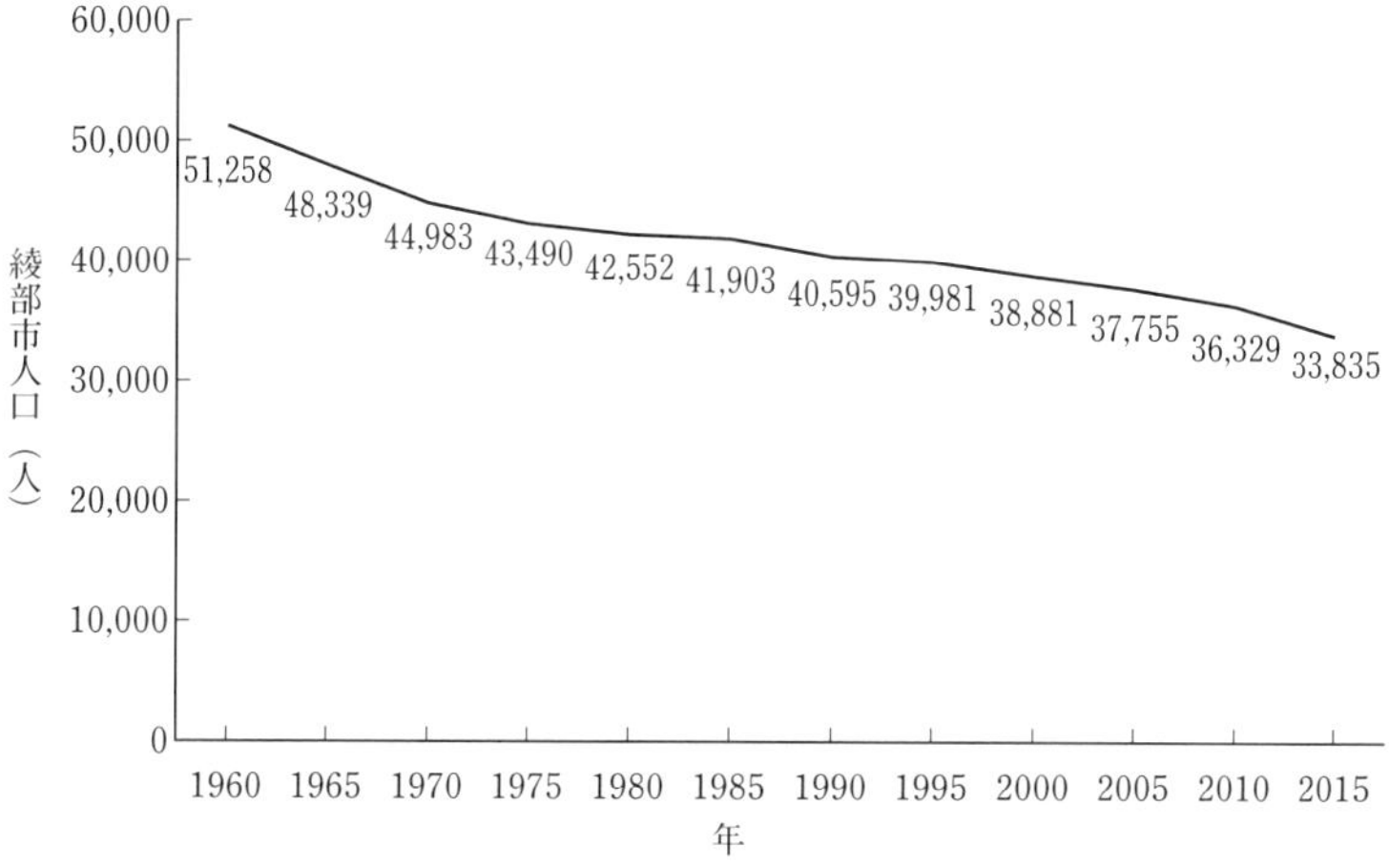

図1　綾部市人口の推移

出所）国勢調査

〇年をピークに一貫して人口減少が進んでいるが、特に中山間地域を中心にいわゆる「限界集落」を多く生み出すこととなった。二〇一五年国勢調査では、六五歳以上の住民が半数以上を占める集落が京都府内に二〇七集落あるが、このうち綾部市は福知山市とともに四〇集落[3]と府内最多となっている。こうした中で、綾部市では、人口減少が進む集落を対象としたＩターン移住の促進施策、集落支援員による集落活動支援が積極的に進められている。

本稿の関心に引きつけて考えてみると、課題①に対しては、綾部市では官民あげての積極的な定住支援の実績があり、集落活動への参画が多いのが特徴である（鯵坂ほか、二〇一六）。特に重要なのは、移住してきたＩターン者が集落活動に積極的な役割を果たす事例が多く見られる点である。一方、課題②については、二名の専任の集落支援員（非常勤の特別職として一年任期、再任は妨げない）を採用している。この集落支援員については、行政経験者からＩターン移住者への転換が図られていることが特徴となっている。なお、綾部市の方針として地域おこし協力隊の機能をＩターン移住者に求めているため、集落支援員のみの配置となっている。[4]

このように、綾部市ではIターン移住者の集落活動への参画が進み、集落支援員制度を導入しているだけでなく、Iターン移住者が集落支援員として活動しているという特徴がある。このように二つの課題が重なり合う領域を持つことが、本稿で綾部市を事例として取り上げる最大の理由である。次に、綾部市におけるIターン移住者による集落活動と、集落支援員による「協働」型集落活動の現状について見ていくことにしたい。

三　綾部市におけるIターン移住者と集落支援

1　綾部市の定住促進の取り組み

綾部市は一九五〇年の市制施行後、図2の通り一九五五年と一九五六年に六村を合併し、現在も旧町村単位で自治会連合会を形成している。人口は、一九五〇年の五万四〇五五人をピークに減少を続け、二〇一五年の国勢調査では三万三八三五人となっている（図1）。これは二〇一〇年の段階から約二五〇〇人（六・九%）の減少であり、二〇一四年の「増田レポート」で「消滅可能性都市」として位置づけられることとなった（増田、二〇一四）。

もっとも、二〇一四年の京都縦貫自動車道や舞鶴若狭自動車道の開通によりアクセスの良さから注目を浴び、一九八九年から分譲が開始された綾部工業団地（京都府営二一、綾部市営九）はすべて埋まるなど、一定の人口増の動きも認められる。こうした動きに対応する形で、綾部市はあやべ桜が丘団地四五九区画を分譲し、その九割以上が完売するなど、吉美、中筋などの地区を中心に人口が維持されている。しかし、西部の志賀郷、物部、豊里、東部の奥上林、中上

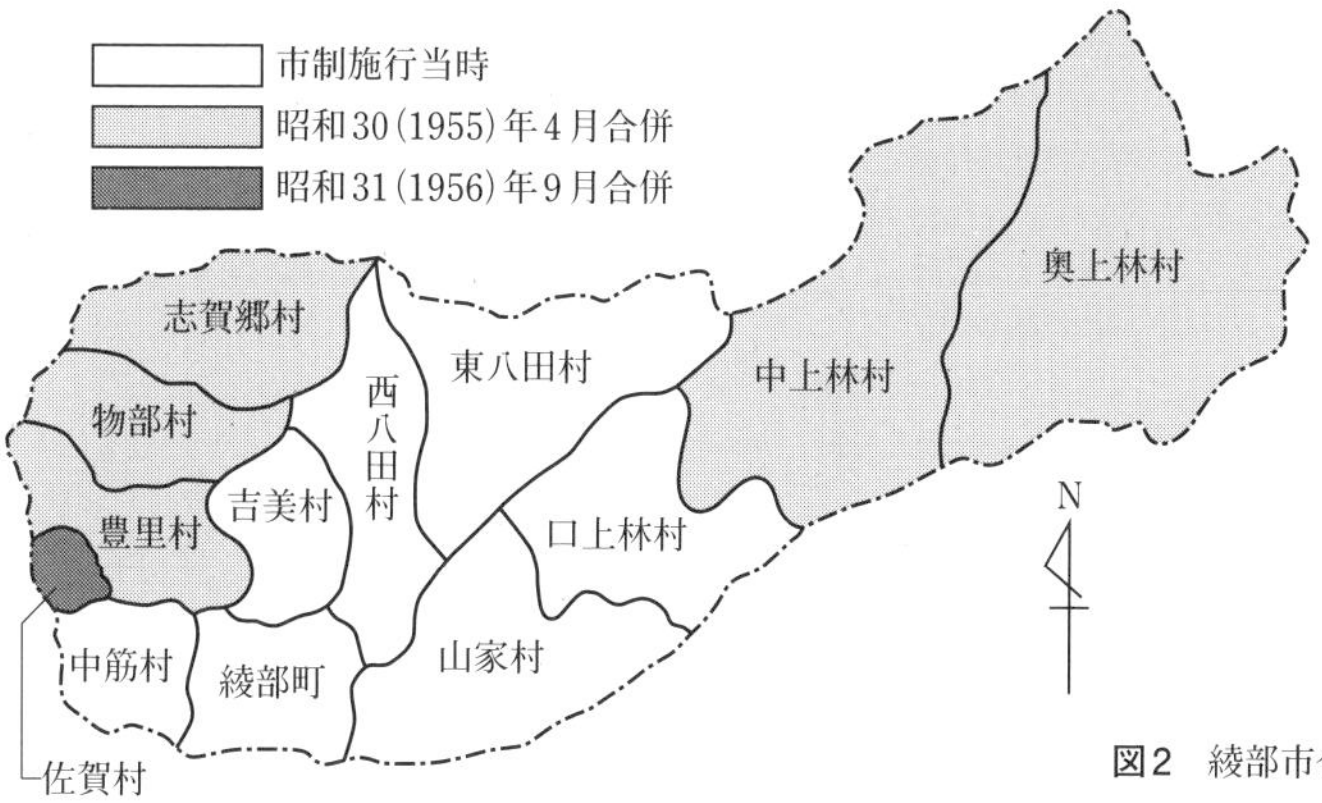

図2　綾部市合併地図
出所）『平成27年版あやべの統計』

表2　綾部市地区別人口の推移

年	1980	1985	1990	1995	2000	2005	2010	2015
綾部	14,483	14,161	13,826	13,977	13,841	13,031	12,203	11,513
中筋	4,920	5,448	5,526	5,672	5,746	6,081	6,045	6,018
吉美	1,675	1,619	1,549	1,414	1,419	2,145	2,358	2,453
西八田	1,991	1,960	1,908	1,857	1,817	1,811	1,663	1,610
東八田	3,228	3,086	2,894	2,692	2,458	2,237	2,072	1,828
山家	2,469	2,348	2,249	2,087	1,878	1,736	1,581	1,422
口上林	1,108	1,069	1,037	1,041	994	955	890	811
豊里	4,793	4,827	4,735	4,728	4,803	4,466	4,162	3,868
物部	2,387	2,331	2,213	2,148	2,008	1,847	1,688	1,525
志賀郷	2,068	1,956	1,818	1,758	1,589	1,455	1,341	1,263
中上林	2,265	2,060	1,917	1,743	1,545	1,375	1,257	1,032
奥上林	1,165	1,038	923	854	783	679	576	478

出所）国勢調査

林、口上林など周辺部では急激な人口減が続いている状況である（表2）。

こうした周辺部を中心とした人口減少に対して、住民主導の二つの強力なＩターン移住促進活動が行われてきた。一つは、二〇〇〇年に結成された「里山ねっと・あやべ」である。統合により廃校となった豊里西小学校の土地と校舎を「綾部市里山交流研修センター」として改修し、米作り塾・里山そば塾・農家民泊・里山交流大学・婚活部・森林ボランティアなどの活動を行い、都会の市民・若者との交流を進めてきた。設立当時事務局職員であった塩見直紀氏はUターン者であり、その経験を生かして「半農半X」(塩見、二〇一四)を提唱し、農山村振興の取り組みを進めている。これは全国的にも有名となり、綾部市へのIターン移住を促す大きな要素となっている。

もう一つは、小学生の減少により複式学級や小学校統合の問題が生じたことをきっかけに、二〇〇五年に志賀郷地区で結成された「コ宝ネット」である。補助金は受けず、都市の若いIターン移住者を誘うイベントに取り組み、移住希望者との交流事業を深めていった。この活動において最も力を入れたのが、空き家の解消と移住者への住宅・土地提供の推進である。この活動を進める上ではきっかけとなった、集落の住民意識の大きな変化があった。「昔は空き家を売らない、貸さない(5)」だったが、家を壊すにも三〇〇万~四〇〇万円かかり、これを子どもに残すのは問題で、貸す、売るという流れになったのだという。こうした中で、貸す方もしっかりした人に来て欲しいという意向が強くなり、空き家斡旋のニーズが高まったため、集落構成員に対して空き家提供を積極的に促すと同時に、若い世代が移住してくることの意義を説明し、格安の家賃で提供してもらうよう依頼を進めた。この結果、活動を開始してからの一〇年間で三〇組九二名のIターン移住者があった。

この活動で注目されるのは、Iターン移住者に対して集落活動への参画を求めている点である。「Iターンの人には、自治会費の高さ、村用の多さ、農道整備などで忙しいということを説明する。どうしても村用に出られないときは理由を言っておくといいなどと方法も説明する」、「土地の人たちはIターンの人と文化が異なり、なかなかわかりあえない。そこで、元Iターンとしての経験でフォローしていく(6)」というように、Iターン移住者への集落活動参画支援と、元Iターン移住者によるサポート体制を築いたのである。ここで重要なのは、集落活動に参加しない場合は空き家の紹介を行わないという方針を明確に打ち出していることである。これは、綾部市から補助金を受けていないために可能となっているとされるが[7]、綾部市の行政としての取り組みにも影響を与えることとなった。

綾部市の施策の特徴も[8]、Ｉターン移住者への集落活動参画促進を含む手厚い定住支援にある。綾部市の定住促進の取り組みは『第四次総合計画』が出された一九九八年にさかのぼるが、本格的な動きは二〇〇八年に定住サポート総合窓口設置にはじまり、二〇一〇年には定住促進課を設置し、専任の職員も四名配置することでＩターン移住を推進してきた。ここでも、特に重視されたのが移住のニーズと空き家提供をつなぐしくみである。二〇一四年度に実施された空き家実態調査では、空き家総数六八九戸のうち、使用可能なものが五六九戸あったが、二〇一五年三月の段階で、空き家バンク登録は約二〇に過ぎず、定住希望登録者五五一人との間にミスマッチがあった。こうした状況に対して、担当職員が五～六月に各集落へ入り、集落の人口シミュレーションによる「未来予想図」を提示しながら集落レベルでの空き家提供を促している。この結果、綾部市と自治会との協働で全一九一集落中一八九集落において、所有者にダイレクトメールを送付し、自治会から空き家の所有者に登録を促してもらうよう依頼するという取り組みを進めた。二〇一五年度には、自治会による空き家調査で判明した五六九戸の空き家のうち一四二戸の所有者にアンケートを実施し、三〇戸を超える空き家バンク登録を実現したのである[9]。なお、所有者が集落にいない場合は、盆・正月に帰省してくる人に直接話をしてもらい、空き家提供者には謝礼五万円を支払う。

この取り組みで注目すべきは、移住希望者への定住相談の場で、集落の細かい慣習や規約を説明し、自治会への加入が不可欠であることを伝えている点である。これは、都市部の不動産業者を介して定住したＩターン移住者の中に地域の活動に参加しないという問題が多く見られたことに対応して、地域への参加を前提としたＩターン移住にしぼることを意図した取り組みであるという。特に、集落での草刈りなどの村用、お祭りへの参加、消防団への加入、ＰＴＡ役員として活動することが必要であることを伝える。さらに、定住希望者用のツアーは、あえて二月の厳しい気候条件のも

表3 綾部市への定住実績

年	2008		2009		2010		2011		2012		2013		2014		合計	
	世帯	人数	世帯	人数	世帯	人数	世帯	人数	世帯	人数	世帯	人数	世帯	人数	世帯	人数
綾部	0	0	1	2	1	1	3	10	0	0	0	0	0	0	5	13
中筋	0	0	0	0	0	0	0	0	0	0	0	0	0	0	0	0
吉美	0	0	1	2	1	2	4	12	0	0	1	4	2	5	9	25
西八田	0	0	0	0	1	2	0	0	1	3	1	2	1	5	4	12
東八田	2	3	0	0	1	3	1	1	1	2	3	5	0	0	8	14
山家	4	11	0	0	0	0	3	4	1	2	1	2	3	7	12	26
口上林	1	3	1	2	3	7	3	7	3	4	3	10	2	5	16	38
豊里	2	6	2	2	1	1	2	5	5	18	2	4	4	10	18	46
物部	1	3	2	7	3	9	1	2	2	4	1	2	3	8	13	35
志賀郷	1	3	2	7	0	0	4	10	4	10	2	4	1	3	14	37
中上林	1	4	4	6	5	9	6	8	1	2	3	4	1	1	21	34
奥上林	4	16	2	5	1	1	3	7	2	2	2	5	2	8	16	44
合計	16	49	15	33	17	35	30	66	20	47	19	42	19	52	136	324

出所）綾部市定住促進課（2015）より筆者作成

とで開催し、雪かきなどの作業が可能かを検討してもらう。逆に集落の側にも、一方的に集落の決まり事に移住者を従わせることのないよう求めている。また、定住後のサポートとして、Iターン移住者の情報交換や相談を受ける場を設けていたが、近年は参加者が一〇名程度に減ったため打ち切り、かわりに定住促進課の職員がIターン移住者のところに毎年二回訪問している。

こうした綾部市の定住促進の取り組みは、自治体だけでなく、里山ねっと・あやべ、コ宝ネットとの連携によって、多様な移住ニーズに対応する「多層的仲介システム」が機能していると評価されている（藤本ほか、二〇一〇）。このシステムにおいて里山ねっと・あやべ、コ宝ネットは、綾部市の定住促進施策の中心である空き家情報の提供の取り組みで連携し、Iターン移住者への空き家の斡旋、補助事業も活用している。このような形で情報、補助制度を共有しつつも、西部の豊里地区では里山ねっと・あやべ、志賀郷地区ではコ宝ネットが、移住希望者と集落をつなぐ役割を担っており、両団体が自律的な活動を保ちつつ行政と協働を進めている。こうした綾部市の民間団体と行政の協働によるＩターン移住者支援の特徴として強調しておくべきことは、空き家対策における行政と集落との連携と、Ｉターン移住希望者と自治会を仲介し参加を促す、行政と集落との「協働」型集落活動の基盤をつくり出している点である。

これらの取り組みによって、表３に示したように、二〇〇八年から二〇一四年までの七年間に一三六世帯三二四名の市域外からの定住者を迎え入れている[10]。地域的には、奥上林・中上林・口上林の東部地区、豊里・物部・志賀郷の西部地区が多く、周辺部の人口減少が著しい地域へのＩターン移住と見ることができる。そして、この移住者の平均年齢が三六歳というように、若い世代の移住であるという特色がある（山崎、二〇一四）。

2　綾部市へのＩターン移住と集落活動

では、実際に綾部市の定住促進の取り組みがどのように集落に影響を与えたのか。ここでは、二〇一五年二月に実施した一四一名のＩターン移住者への郵送質問紙調査（有効回収率五三・九％）（鯵坂ほか、二〇一六）から確認していこう。Ｉターン移住の文脈から見ていくと、綾部市に移住するきっかけは、「市の担当課・職員が親切だった」が五一・三％、「移住者の住居への市の支援制度があった」が三六・八％であり、綾部市の定住支援施策が一定の効果を持っていたことを見て取ることができる。ここで重要なのは、移住の際に「地域社会へうまく溶け込めるかが不安だった」とする割合が五六・六％と最も高くなっていたが、綾部市の定住促進の取り組みが定住希望者と地域社会との関係形成をサポートすることにより、こうした不安にこたえている点である。

そもそも綾部市に移住する動機としては、「移住者の就業への市の支援制度があった」が七・九％、「仕事が見つかりそうだった」が六・六％と、就労面は移住先を選ぶ要素として低くなっていた。もっとも、これは仕事への不安がない

表4　Iターン移住者の近所づきあい（%）

	いる	いない	無回答
挨拶程度のつきあい	92.1	0	7.9
世間話程度のつきあい	89.5	2.6	7.9
お裾分けをするつきあい	84.2	7.9	7.9
相談や頼み事をするつきあい	64.5	21.1	14.5

出所）鰺坂ほか（2016）より筆者作成

表5　Iターン移住者の集落の「寄り合い・会合」への参加（%）

町内会活動	よく参加	たまに参加	全く参加しない	無回答
寄り合い・会合	69.7	11.8	10.5	7.9
集落共同作業	63.2	19.7	9.2	7.9
祭りイベント	48.7	28.2	6.6	6.6

出所）鰺坂ほか（2016）より筆者作成

ためとは考えにくい。「移住を検討する際に問題と感じたこと」として、「収入が下がるのが心配だった」が三六・八%、「自分にあった職業・職種があるかどうか心配だった」が二八・九%と、収入、仕事に対する不安が一定の比率を占めていたためである。実際、移住後の生活において、移住前と比較して、「少し減った（四分の三程度に）」が二八・九%、「かなり減った（半分以下）」が三六・八%、合わせて六五・七%が世帯収入の低下を経験している。家計水準も「苦しい」と「やや苦しい」を合わせると八割弱である。

このように生活状況の厳しさがある一方で、本稿のテーマであるIターン移住者の集落活動への参画について見ると、表4、表5に示した通り、かなり活発となっている。

近所づきあいについては、「挨拶程度」九二・一%、「世間話程度」八九・五%、「お裾分けをする」八四・二%、「相談や頼み事をする」六四・五%となっている。集落の「寄り合い・会合」については、「よく参加」が六九・七%、「たまに参加」が一一・八%で、八割以上の参加比率であり、「全く参加しない」は一〇・五%だった。「集落共同作業」は、「よく参加」が六三・二%、「たまに参加」が一九・七%で、「全く参加しない」は九・二%である。全体として一割程度が集落活動に「全く参加しない」のみで、地域への参加が基本となっていることが明らかだろう。

次に、こうしたＩターン移住者が集落活動にどのようなかかわりを見せているかという点について、水源の里事業により集落活動支援が一層進む、高齢化率五四％（二〇一六年三月現在）の上林地区（奥上林・中上林・口上林）の事例からさらに検討したい。

3　定住促進施策と水源の里事業[11]との連動

綾部市は二〇〇七年に、市域の人口減少地域を「限界集落」ではなく「水源の里」と命名し、これらの集落の振興・持続を目指す「水源の里条例」（五年間）を施行し五つの集落を指定した（水谷、二〇一二）。二〇一二年には「新・水源の里条例」を施行（五年間）し、対象も五六集落に拡大した上で、集落からの申請を受けて指定する指定申請制度を導入した。この五六集落の条件は、①高齢者比率が五〇％以上の自治会連合会の地域に属する自治会、②高齢者比率が四〇％以上の自治会連合会の地域に属し、かつ、高齢者比率が五〇％以上の自治会のいずれかである。対象となった五六集落のうち、一四集落から申請があり、水源の里事業が実施されることとなった。

この事業には四つの振興目標がある。①定住促進（定住支援補助金の整備や定住促進住宅の建設）、②都市との交流（オーナー園制度やボランティア活動を通した都市住民との交流）、③地域産業の開発と育成（住民主体で、特産品開発・販売）、④地域の暮らしの向上（光通信の整備など、生活基盤の整備）である。活動支援の基盤として、ソフト事業は一〇万円×五年、ハード事業は五〇万円（五年間で一回）の補助金がある。この中でも最も重視されている定住支援については、定住支援給付金一世帯当たり月五万円を六ヶ月支給するように上乗せされている。このように、特に条件が厳しい水源の里集落にＩターン移住を増やし、集落活動の活性化を進める施策と見ることができる。

この事業を推進するにあたり、綾部市は、水源の里事業の拠点として東部の中上林地区に上林いきいきセンターを設

表6　水源の里事業を実施した14集落の主な事業

指定年度	集落	事業概要
2007年度～	市志	ふきオーナー園，スイセンの植樹と憩いの場の整備，放牧場の再生（桜の植樹，獣害防護柵の設置），稲木干し米体験交流会の開催
	古屋	栃の実入りおかき・あられ・大福・お餅の製造，古屋でがんばろう会，ふるさと産品（あやべ特別市民）への特産品提供
	栃	栃の実入りクッキー・大福・お餅の製造，無料休憩所の運営，ふるさと産品（あやべ特別市民）への特産品提供
	大唐内	栃と合同
	市茅野	栃と合同
2012年度～	有安	交流会の開催，もち米の栽培
	瀬尾谷	地元産の黒瓜を使用した粕漬けの製造販売，ふるさと産品（あやべ特別市民）への特産品提供
	草壁	梅製品・漬物など特産品の開発，交流会（田植え，稲刈り）の開催，もち米の栽培
	市野瀬	地元特産品「自然薯」の生産強化
2013年度～	橋上	きゅうり漬・マーマレードなど特産品の製造販売，空き家の活用，景観事業，ふるさと産品（あやべ特別市民）への特産品提供
	光野	大太鼓を生かした交流会開催，休耕田の活用（コスモス畑）特産品の開発，大桂の木
	清水	地元出身者との交流会，焼き大福・天日干しかきもち・こんにゃくなど特産品の製造・販売
2014年度～	金河内	伝承民俗芸能祭礼の復活・継承，そば打ち体験，地元出身者とその子どもとの都市交流事業
	鳥垣	鳥垣渓谷の散策路・シデ山登山道の整備，都市住民との交流

出所）綾部市定住交流部水源の里・地域振興課（2016）より筆者作成

置している。奥上林、中上林、口上林の三地区には、水源の里事業を推進する一四集落のうち一二集落が集中しており、人口減少が進む市の周辺部の活動基盤としての意味合いが強い。事業の推進役として集落支援員二名を含む職員がこの上林いきいきセンターに配置されることで、上林地区を基盤とした積極的な事業が展開されている。表6は、こうした水源の里事業を実施した一四集落の主な事業の一覧である。

水源の里事業が開始された二〇〇七年から二〇一六年までの間に人口は減少しているものの、市茅野、古屋など人口増の集落もあり（表7）、「水源の里」への市の定住促進施策が効果を持ったと考えられる（表8）。事業第一期の二〇〇七～二〇一一年度までの五年間で九世帯二五名が定住（市茅野二世帯一二名、大唐内一世帯三名、市志六世帯一〇名）し（綾部市定住交流部水源の里・地域振興課編、二〇一六）、Ｉターン移住者に関しては、二〇一五年までに一四集落で一七世帯四二名にのぼる。空き家の提供ができない市茅野、大唐内は市営住宅をつくり定住に結びつけ、高齢化率一〇〇%だった市志、市茅野などの集落にＩターン移住が見られたのである。

では、受け入れ側の集落はどのような反応だったのだろうか。この点については、水源の里全一四集落の二〇歳以上の住民を対象とした「綾部市水源の里集落調査」（二〇一六年二～三月、回収数三三二）（綾部市定住交流部水源の里・地域振興課編、二〇一六）から見ていこう。集落の五～一〇年後の人口については、住民の九三・四%が「減少する」と予想している。後継者は「すでにいる」が一二・三%、「将来帰って来る見込み」が七・五%で、「将来帰って来る見込みがない」一一・一%、「後継者はいるが、将来のことは話し合っていない（決まっていな

表7　水源の里集落人口推移

集落	人口と高齢化率（人〈%〉）		
	2007年	2012年	2016年
市志	23〈100.0〉	25〈64.0〉	19〈78.9〉
古屋	7〈85.7〉	11〈45.5〉	10〈40.0〉
栃	22〈63.6〉	16〈68.8〉	14〈71.4〉
大唐内	27〈66.7〉	20〈90.0〉	18〈78.8〉
市茅野	11〈100.0〉	21〈47.6〉	20〈40.0〉
有安	93〈73.1〉	77〈68.8〉	74〈55.4〉
瀬尾谷	14〈92.9〉	10〈90.0〉	9〈88.9〉
草壁	52〈67.3〉	41〈53.7〉	42〈61.9〉
市野瀬	56〈64.3〉	48〈64.6〉	42〈66.7〉
橋上	54〈51.9〉	43〈60.5〉	45〈57.8〉
光野	42〈69.0〉	34〈64.7〉	30〈56.7〉
清水	54〈74.1〉	54〈57.9〉	51〈64.7〉
金河内	86〈54.7〉	82〈51.2〉	81〈50.6〉
鳥垣	77〈35.1〉	62〈41.9〉	54〈52.6〉

出所）綾部市定住交流部水源の里・地域振興課（2016）より筆者作成

表8　上林地区定住サポート実績
（2008～2015年度）

	世帯（戸）	人数（人）
口上林	18	42
中上林	23	38
奥上林	20	50
合計	61	130

出所）筆者聞き取り調査より作成

い）」四〇・四％、「後継者がいない」一七・二％となっている。高齢で日常の生活が困難になった場合の予定としては、「子ども、親戚が帰ってきて同居」九・六％、「子どもの住まいに移住」四・二％で、「わからない」が六七・五％と約三分の二を占めるように、Uターンに関しては明確な期待が持てていない。こうした状況に対して、Iターン移住者など新たに人を迎え入れることについては、「多少の不安はあるが相互理解ができる」が三四・二％、「入ってくる人による」三〇・四％、「支障なく迎え入れられる」二八・六％で、概ねIターン移住者の受け入れを肯定的にとらえており、現実的にIターン移住への評価・期待が相対的に高くなっていることがわかる。

このように、現状では量的な人口維持、人口増にはつながっていないものの、Iターン移住者の集落活動への参画による新たな展開が見られ、表6に示した事業にも一定の寄与が認められた。こうした事業の取り組みを促進するのが専任の集落支援員である。集落支援員が活動を行う地域は、綾部市各地区の自治会連合会を単位とした地域及び綾部市水源の里条例により指定を受けた水源の里集落（『綾部市集落支援員設置規則』）とされており、専任二名（二〇一六年度は欠員一名）のうち一名は、二〇一五年から上林いきいきセンターに配属され活動するIターン移住者のB氏である。次に、集落支援員のB氏、および、上林地区のIターン移住者による集落活動の展開について見ていくことにしたい。

4　Iターン移住者と集落支援員による集落活動

ここでは、上林地区でのIターン移住をした四家族の事例から、集落活動への参画の多様な形態を見ていこう。

(1)　B氏夫妻(12)：Iターン移住から集落支援員へ

B氏は関東出身の三〇代の男性で、妻は二〇代、近畿圏の出身である。夫婦ともに、二〇代の頃に自然食を提供する民宿での仕事や、農業研修生など農村での生活経験を持ち、海外でのワーキングホリデー生活も経験している。京都府下にある他の農村地域で農業研修をしていた二〇一四年に知り合い、結婚してからも、自給自足的に農業をしつつ生活していければいいという考えで田舎暮らしを目指した。綾部市に移住を決めたのは、他の自治体と比べて一番一生懸命できちんと対応してくれたこと、半農半Ｘの塩見氏の著作を読んでいたためであるという。古民家に住むのがあこがれだったため、綾部市の定住促進住宅に居住することを決断し、二〇一五年に中上林地区に移住した。

仕事はとりあえず住むところを決めてから何でもやろうと考えていたが、夫のＢ氏はその経歴を見込まれ、綾部市から集落支援員の仕事を紹介された。もともと市の職員ＯＢが担っていたが、Ｉターン移住者であるＢ氏は若く、農村での生活経験もあり、他のＩターン移住者とのネットワークも形成しやすく、移住者が増えた水源の里集落の活動を促進する人材として適任と判断されたためであるという。妻は調理師免許を持っていたこともあり、地元の小学校の給食センターで働いている。雇用はどちらも一年契約である。もともと農村や、集落での生活はこういうものだと知っていた部分があり、集落のつきあい方も心得ていたという。

集落支援員としての仕事は、水源の里事業の担当である。表６に示した水源の里事業の多岐にわたる仕事への対応で、集落の草刈りやイベントの準備、事業の事務局、補助金の会計的な役割までこなすため、極めて多忙となっている。基本的に週四日の勤務であるが、春から秋にかけて水源の里集落でのイベントが行われる時期には、週末もほとんど水源の里事業にかかわっている。

Ｂ氏は水源の里集落全般の特徴を、集落の担い手と期待されるＵターン移住はなかなか進まず、あったとしてもどうしても年齢が高くなってしまう点にあるとする。地元の人、交流人口だけではうまくいかないため、増えてきた相対的に若い層のＩターン移住者を集落活動にどのようにつなげていくことができるかが仕事の重要な要素であるという。一〇年先をどうするかを考え、年金、仕事、および、表６に示した各集落で取り組む農産物加工・販売をメインとした

「小さな経済」による現金収入の道筋をつけることに力を注いでいる。

(2) C氏夫妻[13]：田舎暮らしのモデル

二〇一一年十月に中上林に移住した夫婦（夫六〇代、妻五〇代）である。どちらも近畿圏出身で、綾部市の情報については定住促進課のホームページから得た。綾部市に移住する前には京都府下の別の地域で別荘を購入していたが、畑がなく、夫の実家のある大阪にも遠かったため、別の場所を探すようになった。綾部市に一〇〇〇坪の古民家を見つけ、定住促進課の支援制度を活用し、最初ははなれで暮らしながら改修した。市の仲介があったこともあり、安心だったという。二人の子どもは社会人で京都市内と海外に勤務し、それぞれ別に暮らしている。仕事については、夫の方は地元の農業生産法人に勤務している。最初は舞鶴市の会社に通っていたが遠かったため、集落の人に紹介されて市内の牧場で働いている。妻は観光協会に週四回勤務しているが、二人合わせた収入としてはかなり減少した。しかし、古民家での暮らし、農地やガーデニングの夢がかない、都市部での生活のように消費することも減ったので、十分満足しているという。

綾部に来るまでは鍬一本持ったことはなかったが、農地は畑八〇〇坪を借りた。田も購入できたが、そこまでは手が回らないと思い断った。米は買った方が安いためだが、野菜については畑で八〜九割自給している。山も買うことができたが、地主が山の管理は大変だと言うのでやめたという。集落活動については、神戸在住の大家に集落の人との関係もつないでもらった。自治会では現在組長をやっている。月一回、常会があり、各家で持ち回りをし、集金も行う。集落の活動は、常会のほか、祭りなどの行事も多く、思いのほか大変だったという。しかし、地元の人たちは楽しみでやっていて、この常会のために大阪や京都からわざわざ帰って来る人たちもいることを知り、集落の重要な活動ととらえ、積極的にかかわるようにしている。

Ｃ氏夫妻の活動で注目されるのは、自ら手がけた卓越した古民家のリフォームと、ハーブ園、ガーデニングである。本格的なガーデニングにより、雑誌などのメディアに取り上げられることも多く、集落活動への参画を超えて、人気の高い古民家でのＩターン生活のモデルとしての役割も果たしている。

(3)　Ｄ氏夫妻(14)：農家民宿経営と集落活動

どちらも大阪府出身の三〇代の夫婦で、二〇一四年に奥上林にある水源の里集落に移住した。夫のＤ氏は勤めていた大阪の旅行会社が倒産したことをきっかけに仕事と移住先を探していた。大阪から二時間の圏内で探していたところ、大阪で開催された田舎暮らしセミナーで綾部を紹介されたことがきっかけで移住を決めることとなった。ホテル、旅行代理店で六年ずつの勤務経験があったこともあり、地元の温泉で正社員として勤務し、ネット関連の予約システムを改善することにより、その比率を上げる実績を持った。妻は上林いきいきセンターに勤務し、水源の里集落支援事業に携わっている。

Ｄ氏夫妻は、居住地とは別の場所に古民家を借り、二〇一五年十月から農家民宿を経営している。ゲストハウス形式の農家民宿で、一泊三〇〇〇円となっている。これは、市内に一二軒（上林地区七軒）ある農家民宿の一つである。農家民宿をはじめるにあたっては「農家」になる必要があり、その手続きに登記など一年ほどかかったという。夫のＤ氏はアメリカ、フランスに留学経験があり、この経験を生かす形で集客に力を入れたこともあり、外国からの観光客が多く訪れるようになった。この事業で特に重視している点は、宿泊者には水源の里に指定された集落での農業体験事業を展開するなど、水源の里集落の活性化に結びつけることである。滞在者が持ち寄った本を通したコミュニケーションを図る「まちライブラリー」を設置し、できるだけ地元住民の交流になる場になることを目指している。後述するＥ氏が発刊する新聞にもコラムを連載するなど、メディアで紹介される機会も多い。妻も華道のイベントや野外音楽祭、クリスマス・マーケットなども積極的に企画・運営しており、今後は文化交流による地域づくりに力を入れる予定であるという。

居住地である水源の里集落の構成は二〇世帯三〇名程度で、Ｉターン移住者はＤ氏夫妻のみである。毎月一日に村用で集まる際には必ず参加している。自治会費は簡易水道料金込みで月五〇〇〇円ほどである。都会に比べるとかなり高額ではあるが、水道代のような公共料金込みである。この近辺では、Ｉターン移住者が開いているカフェも週三日ぐらいしか営業していないし、遊び場もこれといってないので、月一〇万円あれば生活できる。Ｉターン移住者の人たちは、五〜六年ぐらい前に移住して来た人が多く、ほとんど全員フェイスブックなどで日常的につながっている。こうした集落活動と有機的に結びつける形で、Ｉターン移住者としての経験を生かしつつ、集落活動と観光事業を結ぶ事業を進めつつある。

(4) Ｅ氏夫妻[15]：地域新聞によるＩターン移住者と集落をつなぐ活動

九州出身の六〇代の夫婦で、一九九九年六月に口上林地区に移住してきた。移住当初から工務店を営んでいる。集落活動にも積極的にかかわり、地区の村おこし委員会、祭りなどのイベントで重要な役割を果たしてきた。ここ数年の取り組みとしては、連合自治会長と協議の上、地域の観光スポットを示す道しるべ看板設置を提案し、事業化に結びつけている。

こうしたＥ氏の活動で特徴的なのは、「上林地区の飲食店マップ」を作成するなど、地域メディアづくりに多大な貢献をしている点である。移住当初は地域づくり活動をするとは考えていなかったというが、「かんばやし里山新聞[16]」を二〇一四年から毎月発行することを通して、精力的に活動を進めている。新聞発行のきっかけは、Ｉターン移住者による古民家カフェが増えてきた一方で、果たして客が来るのか、大丈夫なのかという不安があったためであるという。新聞づくりのノウハウは京都で一二年間カラーの観光地図を発行する印刷業を営んでいたこと、および東京の新聞社で記者をしていた経験によって培われていた。取材は自ら行い、どうしても行けないときは、妻に写真だけ撮ってもらうようにしている。

新聞発刊にあたり、まずはしっかり実態を把握しようとデータを検証したところ、高齢者が多く、人口減が想像以上に激しいことに衝撃を受け、今後の人口シミュレーションをまとめたものを、上林地区全自治会長宛てに送った。それは上林地区の高齢化率が半数を超え、二〇一三年度は地区での子どもの出生がわずか三人にとどまり、今後の人口急減が予想される中で自治会、イベントができなくなってしまう可能性を示し、「変化を好まない」と言われる地域に対して、活性化の取り組みを進める提案だった。創刊号では、この人口減と高齢化を詳細に分析した特集を組んだ。最初は二〇〇部、すべてカラー印刷で、約一〇万円の経費は自費でまかない、郵便局、飲食店、公民館など五〇ヶ所で配布した。三号以降は五〇〇→七〇〇→一〇〇〇→二〇〇〇部と増やしていく。最初は地域の人へは回覧のみだったが、それでは読んでくれないと思い、上林地区約一一〇〇世帯全戸に配布、九〇〇部は市内三五施設で配布している。内容は、地域の祭りイベント、行事、地域の自然、文化財の紹介のほか、地域のカフェなど上林地区で新しくできた店を優先して取り上げてきた。費用は広告収入が若干ある以外は、すべて自費でまかなっている。さらに、地域の飲食施設を紹介するパンフレットも継続的に発行・配布し、新たな企画としては、上林地区の事業所を紹介する「便利帳」の作成を進めている。

もう一つの活動が、フリートークの集いである。これは、口上林→中上林→奥上林という順番で、テーマを決めて討論し、記事で紹介するというもので、参加メンバーは地元とＩターン移住者である。この活動をはじめたのは、Ｉターン、Ｕターンと、地元の人との壁があり、自治会にも入らず、都会感覚を持ち込んでしまう人が増え、「Ｉターン村」

となってしまう懸念があったためだという。こうした問題につながらないよう、Iターン移住者と集落をつなげる情報共有と語りの場をつくることを目的に、地域メディアを活用した地域活性化の取り組みを進めている。

5　小括

以上の四事例からは、Iターン移住者が集落活動に参画しつつ、新たな地域活性化の取り組みを進めていることが明らかとなった。具体的には、B氏は集落支援員としての活動、C氏夫妻は古民家改修、ガーデニング・ハーブ園を中心とした田舎暮らしのモデル、D氏夫妻は農家民宿を中心とした観光事業への展開、E氏夫妻は地域メディアを利用したIターン移住者と地元住民を結びつける活動というように、それぞれのIターン移住者としての資源を生かし、既存の集落活動をベースとしつつも、それらに対して新たな要素を付け加えて活性化を目指す取り組みであることがわかる。先に見た通りIターン移住者の経済的な状況は厳しい状況とはいえ、居住地の集落活動に新たな力を吹き込んでいる姿を見て取ることができるだろう。ここで大きな役割を果たしているのが、集落活動に参加するIターン移住者にターゲットをしぼり、集落活動への参画を支援する民間と市の取り組みである。さらに、自身もIターン移住者である集落支援員を主体とした水源の里事業によって、特に条件の厳しい集落に手厚い支援を進めている点も重要な意味を持っていた。ここからは、集落活動にIターン移住者を結びつける基盤をつくり、水源の里事業による集落支援員がサポートをするという、行政の側からのアプローチが強い綾部市の「協働」型集落活動の特質を見て取ることができるだろう。

四　考察

1　課題①：Ｉターン移住者と集落活動の「協働」

本稿では、綾部市においてＩターン移住者が集落活動に参画する事例に焦点をあてて分析を試みた。高齢化が進む集落では、Ｉターン移住者がリーダーとして活動している事例も認められるわけだが、この前提として、集落維持の限界を感じさせる中山間地域において、Ｕターン移住など親族ネットワークによる集落維持の困難と、Ｉターン移住者への期待が高まっているという背景を考慮する必要がある。これまでの研究でも、一九九九年に実施された滋賀県平地農村、高知県過疎農村の区長調査から、平地農村に比べて過疎農村の方が移住者などの受け入れに肯定的であることが明らかにされている（玉里、二〇〇九、三〇九頁）。また、綾部市において集落活動として営農活動や山林管理が重視されていないことが影響している可能性は否定できない。今回検討したケースでは、集落における農地、資源管理については要求されておらず、Ｉターン移住者への農地、集落の資源管理に対する期待が相対的に薄いため、集落活動への障壁が相対的に低くなっていることが推測される。

この点を確認した上で、Ｉターン移住者の集落活動への参画において、綾部市における積極的な集落との「協働」をサポートするしくみが一定の機能を果たしている点を強調しておきたい。集落の維持のために、人口を「量的」に増やすことではなく、集落活動に参加するＩターン移住者にターゲットをしぼり込み、空き家の供給も市の仲介により集落に対する信用を担保し、定住後の集落活動への参画を支援する協働の取り組みが大きな役割を果たしていることが明らかとなった。相川陽一(二〇一六、一四九―一五〇頁)は、「移住者獲得競争」とでも呼ぶべき「空き家バンク」などのパッケージ化された移住促進が進む中では、地域社会の創造的発展の契機となるよう、地域社会の実情に合わせた施策が必要であると指摘する。その意味では、単に数を増やすだけでなく、Iターン移住者が集落活動へと参画する基盤をつくり出している点が重要である。さらに、綾部市ではIターン移住者を実質的な地域おこし協力隊として活用していくことが検討されている。[17] こうした動きは、Iターン移住者を集落活動につなげる「協働」を恒常化させる取り組みと見ることができるだろう。そして、集落内の親族構成員を中心としたネットワーク以外の、新たに移住してきた集落構成員による日常的な集落機能維持の可能性を示すものと言えよう。

2 課題②:集落支援員と集落の「協働」

集落支援員は「ヒトの支援」として期待されているが、活動の前提となる基盤として「モノ・カネの支援」が重要である。ベースにあるのは行政からの補助金であり、これをいかに集落にとって血の通った形で活用できるかが重要なポイントであった。その意味では、補助金の活用などに精通した人材が望まれることも多く、実際、綾部市では制度発足当初は元市職員が担っていたのである。しかし、行政職員としての補助金の活用や事務処理能力、経験よりも、「外部人材」としての特性、Iターン移住者のネットワークへの期待により、Iターン移住者を積極的に登用している。ここからは集落の自律性・主体性を基盤にしつつも、Iターン移住者の資源を最大限引き出すことを目的とした行政と集落の「協働」型集落支援へのシフトを認めることができる。

もう一点重要なのは、綾部市が集落支援員の活動を進めるための拠点を設け、水源の里事業との連動のもとに取り組みを進めている点である。専任の集落支援員が置かれている綾部市の場合、上林いきいきセンターという拠点に配置されることにより、水源の里事業の定住支援施策と連動して成果を上げている。集落支援員は特産品開発、定住促進、都市との交流、地域産業の開発と育成などの事業を目標とするよう積極的に仕掛けており、その意味では、「生活支援活動」→「コミュニティ支援活動」→「価値創造活動」への展開（図司、二〇一四）が進んでいる状況と見ることができる。

もっとも、こうした「集落外」の資源を集落に結びつける事業においては、その目標とする活性化の方策を、自律性を無視して集落に押しつけ、導入してしまう問題（山下、二〇〇八、一八二―一八三頁）がつきまとうことも事実である。この点については、あくまでも集落側の意向を重視しつつ、集落活動にも精通した集落支援員による事業化を進めていることが重要だろう。その意味で、集落の主体性を尊重しつつＩターン移住者のネットワークを活用し、集落活動の基盤を維持する地に足のついた「協働」の一つのあり方と見ることができる。

３　まとめにかえて

本稿では、Ｉターン移住者の集落活動への参画とそれをサポートするしくみ、およびＩターン移住者が集落支援員として登用された綾部市の集落活動から、「外部人材」が集落活動において果たす役割について分析を行ってきた。重要なポイントを再度確認しておくと、定住促進と「限界集落」再生の事業を有機的に結びつけ、Ｉターン移住者を集落活動に生かす行政主導の集落との「協働」とともに、Ｉターン移住者である集落支援員が多様な外部資源を集落活動に結びつける「協働」型集落活動のあり方が確認されたと思われる[18]。

このように、綾部市の事例からは、集落支援員がＩターン移住者の集落活動をサポートしつつ、既存の集落活動の存続と新たな展開を目指す「協働」の取り組みを認めることができた。たしかに、近年の村落研究の議論では、集落存続に向けて、他出子、Ｕターン移住など親族ネットワークが注目されているのは事実である。これらに加えて本稿の事例分析からは、Ｉターン移住者を集落活動に積極的に生かすしくみをベースとした「協働」型集落活動の持つ可能性の一端を見いだすことができると思われる。

（付記）本稿は、ＪＳＰＳ科研26285112（研究代表：西村雄郎）による研究成果の一部である。

注

（1）総務省ホームページ（http://www.soumu.go.jp/main_sosiki/jichi_gyousei/c-gyousei/bunken_kaikaku/）二〇一七年一月三十日取得。

（2）綾部市調査は、鯵坂学氏、河野建男氏との共同研究であり、その成果の一部は鯵坂学ほか（二〇一六）にまとめている。なお、二〇一六年十一月の村研大会テーマセッションでの報告では、綾部市に加えて福知山市の集落支援員による活動との比較も行った（中島ほか、二〇一六）。しかし、本稿執筆中の二〇一六年度末に福知山市の集落支援員制度が大きく変更されたことにより、綾部市の事例分析のみとした点を断っておきたい。

（3）『京都新聞』二〇一六年十月二十四日。

（4）二〇一五年六月の綾部市議会において、綾部市長は、地域おこし協力隊の導入に関する質問に対して、集落支援員二名の貢献とともに、Ｉターン移住者支援の施策によって、Ｉターン移住者が実質的に地域おこし協力隊と同じ機能を果たしていると答弁している（http://www.city.ayabe.lg.jp/gikai/kaigiroku/h27/06tere/h2706-04-03.html）二〇一六年十月三十一日取得。

（5）二〇一六年一月三十一日、「コ宝ネット」代表のA氏へのインタビュー。

（6）二〇一六年一月三十一日、「コ宝ネット」代表のA氏へのインタビュー。

（7）こうした活動の自律性は、姫野宏輔（二〇一五）の調査結果からも指摘されている。

（8）二〇一五年四月三十日、綾部市定住促進課でのインタビュー。

（9）『北近畿経済新聞』二〇一六年二月一日。

（10）二〇一五年度では一五五世帯、三六九名となっている（『広報あやべ』七二七号、二〇一六年五月）。

(11)二〇一六年十月六日、担当者へのインタビュー。なお、水源の里の取り組みについては、山下祐介(二〇一二)、水谷利亮(二〇一三)など多くの研究で取り上げられているが、本稿で取り上げる集落については、芦田裕介（二〇一〇）が詳細な調査を実施している。
(12)二〇一五年七月十五日、二〇一六年十月六日のインタビュー。
(13)二〇一五年七月十五日のインタビュー。
(14)二〇一六年一月三十一日のインタビュー。
(15)二〇一六年九月二十七日のインタビュー。
(16)かんばやし里山新聞ホームページ（https://www.kanbayashi-club.jp/）二〇一七年一月三十日取得。
(17)注（４）参照。
(18)隣接する福知山市の限界集落においても、Ｉターン移住者が集落活動のリーダーとなる動きが確認された。これらは各集落での独立した取り組みであるが、こうした活動と行政をつなぎ、その促進に大きな役割を果たしているのが、綾部市の場合と同様に自身もＩターン移住者である福知山市の集落支援員（兼任）の活動である（中島ほか、二〇一六）。

引用・参考文献

相川陽一「現代山村における地域資源の自給的利用と定住促進の可能性」、『年報 村落社会研究』第五二集、二〇一六年、一四五―一八二頁
秋津元輝「集落の再生に向けて」、『年報 村落社会研究』第四五集、二〇〇九年、一九九―二三五頁
鯵坂学・河野健男・松宮朝「人口減少地域における定住促進施策とＩターン移住者の動向」、『評論・社会科学』一一七号、二〇一六年、一―九四頁
芦田裕介編著『過疎山村高齢者における生活維持の諸条件』、二〇一〇年

綾部市定住交流部水源の里・地域振興課編『あやべ水源の里白書』、二〇一六年
綾部市定住促進課編『綾部市定住サポート総合窓口の概要』、二〇一五年
入江嘉則・小田博之「新しい地域支援のかたち」、小田切徳美・藤山浩編著『地域再生のフロンティア』、農山漁村文化協会、二〇一三年、一五三―一八七頁
小田切徳美「新たな集落支援政策の課題」、『農業と経済』第七六巻一一号、二〇一〇年、五―一五頁
小田切徳美『農山村は消滅しない』、岩波書店、二〇一四年
小田切徳美・藤山浩・石橋良治・土屋紀子『はじまった田園回帰』、農山漁村文化協会、二〇一五年
小田切徳美・筒井一伸編著『田園回帰の過去・現在・未来』、農山漁村文化協会、二〇一六年
川本彰『むらの領域と農業』、家の光協会、一九八三年
国土交通省・総務省編『平成二七年度過疎地域等条件不利地域における集落の現状把握調査報告書』、二〇一六年
塩見直紀『半農半Xという生き方 決定版』、筑摩書房、二〇一四年
菅康弘「『ソロー』たち」、『ソシオロジ』第三九巻一号、一九九三年、六三―七三頁
管康弘「田舎暮らし」、小川伸彦・山泰幸編著『現代文化の社会学入門』、ミネルヴァ書房、二〇〇七年、五九―七四頁
図司直也「人材支援と人材形成の条件と課題」、小田切徳美編著『農山村再生の実践』、農山漁村文化協会、二〇一一年、一九三―二一三頁
図司直也『地域サポート人材による農山村再生』、筑波書房、二〇一四年
関谷龍子・大石尚子「農村地域におけるソーシャル・イノベーターとしてのIターン者」、『佛教大学社会学部論集』第五九号、二〇一四年、二五―四七頁
孫萌・澁谷善明「若いU・Iターン者による地域振興の諸政策の日中比較」、『総合政策論叢』第三〇号、二〇一五年、六五―九六頁
高木学「『離都向村』の社会学」、『ソシオロジ』第四四巻二号、二〇〇〇年、三―二〇頁
玉里恵美子『高齢社会と農村構造』、昭和堂、二〇〇九年

築山秀夫「市町村合併と農山村の変動」、『年報 村落社会研究』第四九集、二〇一三年、一五五―一九五頁
徳野貞雄・柏尾珠紀編著『T型集落点検とライフヒストリーでみえる家族・集落・女性の底力』、農山漁村文化協会、二〇一四年
中島頼孝・小野田豪介・松宮朗「集落活動と集落支援の創発」、『愛知県立大学教育福祉学部紀要』六四号、二〇一六年、七七―九六頁
西村俊昭「若い世代の農村移住は簡単ではない」、林直樹・斎藤晋編著『撤退の農村計画』、学芸出版社、二〇一〇年、六〇―六五頁
西村亮介・嘉名光市・佐久間康富「過疎地域の地区運営活動における地元住民と移住者の関係の変遷に関する研究」、『都市計画論文集』第五〇巻三号、二〇一五年、一三〇三―一三〇九頁
姫野宏輔「京都府綾部市の事例にみる移住希望者と地域住民のギャップ調整」、日本社会学会大会自由報告レジュメ、二〇一五年
福与徳文『農村社会計画論』、日本経済評論社、二〇一一年
藤本綾・星野敏・九鬼康彰・橋本禅「Ｉターン移住者受入れにおける多層的仲介システムの可能性」、『農林業問題研究』第四六巻二号、二〇一〇年、二一三―二一九頁
藤本穣彦「人材配置による集落支援制度の可能性と課題」、『農業と経済』第七六巻一一号、二〇一〇年、一一五―一二四頁
藤山浩『田園回帰一％戦略』、農山漁村文化協会、二〇一五年
牧野厚史・松本貴文編『暮らしの視点からの地方再生』、九州大学出版会、二〇一五年
増田寛也編著『地方消滅』、中央公論新社、二〇一四年
水谷利亮「高齢者支援システムと行政システム」、田中きよむ・水谷利亮・玉里恵美子・霜田博史『限界集落の生活と地域づくり』、晃洋書房、二〇一三年、一一三―一三八頁
山崎善也「『戻って来たくなる』まちの実現へ」、『地域開発』六〇三号、二〇一四年、三〇―三五頁
山下裕作『実践の民俗学』、農山漁村文化協会、二〇〇八年
山下祐介『限界集落の真実』、筑摩書房、二〇一二年
吉野英岐「集落の再生をめぐる論点と課題」、『年報 村落社会研究』第四五集、二〇〇九年、一一―四四頁

第五章　ＬＥＡＤＥＲプログラムと地域内協働の現状

――ドイツを中心に――

市田知子

本章では、日本の事例分析を念頭に置きながら、ＥＵおよびドイツのＬＥＡＤＥＲプログラムを概観し、ドイツ北部のニーダーザクセン州に焦点をあて、ＬＥＡＤＥＲの実施状況、ＥＵによるＬＥＡＤＥＲの再編方向との関連について、現地調査に基づき分析する。ＬＥＡＤＥＲとは「農村経済発展の行動連携」を意味し、ＥＵの農村振興政策の中で一九九〇年代から実施されている。その目的は多様な所得獲得手段を創出し、人口流出を防ぐことであり、特徴は地域住民の集団（Local Action Group）が主体となり、ボトムアップの手法をとることである。ＥＵは二〇一四～二〇二〇年（第五期）のＬＥＡＤＥＲに対し複数のＥＵ基金を組み合わせた運用を可能にした。ドイツではＥＵの複数基金の組み合わせによるＬＥＡＤＥＲの実施はほとんど行われていないが、ＥＵ助成、州政府、市町村などの自治体の財政支援との組み合わせは従来から広く行われている。事例分析を行ったニーダーザクセン州、アラ・ライネ谷ＬＡＧでは、八町村の範囲で再生可能エネルギーの利用拡大、旧村の範囲で「村の店」の運営を行っている。ＬＥＡＤＥＲプログラムにおける「地域」とは通常、複数の市町村の範囲であり、面積も人口規模も集落を大きく上回る。ＬＥＡＤＥＲにはＥＵ、国（連邦）、州、郡、市町村という様々なレベルの行政関係者が関わるが、ＬＡＧのメンバー構成、プロジェクトなどの議決において民間人が過半を占めるようにするなど、行政主導を避けるための工夫をしていることが明らかとなった。

一　はじめに

ＥＵでは一九七〇年代から構造調整施策および条件不利地域政策、一九八〇年代末からＥＵ構造基金による地域間格差の是正、一九九二年からは農業環境政策が実施され、さらに二〇〇〇年からは以上の諸政策が農村地域振興すなわち「ＣＡＰ　第二の柱」として束ねられた。ＬＥＡＤＥＲもこれに含まれる。この「第二の柱」というのは、現在、ＥＵの農業政策予算の大半を占める「第一の柱」すなわち直接支払と対置するものである。

ＬＥＡＤＥＲとはフランス語の Liaison entre actions de développement de l'économie rurale の略語であり、「農村経済発展の行動連携」を意味する。農村地域に多様な所得獲得手段を創出し、人口流出を防ぐことを目的とする。ＬＥＡＤＥＲがそれまでのＥＵの農村地域振興と異なるのは、地域住民がプログラムの設計段階から参加する点、トップダウンではなくボトムアップの手法をとる点である。

ＬＥＡＤＥＲは、一九九二年以降、予算額、実施地区数、活動の中心となるＬＡＧ（Local Action Group）の数がいずれも増加している。二〇〇七～二〇一三年のＥＵの農村地域政策は、①農林業の競争力向上、②環境および土地の管理、③農村経済の多角化および農村での生活の質の向上と並び、四つの重点項目の一つに位置づけられた。これを、ＥＵでは「メインストリーム化」と称している。ＬＥＡＤＥＲとしては第四期に相当し、その予算は五五億ユーロ、農村地域振興予算の六％を占めるまでになった。

さて、ＥＵは二〇一四～二〇二〇年の第五期の農村地域政策実施に際し、ＬＥＡＤＥＲに関しては農村振興基金だけでなく、社会政策、インフラ整備関係の基金も組み合わせて柔軟な運用を行えるようにした。理由は二つあり、一つは

ＥＵの財政事情に関連している。二〇一三年七月にクロアチアを加え、ＥＵが加盟二八ヶ国に拡大したことにより、ＬＡＧの数は今後も増加し、支出増が避けられない。このままの仕組みではＬＥＡＤＥＲの財源は不足すると予想された。もう一つには、農村と都市の双方に関わる活動、そして国境をまたがるＬＡＧ間の共同活動（Cooperation）が活況を呈し、農村振興基金以外の基金も組み合わせて柔軟に使える方が有用であるという理由があった。

これまでＬＥＡＤＥＲに対して、次のような利点と欠点が指摘されてきた。Ebeling（2017）によると、利点としては、住民が自ら地域の問題点を発見し、その解決策を見出すことを促し、結果として地域の発展につながること、住民相互の協力を通じて学習の方法や内容が多彩かつ豊かになること、ＥＵなどの政策内容の理解が深まること、いわゆる科学技術だけでなく、「社会的、文化的な」技術革新も促進されること、高齢者、身障者などの社会的弱者も活動に参加し、自信を得ること、などが挙げられる。一方、欠点としては、とくにＬＥＡＤＥＲの「メインストリーム化」によってＬＡＧの活動内容を常に他の三つの重点項目のどれかと関連づけなければならなくなったため、自由度が狭まったこと、活動参加者の多くは観光や自然保護には関心を示すが、より深刻な人口減少や過疎化の問題には関心が薄いこと、他の財政措置よりも公金の誤用が多いこと、予算執行上の規定が複雑であること、若者が参加しない、公務員が過半を占めてしまう、ＬＡＧメンバーの時間的な負担が大きい、ＬＥＡＤＥＲの行政手法（ガバナンス）と従来の農村振興政策の行政手法（ガバメント）との調整が難しい、財政力がない自治体にとっては共同支出が負担である、などの点が指摘されている（Ebeling, 2017, pp.119-127）。

日本においても、ＬＥＡＤＥＲは住民参加型の農村活性化方策の一つとして関心を集めてきた。柏（二〇〇二）は、ＥＵの一九八八年の構造基金改革を起点とする一連の農村地域政策の流れの中にＬＥＡＤＥR事業を位置づけ、北部イングランドのＬＡＧが当初のトップダウン方式から住民による自己点検、ソーシャルキャピタルの形成がなされるようになった経緯を分析している。八木・福与（二〇〇七）は、アイルランドにおけるＬＥＡＤＥＲ＋事業の事例調査に基づき、ＬＡＧによる新規事業の計画段階から客観的事業評価までの過程を明らかにしている。

ドイツのＬＥＡＤＥＲについては、市田（二〇〇五）がＥＵや連邦の農村地域政策の中での位置づけ、北部のニーダーザクセン州のＬＥＡＤＥＲプログラムの実施状況およびＬＡＧの事例を分析している。さらに松田（二〇一〇）は、ＥＵの財政見直し（ヘルスチェック）を背景とするバイエルン州のＬＥＡＤＥＲの実施状況、リージョナルマネージャーなどについて詳述している。近年では飯田（二〇一四）が、リージョナルマネージャーとしての自らの経験に基づきヘッセン州のＬＥＡＤＥＲの実施状況について述べている。これらの既存研究からは、農村の住民が事業またはプログラムの計画段階から参加する点など、ＬＥＡＤＥＲの優れた面だけではなく、事務処理が煩雑である点などの問題も指摘されている。

本稿では、まず、ＥＵおよびドイツのＬＥＡＤＥＲプログラムを概観した上で、ドイツ北部のニーダーザクセン州に焦点をあて、ＬＥＡＤＥＲの実施状況、これまで指摘されてきた問題の解決方向、ＥＵによるＬＥＡＤＥＲの再編方向との関連などについて、日本の事例分析を念頭に置きながら述べていきたい。

本章における「地域内協働」とは、日本の事例分析における「協働型集落活動」、すなわち農村社会の維持を図るために集落内外の様々な主体が協力して行う活動との比較のために用いる言葉である。ただし、「地域」は複数の市町村の範囲であり、面積も人口規模も集落を大きく上回る。また、「様々な主体」としては主に住民と行政を、それに行政としてはＥＵ、国（連邦）、州、郡、市町村を、そして住民と行政をつなぐ役割を果たすリージョナルマネージャーを想定している。このような違いがあることをおことわりする。

なお、前半のＥＵおよびドイツ全体についての部分は、主に二〇一三年十一月時点の、後半のニーダーザクセン州についての部分は、二〇一七年四月から七月にかけての現地での聴取に基づいている[1]。

二　LEADERの対象地域と予算の拡大：「実験」から「主流」へ

欧州委員会がLEADER事業を初めて実施したのは一九九〇年代初頭のことである。一九九一～一九九三年の第一期（LEADERⅠ）、一九九四～一九九九年の第二期（LEADERⅡ）、二〇〇〇～二〇〇六年の第三期（LEADER＋）、二〇〇七～二〇一三年の第四期を経て、現在、第五期に入っている。

LEADERは当初、実験的に行われていたが、その実績や効果を踏まえ徐々に拡大し、現在では中東欧の新規加盟国を含め、二三〇〇以上もの地域（LAG）に対して行われている（表1および図1を参照）。LEADERⅠでは共同体（EC）の主導により二一七地域（LAG）が選定され、実施された。LEADERⅡではEU構造基金でいう経済的に遅れた地域、すなわち「目標一」、「目標五b」、「目標六」の地域でLAGが選考された。LEADER＋以降はそうした「目標」地域の限定もなくなっている。

一方、予算規模はLEADERⅠには四億ECU（四億五〇〇〇万ユーロ）だったのが、LEADERⅡでは一七億ユーロ、第三期では二一億ユーロ、さらに第四期では五五億ユーロと飛躍的に拡大している。とくに第四期、すなわち二〇〇七年以降は、農村振興政策に用いる独立した財源として欧州農業農村振興基金（EAFRD）を設け、その中から農林業の競争力向上（経営投資助成など）、環境および土地の管理（農業環境政策、条件不利地域補償金など）、農村経済の多角化および農村での生活の質の向上という三つの「軸」に加え、四つ目の軸としてLEADERを実施することとした。EAFRDの創設は、LAGの活動に関する審査や支払いの手続きを効率化、簡素化するためであった。

表1　LEADERの財源，予算規模，対象となるLAG数の変遷

プログラム	実施期間	財源	EU予算（ユーロ）	LAGの数（加盟国数）
LEADER Ⅰ	1991～1993	欧州農業保証指導基金（EAGGF）指導部門，欧州社会基金（ESF），欧州地域振興基金（ERDF）	4億5000万	217（12ヶ国）
LEADER Ⅱ	1994～1999	EAGGF指導部門，ESF，ERDF	17億	906（15ヶ国）
LEADER＋	2000～2006	EAGGF指導部門	21億	893（15ヶ国）＋250（2004年の新規加盟国）
LEADER 第4期	2007～2013	欧州農業農村振興基金（EAFRD）	55億（EAFRD総額の6％）	2,308（27ヶ国，ただし2006年加盟のブルガリア，ルーマニアでは選考が完了していない）
LEADER 第5期＝CLLD*	**2014～2020**	**EAFRD，ESF，ERDF，欧州海洋漁業基金（EMFF）**	**—**	**（28ヶ国）**

資料）EU Rural Review No.11, 2012　LEADER and Cooperation, p.7掲載の表，および2014年以降のEUの農村振興政策を紹介したEUホームページ‘LEADER INFOGRAPHIC’（http://enrd.ec.europa.eu/app_templates/enrd_assets/pdf/gateway/LEADER%20infographic_final_20140326.pdf, 2014年6月9日最終アクセス）を参考に，筆者が作成

注）＊：CLLD（Community-Led Local Development）

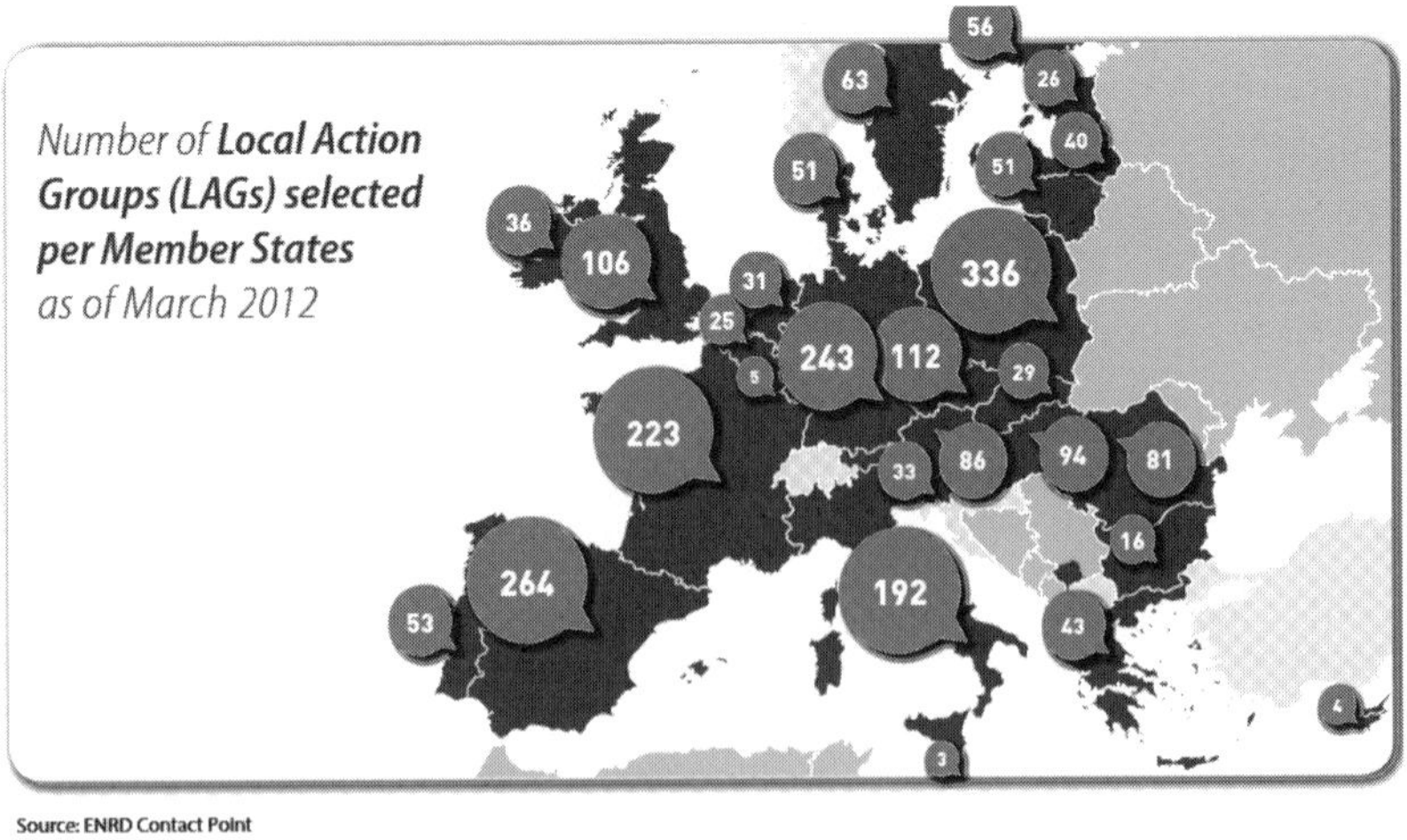

図1　国別にみたLAGの数（2012年3月時点）

資料）EU Rural Review No.11, 2012 LEADER and Cooperation, p.7

この第四期の七年間（二〇〇七～二〇一三年）において、EUからの五五億ユーロに加え、加盟国、地方の財政からも約三一億ユーロが投入され、これら公的資金の合計をLAGの数で割ると一LAG当たり約三八〇万ユーロの助成を受けていたことになる(2)。

三　「コミュニティ主導の地域振興戦略」（CLLD）としての再編

1　財源の複数化

過去二〇年余り、LEADERは農村地域の人材育成および地域資源活用のノウハウを積み重ね、雇用機会を創出し、生活の質やサービスを向上させてきた。地域産品の付加価値増大、ITの導入によって女性や若者の活用も進んだ(3)。大きな成果を挙げている事例では、複数のLAGが協力していることがしばしばある。たとえばスペインのバレンシア地方のLEADER＋では、八つのLAGが公的資金から四一〇〇万ユーロを投入して一〇一二人の雇用を生んだ。

このような複数のLAGや地域をまたがる活動をよりスムーズに行うため、欧州委員会は従来のLEADERを二〇一四年以降は「コミュニティ主導の地域振興戦略」（CLLD＝Community-Led Local Development）と呼び変え、再編成した。CLLDは、社会、環境、経済の新しい要請に応えるべく、地域住民が主体となって行う活動である。前提として、都市、農村を問わず、地域振興に関わるあらゆる計画や基金を統合し、対象となる地域の課題を集中的、効率的に解決していく。つまり、前掲表1に示すように、農村地域の住民、LAGであってもEAFRDだけでなく、ES

F、ERDFを用いて活動することができる。漁村地域ではEMFFも使える。これにより、たとえばERDFによって実施されるインフラ整備事業にLAGが関わることや、ESFの対象となる社会的弱者にLAGが手を差し伸べることも柔軟に行えるようになる。ただし、その分、LAGの側に現在以上の事務処理能力が要求されることになる。

EUの農業総局、地域総局などの担当部局は、CLLDにおいて、LAG発足時の前払い金（スタートアップ・キット）の充実やEU助成率の拡大を行い、LEADERで培われた地域の人材の能力をより向上させること（LEADERの深化）を狙っている。同時に、従来、農村に限られていたLEADERの活動の場を都市にも拡大させる。農村が都市から切り離され、都市への通勤、サービス享受に不便をきたさないよう、都市と農村の連携、協力を目指す（LEADERの拡大）。

2　計画の策定と実施

LEADER、CLLDに限らず、ある地域の振興のために、複数の基金（ERDF、ESF、結束基金、EAFRD、EMFF）を組み合わせることは、それぞれの基金が本来もっている特質に制約され、統一的な振興を妨げるおそれがあるが、それを防ぐためにEUでは地域振興に関する総合計画、共通目標を設定している。

図2に示すように、まずヨーロッパの近未来的な成長戦略である「ヨーロッパ二〇二〇」が設定され、ここでは、雇用、技術革新、教育、社会的包摂（社会的弱者の救済）、気候・エネルギーという五つの分野ごとに、EUが二〇二〇年までに達成すべき目標が掲げられている。

この「ヨーロッパ二〇二〇」に基づき、共通戦略枠組（CSF＝Common Strategic Framework）が策定される。このCSFの中では、地域振興に関わるすべての基金の目標、重点課題が全部で一一ほど示されている。(4)

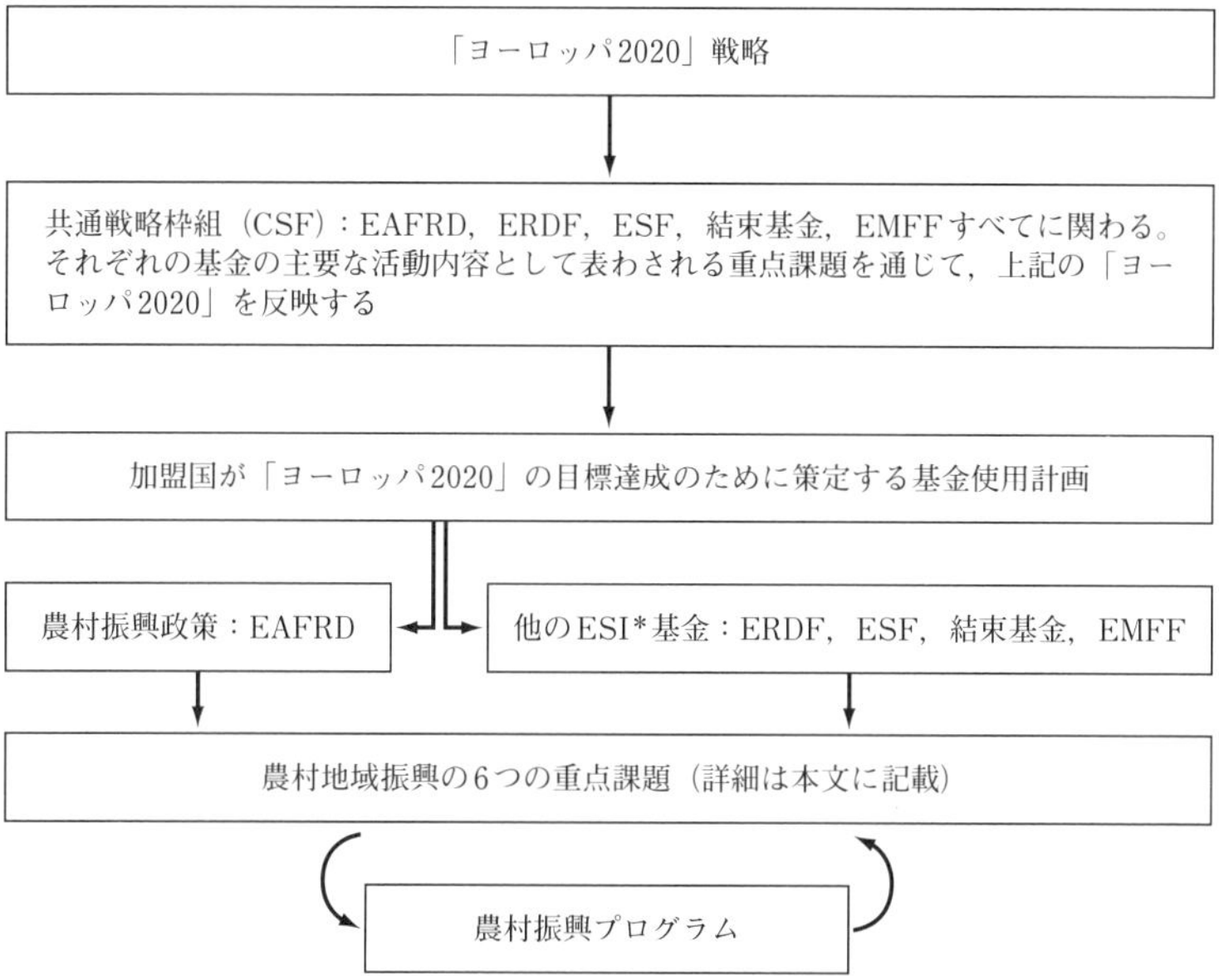

図2　農村振興政策の目標策定と実施のプロセス

資料）Rural Development Gateway 2014-2020: Policy Overview 2014-2020
http://enrd.ec.europa.eu/policy-in-action/cap-towards-2020/rdp-programming-2014-2020/policy-overview/en/policy-overview_en.cfm

注）＊：European Structural and Investment funds（欧州構造投資基金）の略

さらに、加盟国はそれぞれの国の事情に応じて具体的な目標、重点課題を設定する。

その上で農村振興政策が策定される。二〇一四〜二〇二〇年の農村振興政策では、「ヨーロッパ二〇二〇」およびCAP全体の目標に沿って、①農業の競争力の保持、②自然資源および気候変動の持続的な管理、③雇用創出・維持などによる農村経済・社会の均衡のとれた発展という三つの長期目標が掲げられた。より具体的には、①農林業・農村地域における知識移転・技術革新、②あらゆるタイプの農業・農場における競争力の向上、③農業におけるフードチェーン組織およびリスク管理の促進、④農林業に依存した生態系システムを復元、保存、向上させる、⑤農業、食料、林業部門において資源利用の効率性を高め、低炭素かつ気候変動に対応した経済への移行を支援すること、⑥農村地域における社会的包摂、貧困削減、経済発展の促進の六つの目標が挙げられている。

3　複数国間の共同活動

EUでは近年、国境や地域をまたがるLEADERの活動（Cooperation）が活発になっている。二〇一四年五月の調査報告書によると、回答のあった一九ヶ国に関する限り、複数国間の共同活動（TNC＝Trans National Cooperation）に主導グループとして関わっているLAGのプロジェクト数は延べ四七〇を数える[5]。国別にみると、フィンランド、ハンガリーがいずれも六八で最も多く、次にフランス（四八）、スロヴァキア（三七）、チェコ（三四）、ドイツ（三三）が上位を占める。LAGの総数では、フィンランドが五六、ハンガリーが九六と、ポーランド（三三六）、スペイン（二六四）などと比べて決して多くはないので、これらの国々が他国との共同活動に取り組みやすい、あるいは取り組まざるを得ない某かの条件を備えていると推測される。

複数国間のプロジェクト四七〇のうち、現在なお継続しているものは四五％である。活動の平均継続期間は二〇ヶ月であり、なかには数週間で解散したものもある。全期間を通じての予算の平均額は一六万一〇〇〇ユーロであり、比較的小規模とされる一〇万ユーロ以下のプロジェクトが五九％を占めている。

活動内容別ではツーリズムが一〇一、文化が九九と多く、これらの活動は加盟二七ヶ国全体を通じて多い。次いで、コミュニティの発展（六七）、教育（五三）への取り組みが上位を占める。国による特徴もあり、「食品製造促進」ではベルギー、ブルガリア、エストニア、イタリア、フランスが比較的多いのに対し、「環境」ではオーストリア、ベルギー、ドイツ、イギリスが比較的多い。

複数国間の共同活動の例として、ドイツのヘッセン州、フランス、イタリアによる「ユグノーの道」再建プロジェクトを紹介しよう。一六世紀半ばから終わりにかけて、ユグノー派（プロテスタント）の人々は当時の支配体制による迫害から逃れるために、フランスからスイスを経て、ドイツ中部の村まで歩き続け、ようやく安住の地を得た。南フランスのドロームからヘッセン州のカッセル付近まで通じる全長約一八〇〇キロメートルの道は、一九九八年から独仏両国の協力のもとに道標や記念館などとともに整備されてきたが、ＥＵ委員会の目に留まり、二〇〇七年からは複数国間のＬＡＧの共同活動として承認され、その活動費用の六割から七割の支援をＥＵから受けている。活動が進むにつれイタリア北部からのルートも加えた。学校の授業での利用、サイクリング、ハイキングなども盛んになっている。年に数回、ドイツ、フランス双方で定期的な会合やイベントが行われている。(6)「ユグノーの道」の範囲はイタリア、スイス、さらにドイツの中のバーデン・ヴュルテンベルク州にも及ぶが、活動の主体となっているＬＡＧはドイツ（ヘッセン州）とフランスの二ヶ国のみである。主導権を握っているのはヘッセン州のＬＡＧ、ブルクヴァルト・エーデルベルクラント社団法人である。ドイツでは二〇一五年以降、シリアなどから一〇〇万人以上もの難民を受け入れている。一九九〇年代に受け入れた旧ユーゴスラビア難民をはるかに上回る人数である。「ユグノーの道」再建は、「難民」や「移住」が現在なお新しい問題であることを認識する上で重要な活動である。

4　二〇一四年以降の変更の影響

以下ではチューネン研究所による報告書（Grajewski, 2011）と、同研究所の研究員に対して二〇一七年に行った聴取に基づき、ＬＥＡＤＥＲの二〇一四年以降の変更とその影響について述べる。

(1) 財源の複数化について

前述のように、二〇一四年以降、LEADERは、農村振興基金（独語略称：ELER、英語略称：EAFRD）に加え、社会基金（ESF）、地域振興基金（EFRE）、国境地域協力基金、さらに沿岸地域では欧州海洋漁業基金（EMFF）などの複数の基金を組み合わせて実施することが可能になった。

農村振興基金（EAFRD）に他の基金を組み合わせることの利点としては、①「人口減少による地域存続の危機」、「人材教育、就業」など、大きな課題の解決に向けて以前より的確に対応できるようになること、②都市と農村の連携が、複数国間の共同プロジェクトまたは共同LAG、共同発展戦略などの手段によって可能になること、③EAFRDと構造基金とが一つの地域に投入されることにより、より効率的に資金が調達できるような相乗効果を生むことが挙げられる。

ただし、EAFRDと構造基金の制度的な違いにより、両者をつなぐ接続部分（インターフェース）がまだ明確化されていない。EAFRDの場合、総予算の少なくとも五％をLEADERに充てるとされているのに対し、構造基金にはそうした制約がない。構造基金ではLAGが行う共同負担（マッチング・ファンド）も義務づけられていない[7]。

複数の基金を用いるのが適切かどうかは、LAGを選考するための選考委員会（事業内容が関連する役所職員から構成）が判断する。仮に複数の基金を用いることになった場合でも、LAGの運営費（公的なサービスを含む）をまかなう「主財源」を定める必要がある。

(2) EAFRDの助成率拡大について

EAFRDに関しては、EUの助成率、つまり共同財政負担率が従来の五〇％から八〇％に拡大することにより、国内の農村振興政策に様々な影響が及ぶと考えられる。

農村振興に対する連邦や州の財政支援はほとんど期待できないことから、市町村自治体は、市町村の「通常業務」のための財源としてLEADERに期待し、通常業務をLEADER事業として実施しようとする。その結果、LAGのメンバーが公務員で占められ、民間人が不足することが懸念される。

また、EAFRDの助成率（八〇％）が地域振興基金の助成率（旧西独では五〇％、旧東独では最大七五％）を上回ることから、LAGの運営費や市町村の事業をEAFRDでまかなおうとする。EAFRDは公共的な費用に対してのみ、地域振興基金は助成対象となりうる費用総額に対して支出されることから、現場では両者をうまく使い分けなければならない。

(3) 行政の簡素化について

LEADERに関する行政上の手続きの煩雑さは、従来、現場の実施者にとって大きな問題であった。EUは会計処理の際、実際の経費ではなく概算でも処理できるようにするなどの提案を行っているが、これについては「共通農業政策の財政・運営・監視に関する規則」（その後、EU規則一三〇六／二〇一三として定められる）がどう改訂されるかによる。

(4) LAGへの移管業務について

LAGの活動内容の許可や助成金の支払いの業務は、管轄する公的機関、ドイツの場合では州政府の農業関係の省庁が行っている。EUはこの一部をLAGに移管することを提案している。こうした業務の一部がLAGに任されれば、複雑、多面的、革新的、すなわち「標準的でない」プロジェクトを行う場合、助かるだろう。

以上が二〇一一年の報告書に基づく内容である。ただし現在までのところ、複数財源によるLEADER振興はほとんど行われていない。ドイツの中では唯一、旧東独のザクセン・アンハルト州で行われているのみである。このことについて、チューネン研究所の研究員によれば、「農村振興基金（ＥＡＦＲＤ）と他の構造基金（社会基金、地域振興基金）とでは行政手続きの方法が異なる。後者の担当者はＥＡＦＲＤのようにボトムアップの方式に慣れていない」とのことである。また、「ザクセン・アンハルト州のようにすべての構造基金を「一つの扉」（日本で言う「ワンストップ」）で処理できるような仕組みを作れば他の州でもできるだろう」とのことである。(8)

四　ドイツのＬＥＡＤＥＲプログラムの動向

１　ＬＥＡＤＥＲプログラムに対する財政措置

ドイツの場合、ＬＥＡＤＥＲプログラムに対する財政措置は、まずＥＵ共通農業政策の「第二の柱」、すなわち農村振興政策関係の予算によって行われる。その上で、州または市町村などの地方自治体が共同負担をし、残りをプログラムの実施者（事業主体）が支出するという形態をとっている。ＬＥＡＤＥＲは内容としては連邦全体の農村振興政策、すなわち「農業構造改善および沿岸保護」共同課題に含まれていることから、以下ではこの共同課題について簡単に説明する。

「農業構造改善および沿岸保護」共同課題（以下では「共同課題」と略記）は一九七三年、旧西独のエルトル大臣の時代に開始された。(9)その目的は、農業構造の改善、すなわち農業の生産性向上のため、土地、労働力、資本を適切に配分することによる構造変化の促進と、洪水や高波の被害を防ぐための沿岸整備である。「共同課題」の指針は連邦政府によって「枠組プラン」として策定される。各州は、この「枠組プラン」に沿って州で講じる政策の内容を決める。

「共同課題」の内容は、毎年、連邦政府と州政府の代表からなる計画委員会（略称PLANAK）により審査され、プログラムの追加、廃止、財政投入の優先順位などが決められる。「枠組プラン」は、審査の結果に従い、数年おきに改変されている。

「共同課題」の財政負担は連邦と州に加え、EUも行う。まず、連邦政府と州政府が六：四（沿岸保護については七：三）の割合で「共同課題」支出を負担し、のちにEUが全体の五〇～八〇％を負担（返却）する。EUの負担割合は当初は二四％であったが、一九九〇年の東西ドイツ統合、さらにEUの農村地域振興政策の変更（二〇〇五年の農村振興基金EAFRD創設）を経て、このような割合になった。EUの支出割合は現在なお、旧西独においてよりも旧東独において高い。

参考までに、二〇一三年の「共同課題」についてみると、連邦政府支出額は五億七四〇〇万ユーロ、州政府支出は三億六五〇〇万ユーロ、EU支出は九億一七〇〇万ユーロ、その他（市町村など）の支出が二億四〇〇〇万ユーロであった。

さて、LEADERであるが、内容的には連邦政府の農村振興政策、すなわち「共同課題」に含まれるものの、他の農村振興政策と異なり、連邦政府の財政措置が全くない。前述のように、EUが五〇～八〇％、残りは州または郡、市町村などの地方自治体および事業主体が負担する。このことは一九九〇年代初頭のLEADERⅠ（第一期）開始時に遡る。一九九二年、連邦政府は一四のLAGを選定し、LEADERを開始したものの、「共同課題」をはじめとする予算に余裕がなかったため、連邦政府としての財政措置を行わなかったのである。

ただしその後、EUのLEADER予算が増大したため、ドイツのLEADERに対する財政措置もLEADERⅠでは四七〇〇万マルク（約二三五〇万ユーロ）だったのが、LEADER＋では二億六三〇〇万ユーロと、およそ一〇

表2　EUの農村地域振興プログラム（2014～2020年）のドイツ13州への割り当て予定額

（単位：100万ユーロ（丸めの値））

	州名＼項目	EU予算〈A〉	連邦・州の共同支出	追加支出〈連邦・州[1]〉	直接支払の移管[2]	合計〈B〉	〈A〉／〈B〉（%）
旧西独州	バーデン・ヴュルテンベルク	618	639	516	92	1,865	33.1
	バイエルン	1,292	1,134	965	224	3,615	35.7
	ヘッセン	268	178	139	51	635	42.2
	ニーダーザクセンおよびブレーメン	939	527	1,153	181	2,800	33.5
	ノルトライン・ウェストファーレン	512	557	4	106	1,178	43.5
	ラインラント・プファルツ	259	221	141	41	662	39.1
	ザールラント	29	25	0	5	58	50.0
	シュレスヴィヒ・ホルシュタイン	348	193	248	71	861	40.4
旧東独州	ブランデンブルクおよびベルリン	966	306	0	85	1,356	71.2
	メクレンブルク・フォアポメルン	847	261	0	90	1,198	70.7
	ザクセン	817	260	0	62	1,139	71.7
	ザクセン・アンハルト	778	239	199	82	1,298	59.9
	チューリンゲン	626	199	21	54	899	69.6
合　計		8,298	4,738	3,386	1,143	17,565	47.2

資料）Agrarpolitischer Bericht der Bundesregierung 2015, p.43
注1）EUの農村地域振興プログラムの枠内にある追加的国内予算を示す
注2）2016～2020年の直接支払移管

倍にも増加した。その後は、州などの共同負担額を含むので、単純に比較はできないものの、LEADER第四期では一○億七六○○万ユーロ、二○一四～二○二○年の第五期（CLLD）では二五億ユーロと、着実に増えていることがうかがえる。予算額とともにLAGの数も増え、LEADER＋の終盤にあたる二○○五年六月時点では一四八であったのが、第五期の開始時には三二一を数えている。[10]

現在、EUはドイツに対し、二○一四～二○二○年の総額で八三億ユーロの農村振興政策の予算を割り当て、さらにこの八三億ユーロが表2に示すような一三州に割り当てられている。EUの予算投入が旧西独の州に比べ旧東独の州に手厚く行われているのがわかる。

EUがドイツの農村振興政策予算とし

表3　農村振興予算（EU，連邦，州）とLEADER2014（CLLD）の割合

州名		農村振興予算（100万ユーロ）	うちLEADER 2014（100万ユーロ）	割合（%）
旧西独州	バーデン・ヴュルテンベルク	1,824	84	4.61
	バイエルン	3,558	585	16.4
	ヘッセン	647	119	18.4
	ニーダーザクセンおよびブレーメン	2,299	129	5.62
	ノルトライン・ウェストファーレン	1,183	80	6.8
	ラインラント・プファルツ	662	71	10.73
	ザールラント	58	8	13.79
	シュレスヴィヒ・ホルシュタイン	871	79	9.07
旧東独州	ブランデンブルクおよびベルリン	1,346	349	25.93
	メクレンブルク・フォアポメルン	1,198	245	20.5
	ザクセン	1,139	455	39.95
	ザクセン・アンハルト	1,192	258	21.64
	チューリンゲン	899	50	5.56
合　計		16,876	2,512	14.9
（うち旧東独州のみ）		(5,774)	(1,357)	(23.5)

資料）RDP Summaries, The European Network for Rural Development (ENRD)
http://enrd.ec.europa.eu/policy-in-action/rural-development-policy-figures/rdp-summaries_en

て割り当てた八三億ユーロのうちLEADERに用いられる予定の額は定かではない。だが、ドイツの連邦、州、市町村などの共同負担と合わせた額をみると、表3に示す通り約二五億ユーロであり、これは農村振興政策全体の一五％に相当する。州別の傾向をみると、農村振興予算全体に占める旧東独州の割合は三分の一程度であるが、LEADER予算はむしろ旧東独州に多く割り当てられ、また、各州の農村振興予算に占めるLEADER予算の割合が高い。とくに、ザクセン州では四〇％、ブランデンブルク州およびベルリンでは二五％もがLEADERに充てられている。

一方、旧西独州では金額ではバイエルン州、割合ではヘッセン州が最大であるが、総じてLEADERのウェイトは低い。後述するニーダーザクセン州の場合、LEADER予算は一億三〇〇〇万ユーロ、農村振興政策予算に占める割合は六％弱に過ぎないが、このことは必ずしもLEADERが政策的に重視されなくなったということではない。LAGの数は増え、活動内容も充実した

ものになっている。むしろ成熟期に入っているとみるべきであろう。

2 ニーダーザクセン州におけるLEADERプログラムの実施状況

次に、ドイツ北部のニーダーザクセン州に焦点をあてて、LEADERプログラムの実施状況を詳しくみていくことにする。

まず、同州の概要を把握する。[11] ニーダーザクセン州は旧西独の北部に位置し、人口は約七八〇万人、総面積は四万七六一四平方キロメートル、人口密度は一六八人／平方キロメートルである。州の南端に位置するハルツ山地を除く大部分が平坦な低地であり、農地面積は二万三九〇九平方キロメートル、すなわち総面積の半分以上を占め、うち七割は畑地である。同州の農業の特徴は畑作、酪農のほか、集約的な養鶏・養豚が盛んに営まれていることである。これには古くから北海に面して大小の運河が開かれ、水運が発達していたことが関係している。とくに集約型畜産はブロイラー羽数ではドイツ全体の三分の二、採卵鶏羽数では四割、養豚頭数では三割を占め、圧倒的に優位にあるが、近年、地下水汚染や動物福祉の面で問題視されている。

二〇一三年時点で農業経営数は三万九五〇〇を数える。一経営当たりの平均規模はドイツ全体の平均五八・六ヘクタールを大きく上回る八五・六ヘクタールであり、これは旧西独州の中では最大である。

同州の農村地域振興政策は隣接するブレーメン州と合同で行われている。これはブレーメン州が都市州であり、農業のウェイトが低いことによる。ブレーメン州は図3に示すように内陸のブレーメン市と北海に面したブレーマーハーフェン市からなり、その両者を合わせた人口は約六七万人である。ニーダーザクセン州およびブレーメン州の農村地域振興政策は、二〇一三年まではEUの定める四つの重点項目に沿って実施され、PROFILという政策パッ

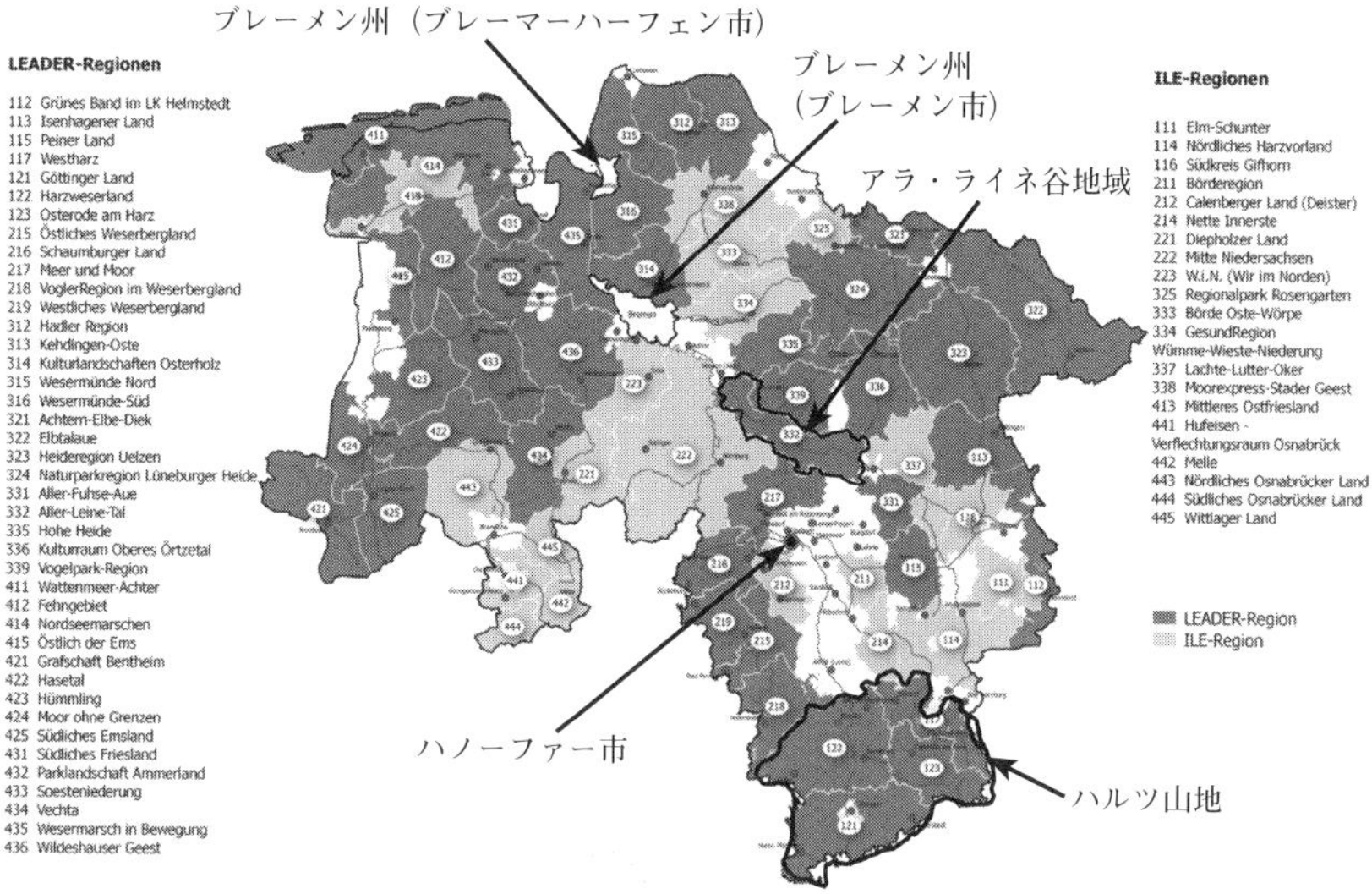

図3　ニーダーザクセン州におけるLEADERおよびILEの実施地域（2014～2020年）

資料）ML Niedersachsen, Karte LEADER- und ILE Regionen der Förderperiode 2014-2020.

ケージに束ねられていた。ＰＲＯＦＩＬはProgramm zur Förderung im ländlichen Raum Niedersachsen und Bremen（農村地域促進のためのプログラム）の略称であり、個々の政策をそれぞれ行うのではなく一つの政策パッケージとして行うことにより農村地域振興政策の重要性を訴えることを狙っている。二〇一四年以降はＥＵの農村振興政策に倣って六つの重点項目に沿って政策を束ね、その政策パッケージの名をＰＦＥＩＬ（Programm zur Förderung der Entwicklung im ländlichen Raum Niedersachsen und Bremen：農村地域振興のためのプログラム）に変えた。

それぞれについて項目ごとの予算額と割合を見ると、表４に示すようにＰＲＯＦＩＬ、ＰＦＥＩＬのいずれも連邦平均に比べると「農林業の競争力向上」に重点を置いていることがわかる。これは、前述のように同州の農業が大規模経営や集約型畜産を中心にしていることによると考えられる。一方、「環境および土地の管理」はＥＵが定めた最低割合や連邦平均を下回っている。「農村

表4　ニーダーザクセン州およびブレーメン州における農村振興政策の項目別予算執行額と割合

政策の項目	PROFIL (2007～2013)			PFEIL (2014～2020)		参考
	予算執行額 (100万ユーロ)	割合 (%)	EUが定めた最低割合	予算額 (100万ユーロ)	割合 (%)	連邦平均 (%)
農林業の競争力向上	1092	61	10	945	41	23
環境および土地の管理	284	16	25	750	33	47
農村経済の多角化および農村での生活の質の向上	342	19	10	447	19	16
LEADER	58	3	7	129	6	12
情報処理・広報関係	6	0	1	28	1	2
合　計	1782	100		2299	100	100

資料）PROFILについてはNiedersächsisches Ministerium für Ernährung, Landwirtschaft und Verbraucherschutz (2013, p.22)，PFEILについてはRDP Summaries（表3に同じ），参考部分はEbeling（2017, p.99）から，それぞれ引用した

注）PFEILのうち下記の項目は便宜上，以下のように分類した
農林業の競争力向上：農林業の技術普及，食品産業・動物福祉・リスク管理
環境および土地の管理：農林地の生態系の復元・保全・向上，農林業における低炭素・気候変動対応経済への移行支援
農村経済の多角化および農村での生活の質の向上：農村における社会的包摂，貧困削減，経済発展

経済の多角化および農村での生活の質の向上」はEUの割合や連邦平均をやや上回っているものの、LEADERに関しては半分程度である。

次にLEADERプログラムの実施状況を見てみると、二〇一七年四月現在、ニーダーザクセン州でのみ四一の地域（LAG）が活動しており、LEADER＋（第三期）での一九、LEADER第四期での三二に続き、着実に増えていることがわかる。このことは農村振興政策PFEIL予算および、その一部であるLEADER予算の伸びと関連している。

ニーダーザクセン州およびブレーメン州の二〇一四〜二〇二〇年（第五期）の農村振興政策、すなわちPFEILの予算案は二〇一五年五月にEUから承認された。両州の農業政策はニーダーザクセン食料・農業・消費者保護省が担当しているが、同省大臣のマイヤー氏（緑の党）は、「EU農村振興基金が連邦全体に対しては前期予算に比べ九％減の額を配分したのに対し、ニーダーザクセン州には逆に一五％割

増に相当する一〇億一二〇〇万ユーロを配分した」と発表した。(12) この一〇億一二〇〇万ユーロは前頁の表4に示したPFEIL総予算約二三億ユーロの半分近くに相当する。

このうちLEADERに対するEUの配分額は六六五〇万ユーロであり、前期に比べ約一〇〇〇万ユーロもの増額を達成した。(13) 州政府は、LEADERの四一地区に加え、類似の農村振興策であるILE（Integrierte ländliche Entwicklung）の二〇地域、合計で六一地域がそれぞれに住民参加による独自の振興計画に沿って行動していることを高く評価し、マイヤー大臣は「州全体をほぼカバーしている」ことを強調した。なお、LEADERの場合、リージョナルマネージャーの人件費を含むLAG組織に関する経費に加え、プロジェクト経費に対してもEUの助成が受けられるのに対し、ILEの場合はLAG組織に関する経費にのみ助成が受けられる。

大規模かつ集約的な農業を主体とするニーダーザクセン州が、農村振興や地域住民の活動に力を入れるのはなぜなのか。それは南部のハルツ山地、とくに旧東独との境界部のように、人口が急速に高齢化し、学校、交通、病院などの公共サービス（Daseinvorsorge）が存続の危機に陥っている地域をかかえているからである。若者、とくに女性の流出はさらなる人口減少をもたらし、悪循環に陥る。そのため、同州はLEADERの中心目標を「農村における生活基盤と生活の質の確保による人口変動への対処」に定めた。また、ハルツ山地のLAGに対する助成も引き続き行っている。

さて、LAGメンバーをはじめとする地域住民は二〇一四年六月から申請の準備を開始し、LEADER、ILEを合わせて六四地区が応募した。このうち二四地域がLEADERのみに、一六地域がLEADERとILEの両方に、一四地域がILEのみに応募し、選考の結果、LEADERには四一地区が、ILEには二〇地区が採択された。図3に示すようにLEADERとILEの重複を避けるように地域が選定されている。

LAG選考に際しては、まず地域振興プラン（REK）が審査される。REKには当該地域の強みおよび弱みの分析、今後の発展のための戦略、具体的な実行内容、地域住民の振興過程への関与が含まれ、それらが相互に明確な関連性をもつことが重視された。そして、原則として、自然、社会、経済の面で同質性をもつ地域であること、四万～一五万人の人口を擁することが条件とされた(14)。

3　LAGによるプロジェクト実施

ニーダーザクセン州は個々のLAGに対して、たとえばヘッセン州やバイエルン州とは異なり州政府による財政的な支援は全く行っていない。州財政に余裕がないことがその理由とされている。

そのため、基本的に、総事業費の五〇％はEUが負担し、残りの五〇％の四分の一（すなわち全体の一二・五％）は市町村または郡などの自治体、そして三七・五％はLAGを含む事業主体が負担する。LAGは複数のプロジェクトを計画・申請し、その承認を受けてから予算を執行する。そのためプロジェクトの実施主体が公共的な団体（学校、教会、宝くじなどの公益的な団体）か、民間団体かによって助成率が異なる。たとえば、州北部のホーエンハイデ地域では、公共的な団体の場合はEUおよび自治体の助成率が四五％、民間団体の場合は五五％である。だが、若い家族にとっての魅力に貢献するプロジェクトの場合は、「ボーナス」として五～一〇％の追加支援がなされたため、結果的にはEUおよび自治体の助成率は双方とも八〇％に達した。

4　アラ・ライネ谷LAGの事例

一例として、ニーダーザクセン州の中央に位置するアラ・ライネ谷地域のLAGを紹介する。同LAGはすでに拙稿（二〇〇五）で取り上げているため、ここでは主に二〇〇七年以降の動向、とくに活動内容や財政措置の変化について述べることにする。

(1)　地域の概要

アラ・ライネ谷LAGの地理的な範囲は、東南から西北に流れるアラ川沿いに並ぶ八町村（市町村小連合（Samtgemeinde）を含む）と、三つの郡から構成される地域（Region）である。全体的に河川流域の平坦な地形を特徴とする。

地域全体の面積は七七四平方キロメートル、人口六万九六九三人、人口密度は九〇人／平方キロメートルである。(15)人口の年齢別割合をみると、一五歳未満が一四％と州平均よりやや高いのに対し、六五歳以上が二一％であり、これは州平均とほぼ同じである。土地利用の割合は農業四八％、森林三八％、宅地・交通機関用地一〇％、その他四％である。前掲図3に示したように、アラ・ライネ谷地域は南にハノーファー市、北にブレーメン市という人口五〇万人以上の都市が控え、それらの都市の通勤圏内にある。ニーダーザクセン州の農村部の中では比較的、人口が維持されている方ではある。地域内の公共交通機関としてはバスがあるが、いずれも本数が少ない。その他にはハノーファー方面との間をつなぐ鉄道の駅が数ヶ所あるのみである。医療関係では、総合診療を行う家庭医は足りているものの、小児科や婦人科などの専門医、また高齢者などのリハビリのための理学療法士は不足している。食料品や日用品の買い物の場所も限られ、とくに車を運転しない高齢者には不便をきたしている。空き家、空き店舗、廃校が増加しており、これらの一部はLAGの活動により食料品店兼集会所、スポーツジムなどに改築され、再利用されている。

地域全体の中心部はアラ川とライネ川の合流点に位置するシュヴァムシュテット町であり、同町は一九七四年に市町村小連合として再編された。人口は二〇一三年末の時点で一万二二七七人であり、地域内では二番目に多い。慣例としてLAGの代表は同町の町長が務め、事務所も同町役場内にある。

(2) LAGの組織

アラ・ライネ谷LAGは、まずLEADERⅡ(一九九四~一九九九年)に際してニーダーザクセン州のモデルに指定され、その後、LEADER+(二〇〇〇~二〇〇六年)、LEADER第四期(二〇〇七~二〇一三年)と連続して採択され、活動を続けてきた。LEADERⅡには中心部の三町村(シュヴァムシュテット、アードレン、レッテム)のみが参加し、LEADER+からは範囲を広げて現在の八町村が参加している。同LAGはその経験と実績に基づき、二〇一四~二〇二〇年の第五期も採択され、評価や知名度はますます高まっている。とくに二〇〇六年以降は「エネルギー一〇〇%自給の地域」をスローガンに、風力、太陽光、バイオガスなどの再生可能エネルギーの利用拡大に注力していることから、二〇一四年には米紙ニューヨークタイムズの動画配信サイトに取り上げられた。

アラ・ライネ谷LAGは、民間人(Wirtschafts- und Sozialpartner)三六名、八市町村それぞれの首長八名、そして州の下部機関であるリューネブルク地域振興事務所から一名、地域の西端の小都市フェルデンから二名、東端の小都市ツェレから一名、さらに地域内の三つの郡(フェルデン、ハイデクライス、ツェレ)から一名ずつ、合計五一名から構成されている[16]。民間人三六名はそれぞれ一一の分野(エネルギー、居住、自然・景観保護、農林業、商工業、経済・労働、観光、教育、社会的弱者の包摂、世代・若者問題、芸術・文化)のどれかに属し、各分野は複数名のメンバーから成る。メンバー就任はすべて自らの意思によるものであり、その任期も自由である。ただし代表はメンバーの中から選ばれる。

現在(二〇一七年)のLAGのメンバーの約半数は、LEADER第四期から変わっていない。当初、懸念されたような公務員が過半を占めるような事態にはなっていない。五〇代以上が大半を占め、三〇代以下はごくわずかである。女性は一四名、三分の一弱である。LAGの中心メンバーが中年の男性であるのに対し、リージョナルマネージャーが若い女性であるケースはドイツに限らず他のEU諸国でも珍しくない。コミュニケーションの際にジェンダーバイアスがかかるおそれが指摘されている[17]。アラ・ライネ谷LAGに限っては、そのような問題は生じていないとのことである。

この五一名のメンバーの中から一二名の運営委員が指名され、その内訳は三つの郡それぞれから首長各一名、三郡全体の代表一名、民間人七名、州事務所職員一名（ただし助言者としての立場）である。運営委員の役割は、期間全体を通じての地域振興プラン（REK）をできる限り効率的、効果的に実行に移すこと、具体的にはLAG総会を円滑に進めることである。そのため、運営委員会は通常、総会の前に開催され、そこでは総会で審議される議案の準備が行われる。内容の詳細な説明のためにプロジェクトの関係者が出席することも可能である。

LAGの総会は四半期に一回を目安に、少なくとも年二回は開催される。総会は公開であり、日時や場所は事前に地元紙にも掲載される。そこでは、LAGの計画策定、応募の準備、採択後の具体的な計画策定、プロジェクトの提案に基づく採否など、LAGの基本的な運営に関わる事項が審議される。会議の設定や議事進行は後述のリージョナルマネージャーが行う。

プロジェクトの採否に関して議決を行う場合、議決権をもつのは民間人一一名（各分野の代表一名）と首長八名のみであり、かつそのうちの半数以上が民間人である必要がある。州事務所や郡の職員などは助言者の立場であり、議決権はもたない。また、当該プロジェクトの利害関係者はその都度、議決から除外される。議案の決定は三分の二以上の賛同をもって行う。たとえば、二〇一七年三月の会議では、新たなプロジェクトとして電気自動車のカーシェアリングが提案され、EUのLEADER助成金から一〇万八〇〇〇ユーロを支出することの是非が問われ、採決を行うことになった。その際、出席者一七名のうち一名は利害関係者のため議決から除外され、残る一六名のうち一三名が賛成、三

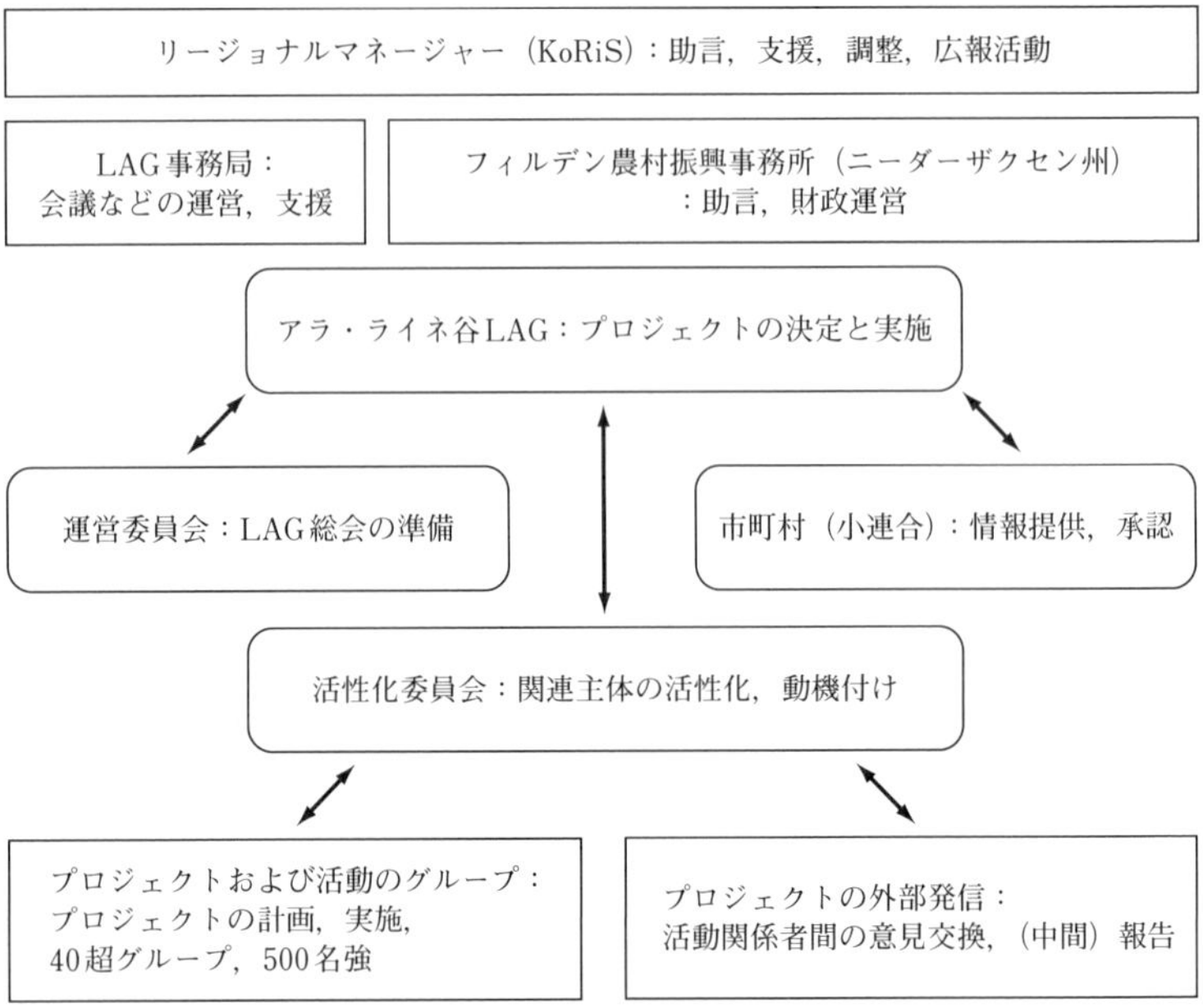

図4　アラ・ライネ谷LAGを中心とする地域内協働の体制（2010年時点）

資料）Wir Leben Energie（2010年ヨーロッパ村落刷新賞応募資料），KoRiSより入手，17頁

名が反対であったため、この提案は承認された[18]。

　ＬＡＧのメンバーを専門的な見地から支えるのは、ハノーファーのコンサルタント会社ＫｏＲｉＳに所属するリージョナルマネージャーである。現在は二名が担当し、いずれも三〇代前後の女性である。うち一名は、大学で地理学を専攻し、卒業研究でアラ・ライネ谷ＬＡＧによる多世代交流の場の活動を調べた。その後、大学院修士課程で地域マネージメントおよび経済振興を学び、修了後、二〇一四年からＫｏＲｉＳに勤務し、二〇一五年からリージョナルマネージャーとして同地に関わっている。もう一名は、大学で都市計画、景観計画を学び、卒業後、二〇〇〇年からＫｏＲｉＳに勤務している。以来、ＬＥＡＤＥＲを含め、ニーダーザクセン州の農村振興政策に関わる現場での計画策定、政策評価など数多くの案件に関わっている。

ＬＡＧおよび住民によるワーキンググループ、行政（市町村）、リージョナルマネージャーの関係を図４に示した。二〇〇四年の時点での組織図と比べ若干は変化しているものの、ＬＡＧを最終的な意思決定の場としつつ、それ以外の様々な主体が相互に関わりながら活動が計画、運営されている点は基本的には同じである。一点、付け加えるとすれば、二〇〇四年の時点の組織図にはなかった「活性化委員会」とは、プロジェクト関係者にプロジェクトの趣旨を周知、理解させ、参加意識を高めるために開催するものである。たとえば気候変動などのテーマに関して外部から専門家を呼んで講演をしてもらうこともある。

(3)　ＬＡＧの活動内容（プロジェクト）

アラ・ライネ谷ＬＡＧの活動内容は現在、再生可能エネルギーの利用拡大を中心に、①活動およびその成果を示す「場所」の設置、②人材育成、④ツーリズム、⑤地球温暖化防止の四つの分野に分かれ、いずれもＬＡＧのメンバーに加え、住民の有志による作業グループが取り組んでいる。詳細については表5を参照されたい。

同ＬＡＧは、ＬＥＡＤＥＲ＋（二〇〇〇〜二〇〇六年）の段階で幼稚園での太陽光パネル設置（通称「屋根の上の太陽」）、木材チップの暖房利用（小学校）、木質バイオマスの暖房利用、地熱の暖房利用（役場建物）などのプロジェクトを手掛け、成功を収めてきた。二〇〇五年にはホイスリンゲン村、二〇〇七年にはベーム村（いずれもレッテム市町村小連合の一部）が、太陽光エネルギー利用の全国コンクールである「ソーラー・ブンデスリーガ」に参加し、ニーダーザクセン州の第一位に輝いた。

アラ・ライネ谷ＬＡＧは二〇一四年からの第五期の申請に際して、地域振興プランの全体テーマを「アラ・ライネ谷ここにエネルギーが流れる」とした。アラ・ライネ谷地域の再生可能エネルギーは、太陽光、風力、水力、主に畜産廃

表5　アラ・ライネ谷LAGの活動内容と財政措置の変遷

	LEADER＋	LEADER 第4期	LEADER 第5期
期間（年）	2000 ～ 2006	2007 ～ 2013	2014 ～ 2020
活動内容	**地域アイデンティティの確立**：役場の旧庁舎を多世代交流の場として利用，古城の復元，古民家の改修など	**家族問題，人口減少回避**：廃校の改修と利用（多世代交流の場），食料品店兼自転車利用者のためのカフェ設置など	**エネルギーによる「人材」**：カリウム鉱山博物館の建設，ドイツ石油博物館におけるランドマークタワー（70m）の設置など
	持続的発展：太陽光パネル設置（「屋根の上の太陽」），木材チップの暖房利用，木質バイオマスの暖房利用，地熱の暖房利用など	**地域内エネルギー供給**：地熱の暖房利用のための研究，「エネルギー100%自給の地域」に関する研究，地熱の潜在的供給力に関する地図の作成など	**エネルギーによる「場所」**：役場庁舎地下室の再利用検討，電気自動車シェアリングの検討（地域内，広域）など
	就業機会の創出：主に若い失業者対象のIT技術の講習，LEADER＋のホームページ作成など	**教育・人材育成**：「狼と犬」に関する展示会開催，木骨造（伝統的家屋）改修に際しての職人技術の伝承，カリウム鉱山の歴史発掘	
	ツーリズム：アラ川沿いサイクリングロード整備，乗馬コース整備，広報誌「アラ・ライネ谷の現在」の発行など	**ツーリズム**：歴史的石油採掘現場の観光客用整備，アラ川沿いのサイクリングロード（エネルギーの道）の整備，観光案内所設置など	**エネルギーによる「ツーリズム」**：サイクリングロード（エネルギーの道）の整備の追加，エネルギー関連ガイドの投入など
	アラ・ライネ谷の文化的景観の維持と形成：自然保護地区の案内書の作成，アラ川土手の改修，古い樹木の保護，古い小運河の改修と再利用など	**文化的景観**：観光客用情報案内所の設置，伝統的水車の改修，古い通学路の観光用改修など	**エネルギーによる「地球温暖化防止」**：太陽光，風力による温水供給，「みんなの省エネルギーと再生可能エネルギー」の情報提供とキャンペーンなど
プロジェクト数	82	52	14（未確定）
財政措置	50%はEUのLEADER助成，45%は自治体などの公的資金，残りの5%はLAGが負担	50%はEUのLEADER助成，45%は自治体などの公的資金，残りの5%はLAGが負担	65%はEUのLEADER助成（さらに15%の「ボーナス」可能），16.25%は州または市町村が負担，18.75%はLAGの自己負担
金額(100万ユーロ)	1.7（総額）	2.1（EUのみ）	2.4（EUのみ）

資料）KoRiS（2015），アラ・ライネ谷LAGホームページ（http://www.allerleinetal.de/），およびリージョナルマネージャーからの聴取より筆者作成

棄物によるバイオガス、木質バイオマス、地熱など、多岐にわたり、二〇一一年の時点では総消費電力の八〇%、総暖房熱量の一〇%を供給している。試算によると、潜在的な供給量は電力では現在の二・五倍、すなわち総消費量の一・五倍強あり、とくに太陽光とバイオガスが大幅に増えることが期待されている。暖房熱量の潜在的な供給量は、現在の三・五倍であり、主にバイオガス、木質バイオマスの増大が期待されている。[19] このような経緯から、第五期の活動はすべて再生可能エネルギーに結びつけられたものとなり、個々のプロジェクトは前述のように場所、人材、ツーリズム、地球温暖化防止の四つの分野にまとめられた（前掲表5を参照）。リージョナルマネージャーによると、第五期での採択のためには、蓄積のある「再生可能エネルギー」を中心に据えることが「戦略的に有利である」と判断したからであった。

表6　アラ・ライネ谷LAGのLEADER助成金執行状況

（2017年3月）（単位：ユーロ）

2015～2017年の予算確保分（トランシェ）　A	787,299.00
州政府に承認されたプロジェクト　B	200,819.69
LAGで合意決定したプロジェクト　C	289,125.75
A－（B＋C）＝D	297,353.56
検討中のプロジェクト　E	180,947.75
使途未定　D－E	116,405.81

資料）アラ・ライネ谷LAG総会（2017年3月16日）の議事録より筆者作成

第五期の特筆すべきプロジェクトとしては「電気自動車シェアリングの検討」がある。前述のように、同地ではバスや鉄道の便が頻繁でなく、かといって自家用のガソリン車を現在以上に増やすことは地球温暖化を悪化させることから、発案された。一方で、多世代交流の場、食料品店の設置、サイクリングロードの整備などは引き続き取り組まれている。いずれも、これまでモデル的にごく少数の町村で行われていたものを広範囲に波及させようとしていることがうかがえる。

(4)　財政措置

ＬＥＡＤＥＲ第五期に採択された各ＬＡＧには、ニーダーザクセン州の場合、二〇一四～二〇二〇年の七年間を通じてＥＵから二四〇万ユーロの財政支援がなされる。アラ・ライネ谷LAGでは、この二四〇万ユーロのうち、二〇一五～二〇一七年の三年間でプロジェクト予算として執行可能な金額は表6に示すように七八万七三〇〇ユーロである。このうちの二〇万ユーロは州政府によって承認済みのプロジェクト、二九万ユーロはLAGの合意がなされているプロジェクト、一八万ユーロは検討中のプロジェクトのためにそれぞれ執行予定であるので、使途が未定な額は一一万六四〇〇ユーロということになる。

総経費に対するEUの助成割合の上限は通常、六五％であり、全地域または他地域と関連して広範囲に実施されるプロジェクトの場合は一五％の「ボーナス」が付加され、八〇％までとされる。一つのプロジェクト当たりの総経費は原則として一〇万ユーロまでであるが、例外もあり、現に「電気自動車シェアリング」にはそれを若干上回る支出が予定されている。残りは自治体などによる公的負担と、LAGの自己資金でまかなう。たとえば、あるプロジェクトの経費が一〇万ユーロと見込まれる場合、うち六万五〇〇〇ユーロはEUの助成、自治体・教会などによる公的資金はその四分の一、すなわち、一万六二五〇ユーロとなる。残りの一万八七五〇ユーロがLAGが自己資金で負担する額である。あるいは、公的資金が一万ユーロのみの場合、EUからはその四倍の四万ユーロが見込めるので、自己資金五万ユーロと合わせて一〇万ユーロのプロジェクトを企画することができる。

LEADERの「メインストリーム化」により、二〇〇七年から、すなわち第四期から、EUのLEADER助成はプロジェクトの企画、討議、計画書作成、広報など、いわゆる「ソフト」に加え、建物の改築、修繕などの「ハード」にも用いられるが、これは旧来の農村振興政策である村落刷新プログラムと内容的に密接に結びついている必要がある。このような方法は第五期でもとられている。EUの助成額や助成割合が増えたとはいえ、「ハード」部分まで支出するには不十分である。たとえば、既存の建物を「高齢者の共同住宅」に改築して再利用するためには、まず、ニーダーザクセン州が管轄する「高齢者の居住と介護」プログラムを想定し、その上でLEADER助成による活動を計画する。また、前述の「電気自動車シェアリング」には連邦交通・デジタル社会資本省の予算を用いている。

このように、とくに「メインストリーム化」以降、LAGおよびリージョナルマネージャーは、連邦や州の様々な予算を組み合わせて活動を計画、実施することに習熟している。そのこともあり、EUのLEADERのCLLDへの再編、とくに複数のEU基金の利用は必要性がなく、かえって事務作業が煩雑になることから未着手である。

(5) 地域内協働の実態

アラ・ライネ谷LAGとそのほかの主体はどのように協力し合っているのであろうか。ここでは地域全体で取り組んでいる再生可能エネルギーに関わる活動と、一つの村で取り組んでいる「村の店」のプロジェクトを取り上げ、それぞれの「地域内協働」の実態を紹介する。

再生可能エネルギーに関わる活動は、LEADER第二期の一九九六年に端を発する。[20] 現在、この活動の中心的グループは住民および行政関係者、市民風力発電団体、全部で五〇名以上から構成される。当初より活動の目的はエネルギーの地域内自給、そのための省エネルギーと再生可能エネルギーの利用拡大であった。

最も古いのは農業由来有機資源（バイオマス）の利用のためのプロジェクト（一九九七〜一九九八年）である。このプロジェクトには当初、地元のガス会社、三名の農業者、LAG事務局を務めるアラ・ライネ谷目的組合しか参加していなかったが、地元紙に関連する記事が掲載されるやいなや、地域内のすべての専業農家が参加するようになった。畜産の糞尿を活用したバイオガスプラントを建設する一方で、酪農家が牛乳冷却用の電力を節減するなど、省エネルギーの活動も並行して行うようになった。

さらに二〇〇一年の市民風力発電所設置、二〇〇一年から二〇〇六年にかけての太陽光発電設置と続く。後者では、前述の「屋根の上の太陽」プロジェクトにより学校や幼稚園の屋根に太陽光パネルを設置し、今なお電力の供給だけでなく環境教育に役立てている。また、市民風力発電団体（アルウィン市民風車）は二〇〇一年に設立された。出資および運営は、別途、アラ・ライネ谷地域内の六〇名の自営業者（LAGの事務局を務めるアラ・ライネ谷目的組合を含む）が設立した「アラ・ライネ谷風力発電会社」が行う。最初の風車は中心部のシュヴァムシュテットの近くに建設され、その後、二〇一〇年までの間に同町および周辺一〇ヶ所に設置されている。これらの活動を通じて、地域内の職人層（電気工、建設業など）を糾合することができた。

一方、「村の店」はオターセンという、人口五〇〇人の旧村の住民が中心となって行っているプロジェクトである。[21] オターセンはアラ・ライネ谷地域を構成する八町村の一つ、キルヒリンテルン町に属する。二〇〇一年、村に唯一残っていた大手スーパー、エデカが撤退し、最寄りの店が八キロメートルも先になってしまうことから、その前年の十二月末、村の有志六三名が団体（「村の店」協会）を結成し、一〇万三〇〇〇マルク（約五万一五〇〇ユーロ）の自己資金に加え、EUの農村振興基金およびキルヒリンテルン町の支援（それぞれ約一万二五〇〇ユーロ）を受け、ドルフラーデン（村の店）の開業にこぎつけた。六三名の属性は、男女比はほぼ半々、平均年齢は四五～五五歳（最高齢は八〇歳）であった。二〇一一年四月、エデカ撤退からわずか二週間のことである。二〇一一年には、それまでのエデカの旧店舗が手狭になったことから、別の場所にあった個人住宅を協会で購入し、大々的に改築してカフェを併設した。これに対しても、自己資金五万ユーロに加え、EUのLEADER助成二万六二八〇ユーロ（カフェ部分）、農村振興の「生活の質の向上」助成七万六九五〇ユーロ（店舗部分）、さらにキルヒリンテルン町やフェルデン郡からの支援を受けている。カフェには地元住民だけでなく、サイクリング客など外部からも大勢訪れ、交流の場となっている。日曜日の朝食ビュッフェ、誕生日パーティ、視察者のための説明会、編み物教室なども開かれる。また、店舗では昔ながらの個人商店、通称「エマおばさんの店」とは異なり、冷凍食品も数多く揃え、宅配受付、ATMも備えている。一方で、地元の食品メーカーの製品、近所の農家の作った蜂蜜やジャムなどを扱い、大手スーパーとも差別化している。「村の店」を運営する団体は、もととなる「村の店」協会のメンバーに加え、現在では一六〇名余を数える。ＬＡＧとの関係では、同協会の監査役員を務めるブリュン氏がＬＡＧのメンバーであり、エネルギーの部会に属している。協会の代表を務めるリューニング氏は地元の銀行員であり、二〇一二年には連邦全体の「村の店ネットワーク」を立ち上げ、そちらの代表も務めている。「村の店」は単なる買い物の場ではなく、年々、高齢化する住民の居場所であり、かつ外部との接触や交流の場、近隣の小規模な兼業農家の産品を売る場となっている。

五　おわりに

以上、ドイツとニーダーザクセン州を中心にＬＥＡＤＥＲの現状をみてきた。ＬＥＡＤＥＲの財源が複数になったことにより、プロジェクトの企画や実施がこれまでより柔軟になることは、ＥＵの加盟国政府にとってもＬＡＧのメンバーにとっても本来は歓迎すべきことであろう。国境地域での共同活動も従来以上に活発化するだろう。近代以降の国民国家の枠にとらわれず、歴史や文化を同じくする地域を再認識することは、住民がその地域の魅力を発見することにもつながるのではないか。また、ＬＡＧの活動が都市との連携にも及ぶことは、日本と同様に農村（生産）と都市（消費）が乖離する傾向にあるヨーロッパにおいては必然的な流れであろう。

ただし、ドイツに関する限り、ＥＵの発案による複数財源の利用は、現在までのところほとんど行われていない。行政側も住民側も手続きがますます煩雑になるのを避けているからである。二〇〇七年にいったん一つの財源（農村振興基金＝ＥＡＦＲＤ）にまとめられ、少なくともその点に関しては事務手続きが簡素化されていただけに、再度の財源複数化は行政部局にとってもLAG、さらにリージョナルマネージャーにとっても負担となる。アラ・ライネ谷LAGの事例が示すように、現時点でLEADER以外の農村振興政策、あるいは農業関係以外、たとえば交通関係政策の予算などを組み合わせてプロジェクトを実施することに習熟しているのであれば、あえてEUの複数財源を利用する積極的な理由はない。

事例分析を行ったニーダーザクセン州、アラ・ライネ谷LAGでは、ほぼ全域にわたる範囲で再生可能エネルギーの利用拡大のプロジェクトを実施し、一方で、旧村の範囲で「村の店」の運営を行っている。LEADERプログラムにおける「地域」とは通常、複数の市町村の範囲であり、面積も人口規模も集落を大きく上回る。そのため、LEADERにはEU、国（連邦）、州、郡、市町村という様々なレベルの行政関係者が関わる。だが、LAGのメンバー構成、プロジェクトなどの議決において民間人が過半を占めるようにし、かつ、全域にわたる範囲の活動と並行してそれぞれの小規模な範囲での活動を継続するなど、行政主導を避けるための様々な工夫を行っている。

EUによる制度上の変更は本来、LEADERに参加する地域住民が主体的に関わること、自ら地域の現状と将来を考え、プロジェクトを実施することに即しているべきであろう。EUの目論見と加盟国、現場の問題意識のずれがいかにして解消していくのかを今後も注視していきたい。

注

（1）現地での聴取は、四月二十五日にドイツのチューネン研究所で農村振興政策の評価を担当しているキム・ポーラーマン氏、ギッタ・シュナウト氏に対して、五月二十二日にアラ・ライネ谷LAGの地域マネージャーを務めるKoRiSのジャネット・キルシュ氏、ターニャ・フラーム氏に対して行った。

（２）Common guidance of the European Commission's Directorates-General AGRI, EMPL, MARE and REGIO on Community-led Local Development in European Structural and Investment Funds (29 Apr 2013), p.8
http://ec.europa.eu/regional_policy/what/future/pdf/preparation/clld_guidance_2013_04_29.pdf

（３）前掲資料、八―一〇頁を参考にしている。

（４）欧州農業農村振興基金（ＥＡＦＲＤ）、構造基金等に関する共通規則（一三〇三／二〇一三）の付則一一には以下の一一の重点課題と、そのために利用可能な基金の種類が列挙されている。①研究、技術開発および技術革新の強化、②ＩＣＴへのアクセス、利用および質の向上、③中小企業の競争力向上、④すべての領域における低炭素型経済への移行支援、⑤気候変動への適応、リスクの回避・管理、⑥環境保存、環境保全、資源効率性、⑦幹線交通インフラにおける持続的輸送と渋滞除去、⑧持続的かつ良質な雇用の促進、労働移動の支援、⑨社会的包摂、貧困およびあらゆる差別との闘い、⑩教育、訓練、技術習得のための職業的訓練、生涯学習への投資、⑪公的機関および利害関係者の組織的能力の向上、効率的な行政
REGULATION (EU) No 1303/2013 OF THE EUROPEAN PARLIAMENT AND OF THE COUNCIL of 17 December 2013 laying down common provisions on the European Regional Development Fund, the European Social Fund, the Cohesion Fund, the European Agricultural Fund for Rural Development and the European Maritime and Fisheries Fund and laying down general provisions on the European Regional Development Fund, the European Social Fund, the Cohesion Fund and the European Maritime and Fisheries Fund and repealing Council Regulation (EC) No 1083/2006

（５）ENRD Contact Point, The State-of-play of the Implementation of Rural Development Programme Measure 421 in the EU-27 Final Report, May 2014, p.14　以下、随所から引用。
http://enrd.ec.europa.eu/app_templates/enrd_assets/pdf/leader-gateway/Measure_421_State_of_play_FINAL_May_2014.pdf

（６）Internationales LEADER-Kooperationsprojekt Europäischer Kulturwanderung ”Auf den Spuren der Hugenotten und Waldenser“ Nationaler Projektbericht Deutschland Oktober 2008
http://www.hugenotten-waldenserpfad.eu/images/stories/content/Bericht_National.pdf

およびヘッセン州のリージョナルマネージャーを務めるステファン・シュルテ氏、アレクサンダー・ズスト氏、飯田恭子氏からの聴取（二〇一七年七月六日）に基づく。

（7）このあと、「LAGの活動開始時にEUから受けられていた前払い金（スタートアップ・キット）が引き続き可能かどうかは定かではない」というくだりがあるが、スタートアップ・キットは農村地域振興に関する新規則（一三〇五／二〇一三）のLEADERに関する条文（第四三条）で規定されている。
REGULATION (EU) No 1305/2013 OF THE EUROPEAN PARLIAMENT AND OF THE COUNCIL of 17 December 2013 on support for Rural Development by the European Agricultural Fund for Rural Development (EAFRD) and repealing Council Regulation (EC) No 1698/2005

（8）Deutsche Vernetzungsstelle Ländliche Räume (DVS), LandInForm - Magazin für Ländliche Räume, 2014-2, pp.22-23 のインタビュー記事、および二〇一七年四月の聴取に基づく。

（9）「共同課題」については、市田（二〇〇四、二二一―二二七頁）および市田（二〇〇九）を参照。

（10）ELER in Deutschland, DVS, Stand 1/2010
https://www.netzwerk-laendlicher-raum.de/fileadmin/sites/ELER/Dateien/05_Service/Publikationen/Massnahmensteckbriefe/Ma%c3%9fnahmen%c3%bcbersicht_L%c3%a4nder_2011_Dez_nur%20BW_BB_korregiert.pdf（二〇一七年四月二十二日最終アクセス）に基づく。

（11）Niedersächsisches Ministerium für Ernährung, Landwirtschaft und Verbraucherschutz (ML Niedersachsen)(Hrsg.), ZWISCHENBERICHT 2012 gemäß Art. 82 der Verordnung (EG) Nr. 1698/2005 zum PROFIL 2007-2013 Programm zur Förderung im ländlichen Raum Niedersachsen und Bremen 2007 bis 2013, Stand: 20.06.2013

（12）ML Niedersachsen (2015) Brüssel genehmigt ELER-Förderprogramm für den ländlichen Raum, PressInforamation des Niedersächsischen Ministeriums für Ernährung, Landwirtschaft und Verbraucherschutz vom 27.05.2015

（13）ML Niedersachsen (2015) Bekanntgabe der LEADER- und ILE-Regionen für die Förderperiode 2014-2020 http://www.ml.niedersachsen.de/themen/entwicklung_laendlichen_raums/eufoerderprogramme_zur_entwicklung_im_laendlichen_raum/leader/auswahl-der-leader--und-ile-regionen-fuer-die-foerderperiode-2014-2020--131311.html

（14）Ebeling (2017, p.128).

（15）KoRiS (2015) Regionales Entwicklungskonzept Kooperationsraum Aller-Leine-Tal, p.12　以下、随所で引用。

（16）KoRiS (2015), p.86

（17）Round table debate' Shaping rural areas with EU policies: LEADER' s achievements, impediments and the role of science', New Rural Geographies in Europe: actors, processes, policies (European Rural Geographies Conference), June 14-17, 2017, Braunschweig, Germany.

（18）アラ・ライネ谷ＬＡＧ総会（二〇一七年三月十六日）の議事録 Lokale Aktiongruppe(LAG) am 16.03.17, Waller Dorfgemeinschaftshaus in Winsen(Aller) Ergebnisprotokoll
http://www.allerleinetal.de/wp-content/uploads/170316_Protokoll-LAG_Web.pdf

（19）Auf dem Weg zur 100% EnergieRegion+, Februar 2012.
http://www.allerleinetal.de/wp-content/uploads/120426-Bericht_100-Studie_endgueltige_Fassung_Web.pdf

（20）Wir Leben Energie pp.21-24（二〇一〇年ヨーロッパ村落刷新賞応募資料）ＫｏＲｉＳより入手。

（21）Bürger-DORFLADEN　http://www.otersen.de/dorfladen/　および「村の店」を運営する協会の代表、ギュンター・リューニング氏からの聴取（二〇一七年七月十五日）に基づく。

引用・参考文献

飯田恭子「ＬＥＡＤＥＲ事業とリージョナル・マネージメントの実態―ドイツ・ヘッセン州の事例―」、『農村イノベーションのための人材と組織の育成：海外と日本の動き』（行政対応特別研究［六次産業化研究］研究資料）、二〇一四年、一七―四二頁

市田知子『ＥＵ条件不利地域政策の展開　ドイツを中心に』農山漁村文化協会、二〇〇四年
市田知子「農村地域振興における「地域」―対象から主体へ―」、『年報 村落社会研究』四一集、農山漁村文化協会、二〇〇五年、一二七―一六〇頁
市田知子「ＥＵおよびドイツにおける農村地域振興」、『農業と経済』七五（七）、昭和堂、二〇〇九年
柏雅之『条件不利地域再生の論理と政策』農林統計協会、二〇〇二年
松田裕子「ヘルスチェック後のＥＵ農村振興政策ⅠＥＵ農村振興政策の現フェーズ―制度的枠組みと運用実態（二〇〇七～二〇一三）―」、『平成二一年度海外農業情報調査分析事業欧州事業実施報告書』、農林水産省、二〇一〇年、五一―一一九頁
八木洋憲・福与徳文「ＥＵのＬＥＡＤＥＲ＋事業による持続的な農村振興の支援」、『農業農村工学会誌』七五（七）、二〇〇七年、三三二―三三五頁
Bundesministerium für Ernährung, Landwirtschaft und Forsten, Agrarpolitischer Bericht 2015.
Ebeling, Benjamin *Akteure der Landwirtschaft in Leader-Aktionsgruppe: Untersuchungen zur Teilnahmemotivation vor dem Hintergrund sozio-kultureller Fragmentierung* (Dissertation zur Erlangung des Doktorgrades der Fakultät für Agrarwissenschaften der Georg-August Universität Göttingen). 2017, pp.80-133.
Grajewski, Regina (Hrsg.), *Ländliche Entwicklungspolitik ab 2014 Eine Bewertung der Verordnungsvorschläge der Europäischen Kommission*, Oktober 2011, pp.104-110.

終章　協働型集落活動の今日的特徴と可能性

小内純子

人口減少社会に適合した制度やシステムをつくっていくためには、集落内の活動に足場を置きつつも、集落内外の組織や団体と重層的な協働関係を取り結ぶことは、今後ますます重要になってくる。とはいえ、協働関係を構築するためには、双方の自己革新の過程が必要とされるため、組織間で協働関係を構築することはそれほど容易なことではない。本章では、最初に、第一章から第四章までの日本の事例分析の結果を踏まえ、そこで取り上げられている集団・組織のなかから、今後の協働型集落活動にとって重要と思われるもの、すなわち市町村農業公社、集落営農組織、ＮＰＯ団体、外部人材に、農協を加えた五つを取り上げ、独自の視点からの分析を加味しつつ考察を試みる。その上で第五章のドイツの事例から学ぶべき点に言及する。

最後に、地域社会を守るためには、地域の様々な組織の間で地域ビジョンを共有することが重要であることについて言及する。地域で暮らし続けるには、生産条件と生活条件の両方が確保されることが必要である。そのためには、地域の様々な組織が連携・分担することで、地域全体としてこれらの役割を遂行していく必要があり、その活動に指針を与える将来像を共有することが求められる。地域ビジョンを共有し安心して暮らし続ける地域づくりを目指すことは、現代版「村の精神」の共有といえるかもしれない。その将来像を基底において、各集団・組織が有機的に連動して活動していくことが、今後の協働型集落活動にとってきわめて重要である。

これまで第一章から第四章では日本の農村について、第五章ではドイツの農村について、それぞれ事例分析を積み上げてきた。第五章で取り上げたニーダーザクセン州のアラ・ライネ谷LAGの活動は、八町村の連合によるもので、日本でいうと自治体の広域連携に近い活動である。従って、日本の協働型集落活動とは同列に扱うことができないため、本章では、最初に日本の事例を中心としたまとめを行い、その上で「EUのLEADER事業から学ぶべき点」という視点からドイツの事例について言及する。

第一章から第四章では様々な協働型集落活動の現状とその可能性について論じられてきた。ここでは、その結果を踏まえ、各章の分析において取り上げられている集団・組織などのなかから、今後の協働型集落活動にとって重要と思われるもの、すなわち市町村農業公社、集落営農組織、NPO団体、外部人材の四つを取り上げ、これに農協を加えた五つについて、独自の視点からの分析を加味しつつ考察を試みる。農協を加えたのは、本書の企画では十分に検討できなかったが、農協は農村社会における最大の共セクターであるため、最後に多少なりとも触れておく必要があると考えたからである。

一　市町村農業公社の今日的意義

1　市町村農業公社の歩み

第一章の柳村論文では、北海道栗山町と宮城県角田市を対象地とする事例が取り上げられている。この二つの事例では、「協働」を目指す試みのなかに市町村農業公社が位置づけられている。そこで、最初に市町村農業公社を取り上げる。

この市町村農業公社は、一九七四年に設立された鹿沼市農業公社を嚆矢とし、一九八〇年代後半に中国地方を中心に増加し、とくに一九九二年の農地法施行令改正において、農地保有合理化促進事業の実施主体である農地保有合理化法人に市町村公社が追加されたことにより[1]、全国的な広がりをみせる（仁平、二〇〇五、一一頁）。市町村農業公社は、地域農業の「最後の受け皿」として期待され、一九九〇年代に設立が相次ぎ、それに対する研究も進められた。その一つに市町村農業公社の類型化の試みがある。各地で設立された市町村農業公社の事業内容は多様であったため、事業内容による類型化が試みられた。例えば、守友裕一は、「農業担い手型」「土地利用調整型」「畜産型」「森林・山村維持型」「地域振興型」の五つに類型化している（守友、一九九五、二〇一―二〇五頁）。しかし、その後、公社運営の難しさや経営収支の赤字などの現状が明らかになるなかで、農業公社の限界性と集落営農の優位性が指摘されるようになり、やがて農業公社の存在感は低下し、関心は集落営農へ移るという経緯をたどる（仁平、二〇〇五、三頁）。

しかし、近年、大分県の農業公社について検討した山浦陽一によって、「集落営農にやや偏重した中山間地域の水田農業の担い手像について再検討する必要性がある」という問題提起がなされ、農業公社に改めて光を当てる必要性を論じている。集落営農がすべてを解決できるわけではないし、実際、集落営農に取り組んでいない地域も少なくないからである（山浦、二〇一五、二七〇頁）。また、農業公社や集落営農も含め集団間で重層的な担い手による地域営農システム構築の必要性は以前から指摘されている（小田切、一九九二／柏、二〇〇二）。

2　二つの市町村農業公社からみえてくる今日的課題

以上を踏まえたうえで第一章の事例に戻ろう。第一章で登場した一般財団法人栗山町農業振興公社と公益社団法人角

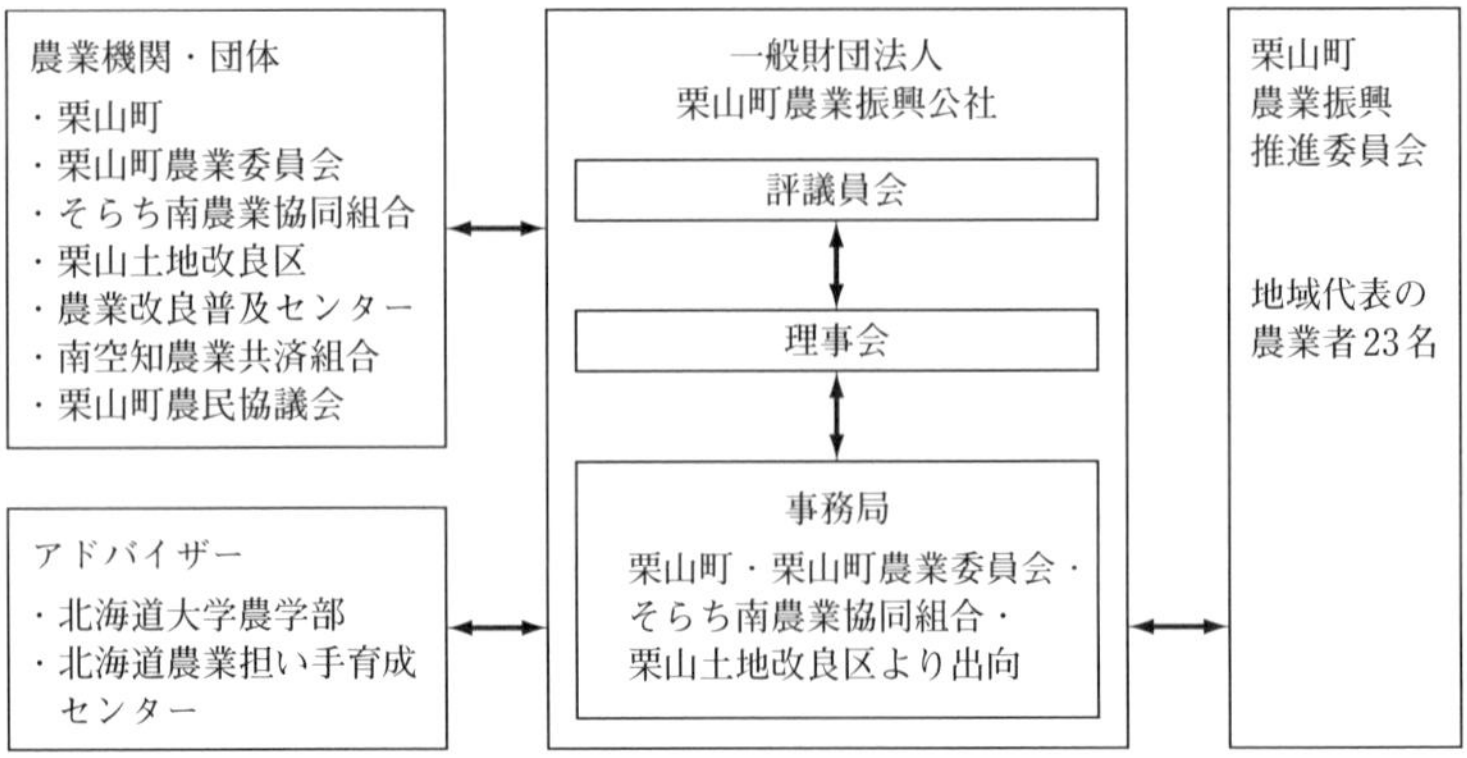

図　栗山町農業振興公社の推進体制

出典）栗山町農業振興公社HP（http://kuri-agri.org/?page_id=2024, 2017年4月5日最終閲覧）

田市農業振興公社は、ともに二〇〇〇年とブームが去った時期に設立されている。それだけに、先の守友の類型区分でいえば両者とも「土地利用調整型」に分類されるが、その類型には収まらない性格を備えている。

まず、栗山町の場合、第一の特徴として、農業振興公社が地域農業の拠点としての役割を担っている点があげられる。図は栗山町農業振興公社の推進体制を示したものであるが、公社をはさんで、左側に七つの農業機関・団体と二つのアドバイザー機関が、右側に集落から一名ずつ選出された委員からなる農業振興推進委員会が配置されており、まさに「ハブ機能」を備えた地域農業の要であることが分かる。二〇〇九年には「JAくりやま」と隣町の「JA由仁」が合併し「JAそらち南」となっており、農協の管轄地域と基礎自治体の範域にずれが生じたため基礎自治体に基盤を置く組織としての重要性はさらに高まっている。このような「ハブ機能」をもった農業公社は、各種団体を束ねる「集約型」の組織として一つの新しいかたちといえる。農業公社の構成そのものが、公セクターと共セクターの「協働」のかたちをとっていることも特徴的である。

一方、角田市農業振興公社の場合は、これとはかなり異なった性格をもっている。角田市農業振興公社の概要を説明した文書の冒頭には、「営利を目的とせず、継続的かつ自発的に社会的活動を行う民間の団体（ＮＰＯ）的発想を持ち込んだのが『角田市農業振興公社』であり、「従って、地域農業に対するシンクタンク的機能、農業に関わる土地と人の問題、コミュニティ・ビジネスを中心とした流通戦略の提案を事業の軸としており、こうした動きを生み出す母体としての役割をこの公社が担っています」と書かれている。別名を「あぶくま農学校」と称していることにも表れているが、定款第四条の事業においても、事業のトップにあげられているのは、農地保有合理化法人としての土地利用調整に関する業務ではなく、「地域農業戦略の調査、研究及びシンクタンク機能に関する事業」である。(2)従来型のお役所的な公社運営のあり方を批判し、独自の理想を掲げて生まれた機関であることが分かる。

従って、今回の事例では一括利用権設定において中心的な役割は果たしてはいない。そもそも角田市農業振興公社は栗山町農業振興公社のように農業関係機関を束ねていくような機能は有してはいない。角田市の場合、各団体が緩やかに結びつく「分散型」の体制となっており、角田市農業振興公社も構成団体の一つにすぎない。そうした事情から、Ａ地区の一括利用権設定による農地集積は、あぶくま川水系角田地区土地改良区を中心に進められ、結果として地代をめぐる対立などのトラブルが発生していることは第一章でみたとおりである。この地域の農協は、農業公社設立以前の一九九八年に仙南地域の七つのＪＡが広域合併し「ＪＡみやぎ仙南」となっており、地域農業との結びつきが弱体化してきている。それゆえ各種の農業関連の諸団体間が共同歩調をとることは難しい状況にあるといえる。栗山町のような「集約型」ではなく、「分散型」をとる角田市において、各集団・組織がどのように連携を強め、重層的な担い手システムをつくりあげていくかが問われている。それは各集団・組織の間にどのような協働関係を構築していくかという課題でもある。

二　二つのタイプの集落営農の理念と現状

1　集落営農の二つのタイプ

次に、現在、地域農業の担い手として最も期待されている集落営農についてみていく。集落営農という点からみると、第一章の宮城県角田市A地区の事例と第二章の島根県佐田町の事例は、対照的なケースを扱っている。集落営農は、東海、近畿、北陸、中国の先発グループと関東、東山、東北、四国の後発グループに分かれる（柳村、二〇一六）。集落営農が増加するのは品目横断的経営安定対策が始まる二〇〇七年前後からであり、これより早い時期から取り組んだ地域が先発グループ、これ以降に取り組んだ地域が後発グループである。従って、先発グループは、国の農政に先行した取り組みといえる。

また、設立時期は、集落営農組織の性格の違いを含んでおり、先発グループは「地域の危機対応型の集落営農組織」として、後発グループは「政策対応型の集落営農組織」として性格づけられている（宮田、二〇一六）。すなわち前者が危機対応型といわれるのは、条件不利な中山間地域において、危機意識を背景に、地域農業の振興に加え、農地の維持や地域住民の暮らしを守るという生活防衛的な観点から設立されたものが多いからである。[3]一方、後者を政策対応型と呼ぶのは、品目横断的経営安定対策の支援対象として認定要件を満たすために組織されたという面があるからである。「危機対応型」の地域とは異なり、農業が基幹産業としての力を維持しているがゆえに取り得る対応ともいえる。相対的に農家の層が厚い平場農村地域が中心で、枝番管理型集落営農（別称「ペーパー集落営農」）と呼ばれるような組織や、稲作は個別で対応し、転作部分だけを共同化する転作組合型集落営農という形態をとるものも少なくない(4)（田代、二〇一一、三一二頁）。

この二つのタイプに当てはめると、島根県は先発グループを代表する地域であり、宮城県は後発グループの一つに含まれる。そこで島根県佐田町と宮城県角田市の事例を通じて、両者の違いを確認してみたい。

2　島根県佐田町の集落営農の取り組み

まず、先発グループの島根県についてである。過疎先進地といわれる島根県において、行政が地域農業に対する危機感を募らせる時期は早い。一九七五年には、「全国一律」や「農水省追随」では現状を打開できないという判断にたって「島根農業振興対策事業」に着手している。後に「新島根方式」と呼ばれるこの事業は三期一三年に亘って取り組まれ、この時期に島根県の集落営農の基礎が確立されている。この「新島根方式」が成立してくる過程については、田邊和佳子「自治体農政とむら」に詳しい（田邊、二〇〇九）。それによると、農業・農村の振興のための「集落機能の再生」を目指した当事業がスタートラインにたどり着くまでに、行政と集落の間の話し合いにかなりの時間を要したという。島根県庁農政課の職員が、県下の集落を隈なく歩き、「行政と現場のギャップ」を埋める作業に取り組んでいくなかで、最初こそ行政や農政に対する不信・不満に始終した住民たちも、次第に自分たちの集落をよくするための積極的な意見を述べるようになっていく。この過程を通じて行政と集落の間に自己革新を伴う「協働」の関係が構築され、それはやがて住民主体の集落再生の取り組みの広がりに繋がっていく。

その後、二〇〇八年から地域貢献型集落営農をスタートさせるが、これは「新島根方式」の蓄積の上に展開されたものである。二〇〇七年頃から政策対応型の集落営農が増加してくるが、その流れに対抗するかたちで打ち出されたのが地域貢献型集落営農である。国の政策との大きな違いは、国が効率的な農業経営のみに焦点を当てているのに対し、地域貢献型集落営農では、農業だけでなく生活も含めた暮らし全体を守っていくことが目指されている点にある。危機対応型の集落営農の場合、農業経営の規模が小さいこともあり、もともとこうした性格を有していたが、島根県ではここに至って地域貢献型集落営農と命名し、その性格を強く打ち出したとみることができる。

それから一〇年余りが経過した実態について佐田町を事例に明らかにしたのが第二章の今井論文である。そこでは、この一〇年余りの間に担い手の高齢化が進み、次への展開が求められるようになるなかで、U・Iターン者を迎え入れて経営の多角化を図る集落営農が登場したり、小規模組織を含め複数の集落営農組織で広域連携を行い新たな事業展開を図るなどの動きが紹介されている。こうした活動は、行政と集落の協働関係を基礎において展開されており、この協働関係の上に住民主体の活動が進展してきているとみることができる。

3　宮城県角田市の集落営農の取り組み

これに対して後発グループには、農政に対応して設立されてきたという経緯がある。従って、関係者の関心事が、政策にうまく対応し、できるだけ交付金を有利に受け取ることに置かれていることも多い。角田市A地区の事例からは多分にこうした傾向が見て取れる。担い手側には、大区画圃場整備に加え一括利用権設定による団地化によって作業能率の向上がもたらされ、地権者側には農地集積と利用権設定による特典として事業費や水利費が軽減されるというメリットがある。このように双方にとってメリットがあったため事業が急速に押し進められたという面が大きい。こうして個別稲作（＋個別野菜・農外兼業）＋集団転作という枠組みの下で、「二階建て」の集落営農組織がつくられ、急激な農地集積が進められていくが、現状では、担い手の農業経営の組織化は進んでおらず、集団転作と個別の稲作・野菜作などとの間の矛盾が拡大し、地代問題に揺れている状況にあることは第一章で明らかにされているところである。

このように同じ集落営農といっても、「危機対応型」と「政策対応型」では、よって立つ理念も目指している方向も大きく異なっていることが分かる。楠本雅弘は、集落営農を、「地域環境の維持保全の協同」「生産の協同」「暮らしの協同」が三位一体で有機的に結合している「社会的協同経営体」と定義し、高く評価しているが、この定義は、「危機対応型」の集落営農の活動を念頭においてつくられたもので、これをそのまま「政策対応型」の集落営農に当てはめるのが難しいことは、角田市A地区の事例からも明らかである。「政策対応型」の集落営農には、そもそも生活や暮らしの視点が欠落している。

そのことは、楠本の「二階建て方式」についても当てはまる。楠本は、地域資源などの協同管理や話し合い＝調整機能を「一階にあたる組織」が担い、生産活動・実践活動を「二階にあたる組織」が担当するように有機的構成体として組織する必要性を指摘している（楠本、二〇一〇、四九―五二頁）。しかし、問題は、一階と二階の間にいかにして有機的な関係をつくりあげるかという点にあるのではないだろうか。この点に関して、桂明宏は、「二階部分の経営を効率的に行うためには、単に二階が機動的な組織であるだけでは不十分で、一階部分によって地域力を高め、地域ぐるみの合意形成と二階部分への支援を行うことが重要なのである」ことを指摘する。ここでいう「地域力」とは、農業を入り口とするのではなく、集落の大半の世帯が共通して関係する生活領域やむらづくりの側面から事業を立ち上げることで高められる力を指している（桂、二〇〇八、四一―四二頁）。桂の指摘は重要と思われる。それはまた、「一階部分」と「二階部分」が互いに自己革新を遂げながら、共通の目標に向かって対等の立場で活動するような協働関係を構築していくことの重要性を意味している。

三　NPOとの協働関係のつくり方

1　綾部市の二つのNPO

次にNPOとの関係についてみてみる。NPOもまた、集落の協働として大きな位置を占めるようになってきている。これまでの事例でNPO（法人であるかは問わない）が登場したのは秋田県横手市（第三章）と京都府綾部市（第四章）である。前者には、中間支援団体のNPO法人「秋田県南NPOセンター」（以下、県南NPO）と共助組織「南郷共助組合」、後者には、NPO法人「里山ねっと・あやべ」とNPO「コ宝ネット」が登場している。NPOが他の団体と協働関係を築いていく過程は、地域ごとに事情が異なるため多様である。その点を本書で取り上げた事例で確認してみる。

まず、綾部市に存在する二つのNPOについてみてみる。「里山ねっと・あやべ」は、市が音頭を取って、「都市との交流と定住促進」を目的に、当初は第三セクターとして設立されている。その後、二〇〇六年にNPO法人として独立するという経緯をたどっている。廃校になった小学校を利用してつくられ「里山交流研修センター」の指定管理者であり、かつこれを活動拠点として独自事業にも積極的に取り組み、今後、行政から財政的にも独立することを目指している。行政丸抱えで生まれた組織が、力を蓄えて行政と対等な関係を築くことを目指していることが分かる(5)。

これに対して、「コ宝ネット」は設立当初から行政との間に自立した関係を維持している。地元の小学校の複式化を阻止するために二〇〇五年に設立された「コ宝ネット」は、その目標を達成したこともあり五年たって一旦解散し、その後、周囲の要望に応えるかたちで再結成されている。この間の活動の成果は第四章の松宮論文でみたとおりであるが、行政からの補助金は一切受けず、行政とは情報交換を重視した関係を継続している。(6)「補助金なし」という縛りがない立場から、「集落活動に参加しない人には空き家の紹介を行わない」という方針を明確に打ち出している。行政ではなかなか踏み出せない領域に踏み出し、そのことが行政にも影響を与えていた。「里山ねっと・あやべ」とは異なるルートをたどったからこそなしえた活動といえる。綾部市では行政と二つの性格が異なるＮＰＯが、バランスよく協力することで、Ｉターン者の定住促進で成果をあげている。

２　「県南ＮＰＯ」と「南郷共助組合」の協働関係の形成過程

ＮＰＯ法人と集落の「協働」を考える場合、横手市の事例は興味深い。「県南ＮＰＯ」が集落との「協働」を模索しつつ、最終的にはボランタリー組織である「南郷共助組合」との協働関係の形成に向かう過程は、双方で「自己革新」が進んだ過程として捉えることができる。

県南ＮＰＯの働きかけによって南郷共助組合が結成されてくる過程については、第三章の澁谷論文で詳しく分析されている。それによれば、当初、県南ＮＰＯは、南地区会議の範囲に共助組織を設けることを考えていた。地区会議とは、平成の市町村合併を機に横手市が市全域レベルにつくった「地域づくり協議会」の下部組織で、南地区会議は三つの区から構成されていた。南地区会議を範囲としたのは、ある程度広域の方が作業効率もよく、担い手も確保しやすいし、行政がつくった組織ゆえに行政の協力も得やすいと判断したからである。しかし、その試みはうまくいかなかった。南地区会議は、南郷区、筏区、三又区という三つの区から構成されており、住民の意思決定や交流の範囲は南地区ではなく南郷区であったからである。従って、南地区会議は提案の受け皿としては機能せず、話し合いは一向に進展しなかった。この失敗は、県南ＮＰＯが集落活動について理解する契機になったものと考えられる。

その後、南郷区の範囲で共助組織を立ち上げる方向に軌道修正される。ところが、そこでまた壁にぶち当たる。南郷区の自治会組織のなかに共助組織を位置づけることを構想したが、全員一致を原則とする自治会の合意を取り付けることができず、再度軌道修正を余儀なくされ、最終的に有志による立ち上げを選択することになる。ここでもまた県南ＮＰＯは自治会活動の基本原則を理解していくことになる。この試行錯誤の過程を通じて、ＮＰＯ側も認識を改め、活動のあり方を再検討していったのである。

一方、南郷区自治会は、県南ＮＰＯからの働きかけを受けた際、まず「ＮＰＯとは何か」を理解することからスタートする。自治会役員や住民を対象とする会議は何回も行われ、その場で県南ＮＰＯは、住民自らが生活課題を解決する必要性を強調し続けたという。官依存的な志向が強い住民たちに、なぜ自分たちでやる必要があるのかを理解してもらうことはそれほど容易なことではない。また、「よそ者」を排除してきた集落の住民たちが、「よそ者」の助言を素直に受け入れるということもまた容易なことではない。それでも少しずつ理解を示す人が増えていき、結局、自治会を動かすことはできなかったが、有志による南郷共助組合の立ち上げにまでこぎつけている。その後、実際に活動を共にするなかで、県南ＮＰＯと南郷共助組合の間に次第に信頼関係が形成されていく。県南ＮＰＯのアドバイスを受け有償ボランティアの導入や店舗運営のためのコンサルタントの招聘など、それ以前には考えられなかった活動が展開されている。少なくとも南郷共助組合の構成員の間には自己革新と呼べるような過程が進行したものと考えられる。そのことは、間接的に集落（むら）がもつ閉鎖的な側面に風穴をあけるような影響を及ぼしていくことになる。

3　「公共性」を獲得する二つのルート

ところで、筆者は序章で、「新たな試みに足を踏み出そうとした際、必ず従来の集落（むら）との折り合いをどうつけるのかというハードルを越えることが求められる」と述べたが、以上のような有志（NPO）による組織の結成という方法は、一つの「折り合いのつけ方」であると考えている。集落構成員全員が一致団結して活動をすれば現状を打開する大きな力が生まれるであろうし、それが理想であると考える。しかし実際には難しい地域も多い。

例えば、集落の自治会単位で地域の将来計画を策定し、その実現に向けて事業を行う場合、費用の一部を行政が補助するといった政策を取り入れている自治体が全国各地にみられる。北海道標茶町においても、一九九一年から「一A一P」事業（一つのエリアに一つのプライドがもてるような事業）を展開してきた。地域の将来計画を策定した集落が申請した事業に対して、補助率は対象事業の四分の三以内で、一地域について三〇〇万円を限度に補助金を交付するというものである（小内、二〇〇七）。こうした取り組みのなかから「虹別農村公園化計画」のような卓越した取り組みが生まれ、景観賞を受賞するなどマスコミにも取り上げられ注目を集めた。これは「虹輪塾」というNPOが立ち上げた活動を連合町内会の取り組みへと繋げていったものである。この活動に刺激を受けて、町内にも新たに取り組む集落が現れ波及効果もみられた。しかし、ある段階に達すると新規に将来計画を策定する集落は現れなくなってしまう。標茶町の場合も、半分ほどの集落が策定するにとどまり、それ以上はなかなか進まず、その後は策定した集落と策定しなかった集落間の格差が広がっていくという問題を行政は抱え込むことになる。その原因の一つは、集落全体での意思統一の難しさにあると考える。それゆえ、全員一致が得られず活動が停滞してしまった場合、南郷区の事例が示すように有志による立ち上げという迂回路をとることは、協働型集落活動を進めるうえで有効な方法であると考えられる。

その場合、有志による活動にいかにして地域全体のための公益的活動であるという正当性を付与するかが問われる。集落（むら）から浮いてしまった活動の継続は難しいからである。その点に関して、澁谷論文からは、「公共性」を獲得する二つのルートが存在することが浮かび上がる。一つは、公的機関（行政）が共助組織の活動を公共性あるものと認知するというルート、すなわち「公的機関支持獲得ルート」である。

もう一つは、有志の活動が、間違いなく地域のための活動であることを、他の地域住民が認めるようになっていくルートである。「『公共性』をわかりやすく『みんなのため』とすれば」（田代、二〇一一、二三頁）、みんなのためであることの承認を得ることで公共性を獲得していく「地域住民支持獲得ルート」が存在している。地域社会において活動を継続していくためには後者のルートの方がより重要であろう。地域住民の支持が得られなければ、特別の人たちの活動にとどまってしまうからである。

南郷共助組合では、地域住民の支持を得るために、有償ボランティアを導入する際、除雪作業の労賃を横手市の高齢者除雪事業における非課税世帯の利用料を目安に低額に設定したり、地元の商店の支援に対しては県道の除草を請け負って得た自分たちの収入の一部を充てたりといった方法が選択されている。こうした「自分たちの利益のためにやっているのではない」ことを示す活動を積み重ねることで、次第に「地域のための活動である」という理解が住民間に広がっていくのである。こうした過程を経ることによって有志で始まった活動がやがて自治会全体の活動へと繋がっていく可能性も高まるであろう。同様の事実は、第二章の今井論文で取り上げられた佐田川北営農組合の活動からも読み取ることができる。たとえ地代がゼロであっても地主が感謝を述べる理由は、佐田川北営農組合の活動を地域のための活動として認めているからである。こうした経済合理性だけでは割り切れない活動によって協働型集落活動が形成・維持されていく面があることも見落としてはならない。

四　外部人材の導入と集落

次に、外部人材を導入する試みについてである。これまでの論稿では、第四章で京都府綾部市の集落支援員の事例が取り上げられ、第一章の北海道栗山町の事例のなかで地域おこし協力隊が登場している。

集落支援員と地域おこし協力隊はいずれも総務省が導入したもので、求められる人材や役割は異なっている。集落支援員の役割は、集落の再編に資することである。すなわち、市町村職員と連携し、集落への〈目配り〉をし、集落の巡回、状況把握などを実施し、住民と住民、住民と市町村との間で集落の現状、課題、あるべき姿などについて話し合いを促進し、それらを通じて必要と認められた施策を遂行することである。従って求められる人材も、「地域の実情に詳しい身近な人材で、集落点検の実施や話し合いの促進といった集落対策の増進に対して、ノウハウ・知見を有した人材」となる。具体的には、行政経験者、農業委員、普及指導員など農業関係業務の経験者、経営指導員経験者、NPO関係者などが想定されている。専任と兼任（自治会長などと兼務）の二つのタイプがある。

一方、地域おこし協力隊の業務は、地域力の維持強化のための地域協力活動であり、その具体的な内容は、隊員個々人の能力や受入地域の実情に応じて自主的に判断していいとされており、例示としては、農林漁業の応援、水源保全・監視活動、住民の生活支援などがあげられている。集落支援員の業務よりも自由度が大きいことが分かる。求められる人材には、都市圏からの都市住民が想定されており、住民票を異動し、任期は概ね一年以上三年程度で、任期中にその地域への定住・定着を目指すことが求められる。

集落支援員も地域おこし協力隊も自治体の非常勤臨時職員としての採用であり、導入した自治体は特別地方交付税の措置を受けることができる。従って、セクターでいえば、集落支援員も地域おこし協力隊員も公セクターの一員であり、公セクターの一員としての行動を求められる。彼／彼女らは、公セクターの最も周辺部に位置し、集落や地域社会における実践を通じて、従来の行政では担いきれない役割を果たすことが期待されている。

こうした立ち位置にあるだけに、集落支援員や地域おこし協力隊員は行政と集落・地域の双方と十分に連携をとりながら業務を遂行することが求められる。しかし、実際にはそうした連携が思うようにいかず、集落支援員や地域おこし協力隊員が孤立してしまったり、活動が停滞してしまったりという事例も少なくない（図司、二〇一四）。受け入れ体制がしっかりしていない場合、単なる臨時職員として扱われている事例も散見される。そうした事例と比較すると、栗山町も綾部市も行政の長期計画のなかにきちんと位置づけられている事例と評価できる。

栗山町の場合は、二〇一六年五月現在で一三人の地域おこし協力隊員がおり、内訳は、「農業支援員」（五人）、「自然教育支援員」（三人）、「くりやまちょうPR隊」（五人）である。[7] 第一章の柳村論文に登場するのは、「農業支援員」のなかの「独立就農を目的とした農業研修」を目指す地域おこし協力隊員である。栗山町農業振興公社の事務局の仕事をしながら、公社が依頼した特定のベテラン農業者の下で基礎的な農業経験を積むための研修を行い独立就農を目指している。農業の担い手育成に地域おこし協力隊制度をうまく活用している事例である。

一方、綾部市では、二〇〇七年に水源の里条例を制定し、限界集落対策として水源の里事業を展開してきており、十分な活動の実績をあげている。この事業をサポートする人材として集落支援員を導入しており、集落支援員に期待する役割は明確である。ここでは、綾部市を事例に、改めてIターン者に集落支援員を依頼した意味について考えてみたい。

綾部市は二〇一二年より集落支援員を導入しており、当初は市の職員OBが担当していたが、現在はIターン者が集落支援員を担当するようになっている。先述のように、総務省の解説によれば、念頭にあったのは、「地域の実情に詳しい身近な人材で、集落点検の実施や話し合いの促進といった集落対策の増進に対して、ノウハウ・知見を有した人材」ということであり、必ずしもIターン者のような人材が想定されていたわけではない。綾部市で集落支援員を務めるB氏は、農業研修生として農村での生活経験を有しているが、綾部市の限界集落の実情に詳しいわけではない。農業研修生の経験に加え、自然食を提供する民宿での仕事や海外でのワーキングホリデーの生活などの経歴をかわれて集落支援員に就任している。つまりB氏は、地域についてほどほどに知っている人ということになる。

一般に、地域の事情をよく知っている人は、よく知っているがゆえに活動しやすいが、その一方で、長年の慣習や人間関係を知っているだけに自ら活動の幅を狭めてしまったり、足を引っ張られてしまうという場合もあり、集落の住民側が警戒するということも考えられる。他方、地域の事情を全く知らない人は、事情を把握するために時間を要してしまうが、既存の人間関係に縛られず、それまでの他地域での経験を生かして斬新な活動を行うことができるという積極面を有する(藤本、二〇一〇)。それぞれ一長一短あるわけだが、Iターン者のような存在は、両方のいい面を併せ持っている可能性があり、集落支援員の有力な候補となりうる人材であることを本事例は示している。B氏の場合も、Iターン者として転入し生活をする過程で、集落（むら）で暮らすことの意味をある程度理解しており、かつIターン移住者である集落支援員として多様な外部資源を集落活動に繋げる役割を担っている。

行政と集落（むら）の繋ぎ役をIターン者のような性格をもつ人材にゆだねることも、本書でいうところの「折り合いをつける」という面を有していると考えられる。これまでどちらかというと「よそ者」を排除してきた集落（むら）が、「よそ者」を受け入れるためには、受け入れやすい人材を選ぶことで「折り合いをつける」ことも重要である。限界集落に暮らす人々が、最後まで生き生きと暮らせるシステムをつくるうえで、集落支援員制度のような仕組みは今後とも重要である。そのためにはどのような人材が必要とされているのかという点を、集落の実情に合わせて十分検討することが求められている。

五　みえない農協の姿

これまでの事例のなかで、逆に姿がみえない組織に農協がある。各章の取り組みのなかで農協が登場するのは栗山町の事例だけである。農協が地域において存在感を失ってきている点に関しては、すでに多くの論者が指摘している点であるが（北川、二〇〇八b、三〇—三五頁）、その原因の一つに広域合併があることはいうまでもない。一九六二年の農協合併特例法により、昭和の合併市町村の範囲で農協の合併が進められた結果、「市町村・農協一致体制」が確立され、それ以降は、市町村と農協は連携して地域農業を支えてきた。しかし、一九九〇年代に金融自由化などを背景に農協の広域合併が進められ、「市町村・農協一致体制」は崩れていく。一九九〇年に三六八八あった単位農協は二〇一六年には六九一となっており、この間にいかに急激に合併と広域化が進んだかが分かる。しかも、市町村の側でも平成の大合併が遂行され、一九九五年に三二三四あった市町村が二〇一六年には一七一八に減少している。このように市町村の合併が進むことで、両者の関係はさらに複雑になっており、地域農業の振興といった場合、「地域」をどの範囲に設定するかが問われるようになってきている[8]。

ＪＡは、二〇一二年の第二六回ＪＡ全国大会で、「持続可能な農業」と「豊かでくらしやすい地域社会」の実現に向けて「地域農業戦略」「地域くらし戦略」「経営基盤戦略」という三つの戦略を策定している。その後、二〇一四年に政府による「農協改革」が決定すると、全国農業協同組合中央会理事会で、「農業者の所得増大」「農業生産の拡大」「地域の活性化」を基本目標とする「ＪＡグループの自己改革について」を決定・公表した。こうした動きを受けて二〇一五年に行われた第二七回ＪＡ全国大会では、上記三つの基本目標の重要性が確認され、基本目標ごとに二〇一六〜二〇一八年度を実践期間とする具体的な取り組みが提起された。

最重要課題は「農業者の所得増大」「農業生産の拡大」に置かれているが、「地域の活性化」に関しては、農協がこれまで担ってきた役割と意義を踏まえ、次の三点が目指すべき取り組みとして掲げられている。①「住み慣れた地域での助けあいを軸とした地域セーフティネット機能」を発揮すること、②ＪＡが「食と農を基軸として地域に根ざした協同組合」であることを一層発信していくため、「食と農、地域とＪＡを結ぶ」取り組みを拡充すること、③積極的に地域を支える観点から、行政、集落、商工会等地域の諸団体とも協力した取り組みを実施し、政府がすすめる「地域創生」の取り組みへも積極的に参加すること。[9]

最後の一文は政府を意識してのものであろうが、「地域の活性化」のために掲げられている以上の目標と、農村・農家の側が現在必要としているものとは一致する部分が大きい。問題は、それをどう実践していくかであろう。「単独主体としての従来の農協に過大の期待は困難である」（柏、二〇〇二、三五八頁）という指摘もあるように、広域化したＪＡにとって、他の諸団体との協働は不可欠であり、そのことは先の目標にみるようにＪＡ自身も認めているところである。かつて、一九九〇年代に市町村農業公社が多数設立された際、農業公社の「第二農協」としての可能性が取りざたされたという経緯から考えると（小田切、一九九八、二一〇頁）、農協と市町村農業公社との連携の意義が再度問われることになろう。

広域合併後でも、少ないとはいえ先進的な取り組みの事例も生まれている。例えば、広島県三次農協のネットワーク連携型の事業運営の取り組みはその代表的なものである（楠本、二〇一〇／石田、二〇一二）。三次農協は七つの農協が合併してできた広域合併農協であるが、「地域を支える協同組合」を方針に掲げ、旧農協支所単位に地域分権的仕組みを再構築し、そこが生産組合や助け合い組織の連絡協議会の事務局や集落法人のネットワーク組織の事務局を担うなどして農家の信頼を得ている。こうした事例に学びつつ、それぞれの地域の実情に即した取り組みを積み重ねていくことが重要と思われる。

農協は農村社会における最大の共セクターであり、これからの協働型集落活動の可能性を考えるうえで外すことができない存在であることは間違いない。本書の特集ではその点を十分に検討することができなかった。別の機会に譲りたい。

六　ＥＵのＬＥＡＤＥＲ事業から学ぶべき点

さて、本書第五章市田論文では、ドイツを中心にＬＥＡＤＥＲプログラムと地域内協働の現状について考察している。そこで取り上げられているニーダーザクセン州のアラ・ライネ谷ＬＡＧの活動は、八町村の連合による取り組みであり、日本の協働型集落活動と単純に比較することはできない。にもかかわらず本書でＥＵの事例を取り上げたのは、①ＬＥＡＤＥＲ事業が、パートナーシップ（協働）とボトムアップの活動を重視していること（柏、二〇〇二）、および②条件不利地域の抱える課題という点では、日本の現状と共通するものが多いと考えたからである。実際、アラ・ライネ地域では空き家、空き店舗、廃校が増加傾向にあり、住民たちは、交通、医療、買い物などの面で不便を感じながら生活しており、そうした状況を改善するために住民主体のＬＥＡＤＥＲプログラムに取り組んできている。このような点に注目し、事例が有する一定の限界を踏まえたうえで考察すると、学ぶべき点として次のような点が浮かび上がる。(10)

第一に、ローカル・アクション・グループ（ＬＡＧ）に地域内の様々なステークホルダーが結集し、地域の置かれた条件を把握し、課題を整理し、目標を設定し、戦略を考えたうえでプロジェクトを実施している点である。すなわち、第五章の表5にみるように各期のプロジェクトは多岐に及び、例えば、ＬＥＡＤＥＲａｘｉｓ期（二〇〇七～二〇一三年）に取り組まれたプロジェクトは五二を数えるが、それらは地域振興プラン（ＲＥＫ）のなかにきちんと位置づけられたうえで実行に移されているのである。個々のプロジェクト側からいえば、共通のプランを念頭において活動が展開されていくことになる。

第二に、ボトムアップの活動を制度面で保障する仕組みが担保されている点である。ＬＥＡＤＥＲ事業におけるパートナーシップは、主に民間と行政の間で形成されるが、第五章でみたように、ＬＡＧのメンバーや運営委員会、および議決権をもつ者の構成において、民間人が過半を占める仕組みになっている。ＥＵからの補助金を得て行われる事業だけに、様々なレベルで行政との関わりが出てこざるを得ず、ともすると行政の関与が大きくなりがちである。それにセーブをかけるような制度設計がなされているのである。わが国でも、中山間地域では自治体のサポートなくして活動の継続は難しいだけに、ボトムアップの活動を制度面で保障し、住民の主体性を引き出すような仕組みづくりは重要である。

第三に、最初から地域全体に関わるような活動に取り組むわけではなく、それぞれの地域の実情に合わせた小さな活動の成功例を積み重ねて地域全体の活動に広げていくという活動スタイルをとっている点である。わが国で現在推進されている「小さな拠点づくり」にも通じるような「村の店」の取り組みは、当初人口五〇〇人ほどの旧村からスタートしたプロジェクトが次第に広がっていったものである。また、現在地域全体で取り組んでいる再生エネルギーに関わる活動も、ＬＥＡＤＥＲ＋（二〇〇〇～二〇〇六年）の頃から特定分野で取り組んできており、その成果の上に展開されている。わが国でも先進的な取り組みは多数存在するが、その点的な活動を他の地域に広げ、面的な活動に繋げていく公的なルートは必ずしも確立されてはいない。その点、ＬＥＡＤＥＲ事業の場合、広域連携がうまく活かされているように思われる。

第四に、リージョナルマネージャーの存在である。[11] 集落支援員や地域おこし協力隊とは異なり、大学・大学院で専門性を身につけた人たちも多く、そういった外部人材が、ＬＡＧの活動が円滑に進むようにマネージメントを担っている。リージョナルマネージャーは、地域内のステークホルダー間の調整を行い協働関係の形成をサポートするとともに、リージョナルマネージャー同士の横の連携を通じて、地域づくりのための知識や技術を共有し、「実践知」の蓄積に貢献している（飯田、二〇一四、三八頁）。わが国でも、一九八八年に始まる国土庁（二〇〇一年からは国土交通省）・地域振興アドバイザー事業や二〇〇四年からの総務省とふるさと財団の連携による地域再生マネージャー事業があるが（小田切、二〇一三、九頁）、導入は限定的であり、大学・大学院で専門性を身につけた人をアドバイザーやマネージャーに育てていく視点や「実践知」を蓄積し実践手法の共有化を図っていくような取り組みは、十分に行われているとは言い難い。この点からもＬＥＡＤＥＲの活動は参考になる。

ＥＵの事例をそのまま日本に適応できないことはいうまでもないが、これらの点を日本流にアレンジして取り入れていくことは可能と思われる。ＥＵのＬＥＡＤＥＲ事業から得られるヒントは多い。

七　おわりに

以上これからの協働型集落活動にとって重要と思われるものとして、市町村農業公社、集落営農組織、ＮＰＯ団体、外部人材、農協を取り上げて考察したうえで、ＥＵのＬＥＡＤＥＲ事業の事例から学ぶべき点について検討してきた。

人口減少社会に適合した制度やシステムをつくっていくためには、集落内の活動に足場を置きつつも、やはり集落内外の組織や団体と重層的な協働関係を取り結んでいくことは、今後ますます重要になってくるであろう。とはいえ、組織間で協働関係を構築することはそれほど容易なことではない。本書で、「協働」を「異なる性格をもつ組織同士が、互いに自己革新を遂げながら、共通の目標に向かって対等の立場で活動すること」と定義したように、そこには双方の自己革新の過程が必要とされるからである。とりわけ農村社会には様々な地域資源が存在し、それを中心に社会関係が形成され、閉鎖性が強い社会として展開してきただけに、集落外部の組織と協働関係を構築することには固有の困難が伴う。衝突や混乱を乗り越えて初めて、有益な活動が展開されていくことは、各章の事例からも垣間見られた。

具体的にどのような協働型集落活動が展開されるのかは、地域の置かれた状況によって様々である。その際大事なことは、地域の様々な組織が連携・分担し、全体として地域社会を守っていくことにあるという点は、今回の企画を通じて学んだ点の一つである。地域で暮らし続けるためには、生産条件だけでも生活条件だけでもだめで、その両方が確保されることが必要である。農地の維持を目指す場合、規模拡大は一つの道ではあるが、農地が守ることができたとしても、担い手が減り、地域に暮らす人が減少していけば、地域社会は更なる衰退に向かうことになる。また、地域生活が維持できても、地域農業が崩壊すれば、その地を離れる人が増えるであろう。例えば、南郷共助組合の場合、地域生活の維持を目指しているが、その一方で、地域農業面では、中山間等支払制度への参加を取りやめた集落が出るなど厳しい事態が進んでいた。南郷共助組合の活動は、地域生活を維持する試みではあるが、地域農業を維持する活動との相互理解を深め、「地域社会を守る」という視点で連携して活動を展開していくことが重要と思われる。

地域の様々な組織が連携・分担して活動していくためには、LEADER事業から学ぶべき点として指摘したように、組織間で地域社会の将来像を共有することが重要である。「地域社会をどう守っていくのか」というビジョンを共有することを通じて集落の永続性を目指すならば、それは現代版「村の精神」といえるかもしれない。その将来像を基底において、各集団・組織が有機的に連動して活動していくことが、今後の協働型集落活動にとってきわめて重要なことと思われる。

注

（1）それ以前は、農地保有合理化促進事業の実施主体は、県公社、市町村、農協に限定されていた。法人形態要件は民法法人（財団法人、社団法人）とされた。
（2）以上は、角田市農業振興公社・あぶくま農学校のホームページを参考にした。（http://kakunou.or.jp/sosetsu/gaiyou.html 二〇一七年四月三日最終閲覧）
（3）この点に関しては、京都府の中山間地域に設立された一七の「集落型農業法人」を取り上げその実態を分析した北川太一編（二〇〇八ａ）を参照のこと。
（4）枝番管理型集落営農とは、経理の一元管理を行い、販売・購買名義は組織・法人として一つの帳簿で管理しているが、実態は、構成員ごとの枝番号を用いて、生産物の販売金額を構成員ごとに管理しているカタチだけの集落営農のことである。
（5）以上については、総務省『《定住促進》京都府綾部市『里山ねっと・あやべ』』（http://www.soumu.go.jp/main_content/000063263.pdf 二〇一七年四月五日最終閲覧）も参考にした。
（6）「コ宝ネット」に関しては、「コ宝ネット」のＨＰ（http://kodakaranet.blogspot.jp/ 二〇一七年四月五日最終閲覧）も参考にした。
（7）栗山町の地域おこし協力隊については、栗山町のＨＰ（http://www.town.kuriyama.hokkaido.jp/docs/2015041400014/ 二〇一七年五月二十七日に最終閲覧）も参考にした。
（8）農協合併や平成の市町村合併が地域農業に及ぼした影響については、京都府美山町・大宮町を対象とした庄司俊作（二〇一二）の第九章、および石川県奥能登中山間地域を対象とした佐藤真弓（二〇一三）の論考を参照のこと。

（9）第二七回JA全国大会議案書を参考にした。
（10）EUの様々な農業政策の枠組みから日本が学ぶべき教訓を検討したものに荘林幹太郎（二〇一三）がある。
（11）ドイツのリージョナルマネージャーについては、飯田恭子（二〇一四）に詳しい。

引用・参考文献

飯田恭子「LEADER事業とリージョナル・マネージメントの実態―ドイツ・ヘッセン州の事例―」、『農村イノベーションのための人材と組織の育成：海外と日本の動き』（行政対応特別研究［六次産業化研究］研究資料）、二〇一四年、一七―四二頁
石田正明『農協は地域に何ができるか』、農山漁村文化協会、二〇一二年
小田切徳美「農業公社営農の背景と展望―中山間地域を中心にして―」、『農林業問題研究』第一〇九号、一九九二年、三〇―四一頁
小田切徳美「公社・第三セクターと自治体農政」、小池恒男編『日本農業の展開と自治体農政の役割』、家の光協会、一九九八年、一八五―二二七頁
小田切徳美「日本における農村地域政策の新展開」、地域農林経済学会『農林業問題研究』第一九二号、二〇一三年、三一―一二頁
小内純子「大規模酪農地帯・標茶町虹別における地域づくり運動の展開とその要因―北海道地域社会にみる外発的発展から内発的発展への転回軸―」、光武幸・小内純子・湯川郁子『釧路内陸部の地域形成と観光マーケティング』、創風社、二〇〇七年、一〇七―一七六頁
柏雅之『条件不利地域再生の論理と政策』、農林統計協会、二〇〇二年
桂明宏「集落型農業法人の組織運営とむら社会」、北川太一編『農業・むら・くらしの再生をめざす集落型農業法人』、全国農業会議所、二〇〇八年、三五―五〇頁
北川太一編『農業・むら・くらしの再生をめざす集落型農業法人』、全国農業会議所、二〇〇八年a
北川太一『新時代の地域協同組合』、家の光協会、二〇〇八年b

楠本雅弘『進化する集落営農　新しい「社会的協同経営体」と農協の役割』、農山漁村文化協会、二〇一〇年
佐藤真弓「市町村合併による市町村農政の変化と地域農業への影響―石川県奥能登中山間地域の事例―」、日本村落研究学会企画、佐藤康行編『年報　村落社会研究四九　検証・平成の大合併と農山村』、農山漁村文化協会、二〇一三年、一九七―二三五頁
庄司俊作『日本の村落と主体形成　協同と自治』、日本経済評論社、二〇一二年
荘林幹太郎「EUの農村政策―そのインプリケーション―」、小田切徳美編『農山村再生に挑む』、岩波書店、二〇一三年、二〇九―二二四頁
図司直也『地域サポート人材による農山村再生』、筑波書房、二〇一四年
田代洋一『地域農業の担い手群像』、農山漁村文化協会、二〇一一年
田邊和佳子「自治体農政とむら」、坪井伸広・大内雅利・小田切徳美編『現代のむら　むら論と日本社会の展望』、農山漁村文化協会、二〇〇九年、七八―八八頁
仁平恒夫『中山間地域における担い手型農業公社の現状と展開方向―北陸地域を中心として―』、農林統計協会、二〇〇五年
藤本穣彦「人材配置による集落支援制度の可能性と課題」、『農業と経済』第七六巻第一一号、二〇一〇年、二五―三四頁
宮田剛志「中山間地域における集落営農の運営管理―協業経営型農事組合法人に焦点をあてて―」、高崎経済大学地域科学研究所編『自由貿易下における農業・農村の再生―小さき人々による挑戦―』、日本経済評論社、二〇一六年、一七一―一八六頁
守友裕一「連携型地域形成と公・民パートナーシップ―第三セクターの展開を中心として―」、下平尾勲編『共生と連携の地域創造』、八朔社、一九九五年、一八一―二一四頁
柳村俊介「集落営農の展開―東北―」、高崎経済大学地域科学研究所編『自由貿易下における農業・農村の再生―小さき人々による挑戦―』、日本経済評論社、二〇一六年、一〇五―一二五頁
山浦陽一「中山間地域の農業公社による集落支援の可能性―定点観測三一―」、日本農業研究所研究報告『農業研究』第二八号、二〇一五年、二六九―二九一頁

研究動向

史学・経済史学の研究動向

はじめに

二〇一六年一月〜十二月に刊行された論稿を中心として、史学・経済史学の研究動向をまとめる。日本の近現代を軸としつつ、できるだけ他の時代や外国史の成果を組み込む。以下では、前例通り、日本村落研究学会会員の論稿であるか否かにかかわらず紹介する。ただし例外として、二点の共同研究については、紙幅の関係で本学会会員の論文のみを取り上げた（後述）。

一　村落

斬新なメッセージを発した論稿から紹介しよう。橋本道範『湖辺』のムラの確立と創造」（『ＬＩＮＫ：地域・大学・文化』第八号）は近世になる前に、いくつもの「非力のムラ」が消滅したことを根拠に、ムラが淘汰されるのは歴史的に珍しいことではない。それゆえムラの枠組みを見直し、「新しいムラ」を創造することを躊躇すべきでないとの知見を提示した。中世村落の研究史整理については荘園・村落史研究会編『中世村落と地域社会』（高志書院）の第Ⅰ部「中世村落史研究の歩みと課題」、および「小特集　一五―一七世紀の社会変動」（『日本史研究』第六四四号）が出された。前者は戦前から現在に至る長い研究史を扱っており、村落の権力に対する「従属性」と「自立性」というものが研究において問われ続けてきたことがうかがえる。個別的には、鈴木榮太郎による「自然村」論の提起と時を同じくして、清水三男が「村民の現実に作ってゐる集団生活の一単位」として「自然村落」なる概念を軸に中世史研究を進めたなどの指摘がある。後者は「中近世移行期研究が村の自立性に主眼を置くあまり、その背景に存在するさまざまな主体や権力から蒙る影響を見落としがちであった」といった問題意識のもと、中近世移行期研究の現段階を示した。

長谷川裕子『戦国期の地域権力と惣国一揆』（岩田書院）は「村人の生存」維持という問題に着目しつつ、戦国期の権力や制度の特質とその変容を描き出した。『滋賀大学経済学部附属史料館研究紀要』第四九号は、中世惣村の著名な史料群である菅浦文書を再調査したものであり、中世・近世・アーカイブズの論稿が並ぶ。渡辺尚志編著『相給村落からみた近世社会』（岩田書院）は近世期の相給村落（一つの村落が複数の領主の所領に分割される態様）を検討し、その幕府・領主による支配の特質や、村落内部の「多彩な社会的結合関係」を解明した。

リテラシーは村落「自治」を検討するうえで見逃せない。坂田聡「中世後期における村の文書とリテラシー」（『新しい歴史学のために』第二八九号）は丹波の村を事例に、一五世紀には上層百姓にあっても限られたリテラシーしか持ち得ず「村の書記役」を必要としたが、一六世紀にはリテラシーの向上がみられたことを示した。その一方、冨善一敏「日本近世民間文書主義社会の存立基盤に関する一考察」（『歴史学研究』第九五一号）が、近世天草の「筆者《ふでしゃ》」とは村方文書関係事務を職務として行う「村の書記」であり、リテラシーの低い百姓が文書主義社会に適応できるよう援助したことを明らかにした。東昇『近世の村と地域情報』（吉川弘文館）は、村の「安全」のために情報を収集・選別・記録・分析する村落指導者層の姿を描出した。

①松沢裕作「日本近代村落論の課題」（『三田学会雑誌』第一〇八巻第四号）、②同「官有地・御料地と無断開墾問題」（『同』第一〇九巻第一号）、③同「国民国家論と土地問題のあいだ」（『歴史学研究』第九五六号）は、村請制が解体した近世近代移行期というものが流動性を帯び、その流動性が社会の弛緩や「苛烈」な状況を生んだ点を①③は学説研究、②は森林経営を通して捉えた。こうした流動性をふまえた場合、近世・近代の連続性を前提とした議論は再考の余地が出てくるという。大鎌邦雄「西目地域の藩政村と自治村落」（『農業経済研究報告』第四八号）は中世・近世まで遡って近代村落の「自治」形成過程を探った。坂口正彦「明治期在来産業経営の危機に対する地主の行動」（『大阪商業大学商業史博物館紀要』第一七号）は村落一の地主が家の破産危機を前に村落外の経済活動を停止し、村落内で行動することを選んだ点を挙げ、地主が村落という枠を用いて危険を回避したと解釈した。

高橋明善「村の比較社会論」（庄司興吉編著『歴史認識と民主主義深化の社会学』東信堂）、高橋明善「有賀喜左衛門の民族的性格論と家・村論」（『二一世紀東アジア社会学』第八号）は古典の批判的継承を行う。鈴木榮太郎や有賀喜左衛門は村落自治の分析に余地を残したとの指摘がとくに興味深い。三須田善暢・林雅秀・庄司知恵子・高橋正也「石神調査をめぐる土屋・布施論争について」（『村落社会研究ジャーナル』第二二巻第二号）は名子制度に対する土屋喬雄・布施鉄治・有賀喜左衛門の見方を取り上げる。土屋は山田盛太郎と異なり実証をもって名子制度を理解しようとするも、布施から入会や貧困の問題を捨象していると批判される。その一方、布施は「半封建」概念を曖昧にしたまま議論を進めるという課題を残した。こうしたなか有賀は、土屋・布施の如く名子制度を経済関係としてのみ捉えるのではなく、「農民生活の社会関係、全体的な給付関係を把握し、農村社会構造を解明」していった。

二　家・家族

比較家族史学会監修・加藤彰彦・戸石七生・林研三編著『家族研究の最前線① 家と共同性』（日本経済評論社）は、家の成立と展開を探った共同研究である。紙幅の都合上、農村を扱った章に限定して紹介すると、家の成立について坂田聡「戦国期畿内近国の百姓と家」は、百姓の家を「家産・家業・家名などを、運営主体たる家長の家族内において、基本的には父系直系のラインで代々継承することによって、超世代的な永続を希求する社会組織」と定義した。そのうえで、畿内近国における百姓の家の成立は一五～一六世紀であることを明らかにした。薗部寿樹「中世・近世の宮座と家」は宮座の継承を契機として家が成立すること、それが畿内近国では一六世紀半ば、その周辺では一六～一七世紀であると述べる。

家の安定について戸石七生「関東における家の成立過程と村」は家の持つ権利・義務を株（百姓株式）という形で村落が保存し、家消滅の際は村落が株を別の家に譲渡することで、村落という存在が安定することを示した。こうした株制度は近世インド村落でも存在する（小川道大「近世インドの農村における農民と『家』」）。平井晶子「近世後期における家の確立」は東北農村だけでなく西南農村でも、一九世紀半ばにおいてある程度の永続性を持つ直系家族が標準化したことを示す。市川秀之「家・宮座・共同体」は村落において家の由緒・筋目を重視する「家意識」が浸透する模様を、墓制や座送り慣行（養子の宮座加入に関する慣行）により明らかにした。林研三「下北村落における家の共同性」は衰退すると予期されたオヤグマキ（同族に類似）というまとまりが、一九九〇年代においても強固に機能していたことを発見し、その理由として「ムラの土地」管理においてオヤグマキという単位が不可欠である点を挙げる。

外国史では、植野弘子「婚出女性がつなぐ『家』」が台湾を事例として、均分（分割）相続による家の貧困化に対し、妻の生家の支援が存在することを示す。仲川裕里「家（チプ）からみた韓国の家族・親族・村落」は、韓国の村落は家（チプ）を基礎とするものの、父系血縁原理による村外への転居が頻繁であること、日本の家は経営体、韓国の家（チプ）は祭祀体という性格が強いことを示す。佐藤睦朗「一八～二〇世紀スウェーデンにおける世襲農場の成立過程」は、世襲農場（代々継承される農場＝ファミリーファーム）の一般化は、大農においては農業革命を経た一九世紀、小農においては農外労働市場の発達（単独相続への転換）を契機とした二〇世紀前半であることを実証する。最後に、加藤彰彦「家社会の成立・展開・比較」は「日本文化の地域性調査」（家・村に関する慣行調査、一九六二年実施）を分析しつつ、各章をまとめた。

単著では中島満大『近世西南海村の家族と地域性』（ミネルヴァ書房）が肥前国彼杵郡野母村を事例として、近世後期には人口と家族の地域性（地域の固有性）が、近代化・標準化に向かうも、近代化・標準化が浸透するには近代以降の長い時間を要したことを明らかにした。高橋基泰『イギリス検認遺言書の歴史』（東京経済情報出版）、同『近世英国農村社会経済慣行史論』（愛媛大学法文学部総合政策学科）は遺言書を徹底的に分析した。紙幅の都合で前者のみの紹介になるが、イングランドにおいて、一六〇〇年前後には三分の一以上の成人男性が遺言書を認めていた点、遺言書を書くという行為が幅広い階層に段階的に浸透していった点などについて地域差や性差をふまえ実証した。

三　山村・林業

『年報村落社会研究』第五二集は「現代社会は『山』との関係を取り戻せるか」を特集し、山村には外部の人や技術を受け入れるシステムが歴史的に形成されてきたこと、林業政策は地域の共同性という枠のなかに林業を位置づけはじめていることを明らかにした。歴史分析は三編あり、山本美穂「農山村に刻まれた森林の歴史」は「農業の時間とは全く異なる林業の時間」、すなわち戦後において画一的に植林された人工林の生産周期が一サイクルを迎えるなかでの人びとの歩みを跡づける。福田恵「近代山村における林業移動と人的関係網」は林業移動を介した人間関係が、少ない接触頻度にもかかわらず濃い社会結合を含んできた点、複数の山村が村外者とのあいだに広域に及ぶ固有の人的関係網を蓄積させていた点を見出し、閉鎖的な山村というイメージを覆した。松村和則「『山』を忘れた山村のしのぎあい」は、一九八〇年代のリゾートブームが衰退した後において、社会関係の「多様性」と「可変性」を獲得した村落と、そうではない村落を比較するなかで、村落機能の可能性を探った。

近世では坂本達彦「信州高島藩林政に関する一考察」（『金鯱叢書：史学美術史論文集』第四三輯）は信州高島藩の林政を検討し、藩による盗伐取締が犯人の「捕縛」よりも予防・再犯防止に力点を置くものであったと分析した。芳賀和樹・渡部圭一・加藤衛拡「阿仁銅山山麓における森林資源利用の均衡と対抗」（同上）は森林資源をめぐる阿仁銅山と山麓の村々との関係を考察し、両者が相互依存的であると同時に、せめぎあう関係でもあることを示した。

近現代では池田さなえ「近代皇室の土地所有に関する一考察」（『史学雑誌』第一二五巻第九号）は明治期の北海道御料

林経営を分析し、皇室が国家行政を代替・補完した代表事例と捉えた。青木健「共有林経営の展開と拡大造林」(『歴史と経済』第二三二号)は長野県飯田市の一村落を検討し、共有林から得られる収益の「個別化」と村落内部での利益の「均霑化」が志向されるという、高度成長期以降の森林をめぐる共同関係の特質を見出した。

四　漁村・漁業

伊藤康宏・片岡千賀之・小岩信竹・中居祐編著『帝国日本の漁業と漁業政策』(北斗書房)は「植民地」を含めた「帝国日本」を対象として、漁業近代化の過程を描出した。村研会員の論稿では、伊藤康宏「近代日本の漁業政策と漁業組合」が島根県を事例として、一九三〇年代中盤には一般的な漁業組合でも協同組合としての性格を備え、経営が安定するに至ったことを示した。足立泰紀「国司浩助の『経営構想』」は、水産業こそ食糧問題の解消という「社会的使命」を持ち、かつ農蚕業と比べても近代化が「容易」であるとの認識のもと、水産業「近代化」を牽引した人物の「経営構想」を明らかにした。高木秀和「三重県志摩漁村片田における近代の漁法の変化と漁村社会の対応」(『愛知大学綜合郷土研究所紀要』第六一号)は明治・大正期志摩の一漁村を対象として、漁法の変化に伴う漁村社会の変容(漁民のアメリカへの移民など)を描いた。

五　地域資源・地域環境

地域資源研究については、伊丹一浩「地域資源管理に関する歴史研究の展望」(『村落社会研究ジャーナル』第二三巻第二号)も参照されたい。以下では同論文との重複をおそれず紹介する。『歴史地理学』第五八巻第一号は「地域資源の歴史地理」を特集し、「地域資源」を「生活に根差した実体」と捉えたうえで、その「帰属や政策に翻弄されながら」「実践されてきた営為」を「権力と所有」・「市場と生活」・「技術と利用」の三局面に焦点を当て検討した。村研会員の論文では、米家泰作「草原の『資源化』政策と地域」が草原を森林に転化することで資源化をはかろうとした「林政・林学の論理」に対して、長野県木曽の一村落では草原を維持するという「地域の論理」が貫徹された点を示した。湯澤規子「地域づくりの系譜」は山梨県勝沼を事例として、地域づくりとは住民自らが「ここに生きてよかった」と実感し誇れるものにしていく活動であり、こうした活動が無尽講的組織を背景として存続してきたことを示した。伊丹一浩「フランス山岳地における地域資源としての灌漑の意義と制度変化」は一九世紀を対象に、地域の能動性によって灌漑用水が整備されていく事例を取り上げた。その背景として住民の市場経済への

「志向」があったが、用水整備の重い費用負担は住民を市場経済により強くコミットさせる契機になったと分析した。

『林業経済研究』第六二巻第一号は、「自然資源管理の論点―林業経済学研究の視点から―」を特集し、「地域」（栃木県高原林業地）・「林業技術官僚」・「市民」に焦点を当て、自然資源管理の内実を明らかにする。いずれも意義深いなかで、一点だけ紹介すれば、山本伸幸「テクノクラートと森林管理」は近現代日本における国家や市場の暴力性を前に林業技術官僚は「ナイーブ」たらざるをえなかったとの見方を示した。

さらに、二〇一七年の業績のため短い指摘にとどめるが、『歴史と経済』第二三五号は、「資源利用・管理における『国家』・『地域』」を特集した。高柳友彦「趣旨説明」によってその骨子を示せば、「資源利用を秩序づけている主体は、住民組織に限るわけではなく」、「近代国家成立以降の資源利用・管理は、地域社会と国家行政機構との関わりのなかで秩序付けられていた」との観点から、「近現代の資源利用・管理において『国家』が、地域社会との関わりの中で、どのような役割や機能を有していたのか」に迫った。

橋本道範「地域環境史の課題」（『日本史研究』第六四九号）は、人間も自然も歴史の主体であるとの認識に基づいて「地域環境史」という枠組みを提起した。その場合の地域の定義は「主体である地球科学的自然が創り、主体である生態学的自然と人間とがともに選び取った範囲」というものになる。

平野哲也「近世村落における百姓の生業選択」（『新しい歴史学のために』第二八九号）は、自然環境と社会環境（制度・市場）に規定されつつ創意工夫を重ねる百姓の姿を描いた。新垣夢乃「澎湖諸島七美嶼における刺突漁具の変遷についての若干の考察」（『民具マンスリー』第四九巻第四号）は漁具の変遷から地域における環境認識の変容を見出した。

『日本史研究』第六四六号は「古気候学データとの比較による歴史分析の可能性」を特集し、中塚武「高分解能古気候データを用いた新しい歴史学研究の可能性」は「年輪セルロース酸素同位体比による年代測定」により、長期スパンで年単位の降水量が判明することを示した。そのうえで田村憲美「日本中世史研究と高分解能古気候復元」は中世村落、鎌谷かおる・佐野雅規・中塚武「日本近世における年貢上納と気候変動」は近世村落を題材として、かかるデータにより判明した気候変動が社会に与えた影響について検討した。

六　日本古代・中世・近世史

高島正憲「古代日本における農業生産と経済成長」（『社会経済史学』第八一巻第四号）が、積極的な墾田政策は耕地面積の拡大や生産量の増加に寄与したものの、律令国家が形骸化するにつれ農業生産が停滞的となり、結局は古代を通じて大幅な経済成長は起きなかったとの知見を示す。水鳥川和夫「稲束量の見直しによる古代の水田生産力規定と租税徴収升の再検討」（『同』第八二巻第一号）は、古代の計量単位であった「稲束」をより正確に計測した。その結果、実際上はさておき、法令上は班田収授法の下、農民は必要な食糧を賄うことができたとの分析を得た。鋤柄俊夫「絵図と紀年銘石塔石仏にみる中世村落遺跡の諸相」（『新しい歴史学のために』第二八九号）は、とくに信濃国伊那郡伊賀良荘の景観を復元し、中世前期村落の典型の一つとなり得ることを提起した。

渡辺尚志編著『生産・流通・消費の近世史』（勉誠出版）は、近世期の生産・流通・消費について、食糧・肥料、衣料・嗜好品、書物・文房具、さらには山村と海村の固有性に焦点を当てた。田中美帆「近世日本農村工業化先進地域における信用市場」（『社会経済史学』第八二巻第一号）は、長州藩による生産活動奨励と藩札の発行によって信用市場が発展し、経済成長が促進された点を明らかにした。吉岡拓「近世後期地域社会における天皇・朝廷権威」（『恵泉女学園大学紀要』第二八号）は禁裏御料における天皇の権威を借りた漁業権獲得行為に焦点を当て、近世・近代における天皇権威の質的差異を示した。平下義記「近世近代移行期における福山義倉の質的変化」『広島経済大学経済研究論集』（第三九巻第一・二号）は近世において義倉は、藩と義倉創業者（豪農商）との「惣有」状態にあったが、近代になって創業者による義倉の「家産化」が生じたと指摘する。磯本宏紀「阿讃国境地域の生業と信仰をめぐる交流」（『徳島地域文化研究』第一四号）は信仰・婚姻・出稼ぎ・「借耕牛」など阿波・讃岐間の移動に焦点を当てる。

七　日本近現代史―明治・大正―

農産物生産・流通について、上山和雄『日本近代蚕糸業の展開』（日本経済評論社）は、一九世紀後半から二〇世紀初頭を対象として、横浜生糸商・地方製糸家・養蚕農民という三つの経済主体の行動をアメリカ生糸市場の動向を追跡しつつ捉えた。加藤伸行「日露戦後養蚕業の発展構造」（『日本歴史』第八一四号）が養蚕業後進地域たる西日本では、資本や技術的な蓄積の不備を勧業政策が代替したことを示した。白井泉「戦前期青森県における『米と林檎』を軸とした農家経営と地域発展」（『農業史研究』第五〇号）は「遅れた」地域とみなされてきた東北農村において、津軽リンゴ農家が生活水準の向上を実現し得たメカニズムを解明した。

米と肥料の不正防止に関する論稿が出された。大豆生田稔『防長米改良と米穀検査』（日本経済評論社）は防長米を事例として、明治維新に伴う社会変動によって機械主義的な取引が横行し、粗悪米が流通したことを受けて、米穀検査の規格化・標準化が構築されていく過程を示した。坂根嘉弘「近代日本における不正肥料と全国肥料取次所」（『歴史と経済』第二三〇号)、同「全国肥料取次所の成立」(『松山大学論集』第二八巻第四号)は、不正肥料流通が問題となるなか、明治・大正期において全国肥料取次所なる組織が、農会の共同購入事業を通して、成分保証された肥料を農民に供給した点を明らかにした。

都市近郊農村について、筒井正夫『巨大企業と地域社会』(日本経済評論社)は富士紡績それ自体の経営史を検討すると同時に、巨大工場の出現という近代固有の「事件」を受けた地域社会の対応を描いており、教育、衛生、治安、交通、インフラ、地方行財政など多岐にわたる問題群を論じた。湯澤規子「近代日本の産業地域形成期における農家経済構造の変化」(『史林』第九九巻第一号)は産業地域形成期(一八八〇〜一九三〇年代)における産業としての工業と農業との分離が、農家経営レベルでは多様な「生業」を行う「百姓」から農業に専念する「農家」への変化として現出したとの知見を提示した。岡田航「明治初期南多摩郡堀之内村の農業と地域経済」(『多摩ニュータウン研究』第一八号)は、明治前期の商業的農業の特質を明らかにした、多摩ニュータウンの来歴を辿る論稿である。

八　日本近現代史―戦前・戦時―

小林啓治『総力戦体制の正体』(柏書房)は奥丹後の村を事例に、行政村(村役場)、なかでも兵事事務に焦点を当て、村における総力戦体制を描出した。「『自治村落の壁』は、行政的な強制の前には無力だった」(三三四頁)など農村史研究に対しても論点を提起した。藤栄剛・仙田徹志「戦前日本における農家家計の生産性と集計的ショック」(『農業経済研究』第八八巻第二号)は著しい経済ショックが農家家計の生産性に及ぼした影響について昭和恐慌を事例に検討し、生産性が低下するメカニズムや、ショックの地域差・階層差を定量的に分析した。小島庸平「一九三〇年代日本の養蚕型地帯における地主小作関係」(CIRJE—J—275)は長野県の一行政村を事例に、家々の小作契約を網羅的に検討した。小作料減免が地主側の事情に強く規定されていたことなどを示し、小作人が複数の地主と契約を結んでいることは小作人に有利であることを意味しないと分析した。坂口正彦「戦前・戦時農村における労働力移動の特質」(『大阪商業大学論集』第一八四号)は家事使用人や商店への奉公など統計に現れにくい進路先を含めて、徳島県の一農村における若年者の労働移動を検討した。

帝国日本の植民地支配について、許粹烈(庵逧由香訳)『植民地初期の朝鮮農業』(明石書店)は、日本統治下の朝鮮において農業近代化が果たされたとする議論を実証的に批判した。玉真之介『総力戦体制下の満洲農業移民』(吉川弘文館)は構造政策批判(近代主義批判)の立場から「満洲」移民政策史を描き直した。具体的には、日中戦争以降の食料需給の逼迫化を契機として、政策担当者のあいだで構造政策の一環としての「満洲」農業移民、および「満洲」における北海道農法導入への期待が高まる。こうした期待が戦時になっても多くの移民が送出された要因である、という知見である。細谷亨「満蒙開拓団と現地住民」(『立命館経済学』第六四巻第六号)は満蒙開拓団の態度が通説では捉えきれない様相をみせていた点(たとえば、現地住民を農業経営の模範とみなす場合すらある)を明示した。今泉裕美子・柳沢遊・木村健二『日本帝国崩壊期「引揚げ」の比較研究』(日本経済評論社)は敗戦後の「引揚げ」に関する研究の現段階を示した。具体的には「戦前における日本人の帝国圏への移民の過程、引揚げのプロセス、そして戦後の引揚げ後の歩みを、可能な限り連続したものとしてとらえ」る研究傾向があること、「日中・日台・日韓の研究者が」、「事例発掘」、「慰霊碑」建設を進めるも、なお「歴史認識や国際認識の面」で課題が残されていることを指摘した(三七二頁)。事例研究では趙彦民『「満洲移民」の歴史と記憶』(明石書店)が長野県の一開拓団を対象として、引揚げ者、残留孤児、現地住民のライフヒストリーを綴った。

九　日本近現代史―戦後―

福田勇助『日本農地改革と農地委員会』(日本経済評論社)は複数の村の農地委員会分析を通して、日本の農地改革を「農民参加型」土地改革と規定した。こうした規定の根拠として、村ぐるみの改革実行体制の整備、村民合意を調達する適切な農地調整、改革を順調に進める弾力的法運用などを挙げる。齋藤邦明「一九五〇年代前半における地域農業政策の展開」(『立教経済学研究』第六九巻第五号)は新潟県を事例として、一九五〇年代の地域農業政策が、農地改革や基本法農政とは性格を異にする固有の存在と位置づけ得るものであることを示した。永江雅和「日本の復興と農業に対する世銀融資」(『歴史と経済』第二三一号)は世界銀行の融資により作られた愛知用水を事例として、同事業が外貨導入の象徴となることで計画通り進捗した点、長期にわたる事業のため事業開始時と完成時では異なる役割を与えられた点などを明らかにした。阿部友香「年季農業奉公における出替り交渉」(『村落社会研究ジャーナル』第二三巻第一号)は戦後の庄内を対象として、従属的存在とみなされてきた奉公人(年雇)の主体性、すなわち奉公人が雇い主とどのように交渉し、賃金値上げや他家への移籍をなし得たのかを示した。柏尾珠紀「稲作農業の機械化と女性農業労働の変化」(『滋賀大学総合環境研究センター研究年報』第一三巻第一号）は、稲作の機械化が男性一人に技能を集中させる一方、女性の作業量も増加するという側面を発見した。

『農業史研究』第五〇号は「農家・農村の戦後と高度成長を穿つ―移動と女性と高齢者―」を特集した。奥井亜紗子「学歴主義の浸透と農村長男の都市移動」は農村の長男が都市移動することの地域・家族・長男自身にとっての意味づけが、戦前生まれ世代と団塊世代では大きく異なることを、地域学校制度の変化をふまえて描いた。岩島史「農村女性政策によるジェンダー構築の重層性」は戦後における農村女性を対象とした種々の政策を「農村女性政策」と捉え、通説のように農村女性が専業主婦として期待されることもあれば、通説と異なり女性が農家・農村の主人公、ひいては「自治」の担い手としての姿を求められる場合があったことを明らかにした。安岡健一「高度成長期地域社会における高齢者の研究」は高齢者を「劣弱」「老朽」といったレッテルから解放し、戦後史の対象としてたちあげた。長野県飯田市の一リーダーの歩みからは、高齢者が自身と社会の在り方を変えるべく行動する様子が明らかになり、その行動は「趣味」「学習」を軸とした「運動」の性格を帯びるものであった。伊藤淳史「コメント」は「戦後農村社会の主役」たる「昭和ヒトケタ世代」の動向を軸に、以上の三論文を相対化した。

「核災害」については小路田泰直・岡田知弘・住友陽文・田中希生編著『核の世紀』（東京堂出版）を得た。一部の紹介にとどまるが、岡田知弘「原発立地政策の形成過程と地域」は電気事業者のPR活動（安全神話の普及活動）と科学者による反対運動の地域における展開を描く。中嶋久人「一九六〇年代における原発誘致と村落社会」は美浜原発を事例に、村落と県・町村では原発受容をめぐって要求項目が異なることや、原発受容、近代化に伴う「共同体的な村落社会」の弱体化、原発に従属した社会の誕生という道程を示す。新潟水俣病について、関礼子ゼミナール編『阿賀の記憶、阿賀からの語り』（新泉社）は「語り部」の声を収録した。その語りは「被害の社会的承認」を得る段階から、他者どうしが「修復」するためのものへと変容したという。

近世・近現代を貫く長いスパンの論稿として、細谷昂『庄内稲作の歴史社会学』（御茶の水書房）は近世から戦後の庄内を事例として、家・村・地域住民による自主的な組織が農法変革の主体となった点を根拠となる史料を提示しつつ再論した。裏直記『農山漁村の生業環境と祭祀習俗・他界観』（岩田書院）は紀州日高における村落生活・生業・信仰の「大系」を捉えた。

十　外国史

山崎彰「ブランデンブルク農村史研究の課題」（『歴史と経

済』第二三〇号）は大塚久雄共同体論が示した耕区制とは異なる土地利用（具体的には付加耕地、ブロック地、外畑）が無視できない規模で存在すること、耕区制（背景としての村落共同体）に代わり、近代移行期において農業協会なる組織が農業経営上重要な役割を果たすことを明らかにした。足立芳宏「『静かな』農業・農村革命」（『生物資源経済研究』第二一号）は戦後西ドイツ農業の「画期性」と背後にひそむ諸問題（エコロジー運動における専業的農民の孤立など）を試論的に提示した。イギリス農業史では並松信久『農の科学史』（名古屋大学出版会）が農学、國方敬司「ウォータ・メドウズとウェセクス農業革命」（『山形大学紀要（社会科学）』第四六巻第二号）が農法の展開を描いた。

石川博樹・小松かおり・藤本武編著『食と農のアフリカ史』（昭和堂）は「アフリカの農業および食文化の基層に迫」る。本書が示した知見として興味深いのは、アフリカにおいて「種子が小さい雑穀が栽培」されてきた理由は、「変動の大きい環境のなかで短い期間で一定の収穫物を得ようという生存戦略がある」点（七二頁）、「アフリカは気象災害に対して、世界のなかで最も脆弱な地域である」ため、「食料を確保するための」「制度やネットワークを発達させて」おり、その典型が物々交換である点（二六八頁）など多数ある。「アフリカの現代史は」「外部からの抗しがたい政治経済的な圧力によって形成されてきた」（二三七頁）。それだけでなく「今この瞬間」においても、「権利侵害」されている「農民」が存在しているがゆえに、アフリカ研究は「研究者の当事者性」（三四一頁）をより強く突きつける領域であることがわかった。

おわりに

時代や地域の違いを越えて、共通する研究傾向は以下の三点だと考える。第一は地域資源、地域環境という分析枠組みが「なぜわざわざその概念を使うのか」という批判と格闘しつつ磨かれている。これらの研究の多くは、現在の地域政策・観光政策の動向をふまえたうえで、地域住民と環境・資源との日常的な関係性にこそ光が当てられるべきであるとの認識がある。第二に林業移動労働者、奉公人（年雇）、高齢者などの「主体性」を明らかにした研究が豊かになりつつある。これらの研究は描かれてこなかった歴史に焦点を当てるという貴重な作業を行うだけでなく、従来の社会の見方それ自体を変えていこうとする。第三に地域社会に介在する権力（領主、国家など）の存在をふまえ、もう一度歴史を組み立てようとする動きがみられる。すなわち、地域社会は自立的であるのか従属的であるのかという問いの立て方から、地域社会が持つ自立性と従属性の双方に目を配り、自立や従属の程度を具体的に示すという研究傾向に変化しているように見受けられる。戦後歴史学（＝地域の従属性を析出）、戦後歴史学批判（＝地域の自立性を析出）を経た現局面の研究傾向であると解釈しうる。

（坂口　正彦）

農業経済学の研究動向

はじめに

本稿では二〇一六年に刊行された『農業経済研究（八八・一）』『農業経営研究（五四・一）』に掲載されている研究大会の内容を報告する。この二誌に加えて『農林業問題研究』の各誌の論文より農業経済分野についてまとめる。

一　二〇一六年度日本農業経済学会大会

戦後七〇年を迎えるにあたって、二〇一六年度の日本農業経済学会大会では「戦後農政の展開過程―わが国の農業政策モデル―」と題して、稲作と農村を取り巻く農業政策を紐解き、各政策の評価を試みている。戦後といっても七〇年間をひとくくりに取り扱うのは大変なので、新農政（一九九二年）以降の二五年間の農業政策についてみている。

時代が変わっても、農業政策の根幹はやはり水田農業である。最も大きく変わった政策理念「価格支持から直接支払い」、その経緯について、安藤光義の「水田農業政策の展開過程」では、農林水産省の予算推移からその実態をみている。安藤による報告の引用が少し長くなるが、水田関連政策は、この間の変化する国際情勢と政策転換が複雑であり、農政の基本であるため、詳細にみておきたい。

一九八九年頃のバブル経済を背景とし、自主流通米が急激に拡大、一九九五年の米の販売自由化を契機として、経営政策に比重が移行していった。その際の予算は、計画流通米助成の廃止で捻出した七〇〇億円規模しかなく、一九九八年に登場した稲作経営安定対策では、米価の下落幅が一割を超えると基金不足になるという危機的事態にあることを指摘している。本来ならば、政策の内容に対する予算枠が必要であるが、予算枠ありきという政策のあり方を本末転倒だと安藤は指摘する。二〇〇〇年に体系化された水田農業経営確立対策においては、団地化だけでなく、土地利用集積型も後押しし、大規模経営体の育成が図られ、生産調整は順調に進むかにみえた。だが、米価下落に対する稲作経営安定対策の基金が政治的思惑により基準価格が引き上げられたため底をつき、最終年を待たずして政策の見直しに着手せざるを得なくなった、と予算の制約に加えて政治的意向が番狂わせに加担したことが指摘されている。続いて二〇〇四年から始まった米政策改革の際に登場した産地づくり交付金はそれまでの実績から一層の生産調整が進むと推測した結果の政策であったが、むしろこの政策により二〇〇四年から二〇〇六年まで超過作付面積は増加してしまう。二〇〇七年からは品目横断的経営安定対策（後に水田・畑作経営所得安定対策に名称変更）が始まり、面積要件、経理の一元化と将来の法人化を義務づけるという規模要件を課した経営体選別の政策であり、本政策によって集落営農数が劇的に伸びた。同時に麦・大豆への転作に積極的な大規模経営ほど助成金への依存度を高めるという実態もみられた。この時も産地づくり交付金はそのままで、転作面積は増加せず、米の供給過剰と米価下落に歯止めがかからなかった。しかも、最終的には、政治介入による過剰米の買い上げ、市町村特任制度の導入によって規模要件は大幅に緩和され、骨抜き状態にされた。また長引く米価低迷が個別所得補償制度に対する期待となり、二〇〇九年の総選挙で民主党に政権が移ると個別所得補償制度が立ち上げられた。ここで予算に目をやると、個別所得補償制度により水田農業政策の予算は増大したが、農林水産省全体の予算は減額されており、土地改良事業予算から捻出されたものであった。旧来の予算の仕切りを崩した点は評価できるが、政権交代という追い風の下でも予算の純増はありえないのだとすれば、財政の制約のため繰り返してきた政策変更は今後も続くのではないか、と安藤は指摘する。また、再びの政権交代後では、個別所得補償制度の内容は変更され、名称も米の直接支払金となり、二〇一四年から支払単価は半減され、二〇一七年で廃止される。これに伴い生産調整も廃止される。

二〇〇〇年の水田農業経営確立対策以降、個別経営の大規模経営ほど経営に占める補助金の割合が高くなり、一九九五年の一〇ヘクタール以上層の補助金割合が二％だったが、二〇〇三年には八％まで上昇している。こうした趨勢は二〇〇七年から始まった品目横断的経営安定対策によって決定づけられ、大規模経営の補助金依存度は急速に高まった。転作作物に対する支持を価格政策から直接支払に置き換えたからである。さらに二〇一〇年の個別所得補償制度は補助金への依存度を全階層で押し上げた。なかでも、二〇一三年の二〇ヘクタール以上層では四〇％台に達している。

一方で、集落営農と組織法人経営に目をやると、補助金への依存度は個別経営よりも高く、二〇〇七年を境に二〇％台から三〇％台へ、二〇一〇年を境に三〇％台から四〇％台へと急増している。政策が反映された結果とみてよいであろう。また組織法人経営においても、二〇一〇年に二〇％台から三〇％台へと上昇している。どちらの組織も農業収入から農業支出を差し引いた農業収支は赤字で年々赤字幅は大きくなっており、補助金への依存度を年々高めているといえる。また、任意の集落営農と法人の集落営農を比較すると、米の直接支払交付金の割合は法人化した集落営農は二〇％、任意組織の集落営農は一五％程度で推移しており、法人の方が稲作の比重が高い。これに対して畑作物の直接支払交付金は任意組織の方が法人組織よりも一〇ポイント以上も高い。これは、任意組織が転作水田の担い手としての性格が強いことが示されている。最後に安藤は、今以上の予算の制約が進められると、水田の維持は困難であることを指摘している。

続いて前田幸嗣は「米の価格・所得政策のモデル分析」と題し、生産調整対策と農業技術の向上に対する生産者の不満の程度について計測している。まず、一九七五年以降における米の価格・所得政策の画期について作業仮説を立てている。ただ、分析輸入米は基本的に主食用米市場から隔離されてきたので、国境措置は今回の分析対象から除かれている。この仮説をもとに、統計的検定が行われ、米の価格・所得政策の画期は一九八七年と二〇〇四年であること、および一九八七年以降の米の価格・所得政策は米の供給量を調整することによって、米価の急落を抑制しつつも、その調整量の決定に市場原理を利用し、米価の下落基調を容認した政策であるとモデル化しうる、と結論づけられている。また、五つのシナリオを描き、二〇一七年に廃止される生産調整後の生産者の不満解消のための期間計測が行われている。五つのシナリオのうち、不満解消が最も早いシナリオは「飼料用米の多収が達成され（十アール当たり十万五千円が交付されると仮定）、かつ、米の所得補償交付金、ナラシ対策交付金および戦略作物助成金交付、多収性専用品種への取り組みにともなう産地交付金が交付される」シナリオであり、その場合には二〇一八年から不満が解消されるが、多収性専用品種への取り組みに伴う産地交付金の交付がない場合、飼料用米生産者価格が十円／キログラムでは二〇二四年まで、二十円／キログラムでは二〇二〇年まで解消されない。飼料用米の多収が未達成で主食用米作と同水準で技術改良が推移する場合（飼料用米の売上額が少しずつ増えると仮定され、かつ十アール当たり八万円が交付で交付金は現在の水準）には、二〇三〇年になっても不満は解消されないという結果となった。つまりこの結果より、現状のままでは全く不満が解消されないということであり、飼料米の多収技術が高まる、あるいは飼料用米の単価が引き上げられなければ、水田農業からの離農者を止めることはできない、ということである。

続いて細山隆夫によって「農地・構造政策と大規模水田作経営の展開」と題して報告され、農地・構造政策の変遷下における農業構造変動と大規模水田作経営の展開状況を明らかにしている。一九九〇年代以降、昭和一桁世代を含め、離農の大量発生が続いているが、大規模水田経営の形成が続いている。その理由としては、農家の大規模化と農家以外の担い手が比重を高めているからである。特に北海道では、農地・構造政策が効果的に機能し、政策の描く構想が理想的に実現されてきたものといえる。北海道に次いで北陸で大規模借地経営が展開している。そこでは、労働市場の展開下、兼業農家の農地貸付けを通した在村離農、土地持ち非農家化が進む。同時に少数の担い手が大量農地を借り入れ、大規模借地経営に発展している状況にある。二〇一五年の「食料・農業・農村基本計画」第四次策定では、担い手の明確化、法人化が重視され、担い手の絞り込みに一層の力が入れられると推測している。

続いて藤栄剛によって「農地・構造政策と農地集積」と題して報告されている。農林統計の個票データを活用して新政策以降の農地集積に関わる政策の有効性を検討している。一つ目に、認定農業者制度による農地集積効果の有意性についてみている。二〇〇〇年から二〇〇五年、二〇〇五年から二〇一〇年にかけて、認定農業者になることで、一戸当たり約〇・四～一・六ヘクタールの農地集積が図られたことがわかった。またほぼ借り入れによる成立であることもわかった。二つ目に、家族経営の法人化による農地集積効果の優位性についてみている。いずれの間でも非有意であり、法人化は農地集積にインパクトをもたらしていないことが明らかとなった。三つ目に集落営農の法人化による農地集積効果の優位性についてみている。品目横断的経営安定対策に対応するためのいわゆる政策対応型集落営農とそれ以前に法人化した集落営農とでは、性格的に異なることを既存文献の引用から指摘し、二〇〇五年以前に設立された集落営農組織についての結果をみてみると、東北と九州を除く地域で、法人化による農地集積は統計的に有意であることがわかった。二〇〇六年以後設立された集落営農組織でみると、北陸と中国を除いて統計的に非有意である。以上のことから、認定農業者制度によって、意欲的な農業者に対する集中的な支援措置は農地集積に有効に作用したことが明らかとなった。

次に、農村地域政策について、価格支持から所得補償へと転換した最初の政策、「中山間地域等直接支払制度」を中心に所得補償制度による効果を橋詰登が実証的にみている。中山間地域等直接支払制度が展開されたのは二〇〇〇年であり、その背景として、中山間地域への個別対応の必要性が一九八〇年代後半からいわれ、一九九〇年農業センサスから農業地域類型別の集計が公表されるようになり、中山間地域の農業生産条件の不利を補正し、農業生産活動の継続、多面的機能の確保を目的として始まっている。五年に一度の見直しがされており、二〇一五年度からは四期目で、二期目から導入されていることは、水路や農道の管理活動にとどまるものは、それ以前の八〇％単価となり、農業生産活動を強化する場合に一〇〇％単価となった。また、規模拡大や担い手に農地を集積させる土地利用調整、耕作放棄地の復旧、法人化に取り組む場合には、いずれも加算されることになった。農業構造改善の推進を強く意識したものになっている。この効果について、耕地および作付面積統計によって、耕作面積の推移がみられているが、明らかに二〇〇〇年以降はその減少割合が緩やかになっている。本制度の効果といえよう。また、本制度によって農村現場から評価されていることは、誘導的目的であった農業構造の再編よりも、結果として集落のコミュニティ維持や活性化への評価が高いことが報告されている。

最後に中谷朋昭によって「農地・水・環境保全向上対策の評価と多面的機能支払への展望」と題して、二〇一五年より法整備化された直接支払制度への評価について言及されている。現在、国による政策評価の数値指標は、主として参加者数に基づくものであり、農業の多面的機能の維持にどの程度貢献しているのかによって規定されているのではなく、本質的な評価軸としては検討の余地があるとしている。その上で、現状の日本の政策評価ができる手法として、対照群を考慮しない処置群の前後比較による分析と疑似実験デザインに分類されるATT（処置群における平均処置効果）の単純DID（差分の差推定法）分析、数年間を評価する手法であるPSM―DID（傾向スコアマッチング差分の差）分析によって総合的な分析を試みている。まず、農地・水環境保全向上対策における共同活動支援に関する「農地の保全管理」「農業集落の活動」「地域資源の保全活動」を評価したところ、それぞれのデータより、処置群の前後比較が可能な農地の保全管理活動においては、経営耕地面積が有意に減少しているものの単純DIDおよびPSM―DID分析では有意差が認められない。また、不作付地率では、処置群の前後比較での効果は認められないが、単純DIDおよびPSM―DIDでは有意に減少している。この結果から本政策への参加によって、田の不作付地率は約二％減少することが想定できるとしている。一方、「農業集落の活動」「地域資源の保全活動」については、単純DIDおよびPSM―DID分析によってほぼすべての成果指標に有意な効果がみられ、評価できることが推計された。次に営農活動支援について「取り組んでいる経営体率」「化学肥料を低減した経営体率」「農薬を低減した経営体率」「堆肥による土づくりをしている経営体率」についての評価をみると、前後比較による評価および単純DIDによる推定では、すべての場合で成果指標が有意に上昇しているが、PSM―DID分析では、ほとんどの成果指標では有意差を持たない結果となり、環境保全型農業への取り組みに対する営農活動支援の効果は、本稿の分析結果をみる限りでは、政策効果としては認められないとしている。一つは評価法によって結果が変わってくるということであるため、単純な参加者数の評価だけでは、政策をうつ場合とうたない場合で、本来、政策が目標としている多面的機能の向上の評価は明言できないということである。対象者を絞り込む政策と異なり、その費用対効果を客観的には評価できないこと、また分析手法の面でも、統計理論の精緻化は進んでいるものの、実証分析に適用する際、データの制約やマッチング方法の選択基準がないことなど、課題が少なくないことを指摘している。

二　二〇一六年度日本農業経営学会研究大会

日本農業経営学会の研究大会シンポジウムでは、人材そのもの、および人材育成と、ビジネスに焦点が当てられた報告が行われている。一番目に川崎訓昭により「農業経営の発展とアントレプレナーシップ」と題して、農業経営体の中でも、近年増えつつある企業的な農業経営体への発展に伴って必要とされる条件の検討がなされている。アントレプレナーたる「人」が影響を与えた環境・条件、「人」に影響を与えた環境・条件とそれらの関係性について、事例分析している。結果、経営能力に優れた本人以外に経営者の能力やアイデアを引き出す組織能力、自経営を取り巻く制度や文化・環境の効果的な利用、自経営の強みを引き出す外部主体との連携の四要素が組み合わさり、飛躍的な発展を遂げていると分析された。また、それらの要素間で生じる阻害要因の折り合いを図るために、組織間コンフリクトの調整や集落・地域ガバナンスの構築を図っていることが見受けられたと報告されている。その内容は、第一に組織そのものが果たす役割として、地域内農業者をさまざまな場面で支援する「サポーター」としての役割である。第二に地域やその他主体が抱える多様な対立を調整・仲裁する「メディエーター」としての役割である。第三に自経営体に続く経営体を育てるアントレプレナーの「メンター」としての役割ということである。

続いて、坂上隆らによって「農業法人の経営発展と経営者育成」と題されて、筆者本人の家業について、個人家族経営から（株）さかうえに法人化した過程を分析している。個人家族経営から法人化し、大きな発展を遂げるためには、経営の改善・改革アプローチとして、「プロダクト」「プロセス」「マインド」の三点におけるイノベーション、すなわち「イノベーション・トライアングル」が必要といわれている（日本能率協会ウェブサイト http://www.jmac.co.jp/consul_scene/interview/200903/01.php）。この概念にそって、（株）さかうえでもそれぞれの視点からの変革があったことを指摘し、加えて、組織の人材のあり方を変革したことが成功要因の一つだと分析している。すなわち、求人に大学新卒を中心とし、二〜三年で技術の基礎知識の習得と同時にマネジメントの基礎を学び、三年目からは担当作物を請け負うという流れである。一方で、マニュアルも作成している。このマニュアルが特徴的で、作業マニュアルだけでなく、思考マニュアル、農業工程情報による日々の農場での作業情報を管理することと、人工割とよばれる作業員の時期別必要作業量を把握するために作成される表、畑割とよばれる圃場の輪作体系を把握するために作成される表、財務実績情報も日々確認できる仕組みを整えている。これらの作成により、さかうえ農場内での情報共有、これらの管理を行える人材を育成することが農業経営の飛躍につながったと分析されている。

最後に齋藤茂樹によって「農業経営とベンチャーキャピタル」と題して、ベンチャービジネスから発展した農業経営が成立するための条件について他産業と比較しながら検討している。農業ビジネスで儲かるビジネスモデルの検討で、現状の農産物の高付加価値化は、高利益率商品事業の考え方からすれば、例えば、機能性野菜などがあったとしても、それまでの二倍、三倍の価格ではなく、一〇〜二〇％の利益率の高さでしか取引されないのであれば、それは単なる広告宣伝機能として野菜機能性を使っているにすぎず、高付加価値商品を作り上げたということにならない。もしくは、他のフランチャイズ店のように全国や世界に規模拡大されなければ、利潤があがらない。こういった視点で日本の農産物を捉えたときに、現時点ではモデルになるような経営体が容易には思い浮かばない、というのが現状であり、アントレプレナーのある経営者を育成することがキーになっていくとくくっている。

三　二〇一六年に公表された研究のまとめ

今回は、生産部門に絞って稲作生産関連と野菜・果樹生産関連、畜産関連の研究に分けてみてみる。紙幅の関係で報告できないが、『農業経済研究』では環境問題に関連する論文、『農業経営研究』では人材育成に関連する論文、『農林業問題研究』では消費に関連する論文数が目立つ。

1　稲作栽培関連

米に関する研究においては、米政策を反映して、主食用米と非主食用米に関する論文に区分できる。主食用に関する論文では、米の生産技術や生産量そのものに着目した論文は見受けられないが、日本農業経済学会大会のミニシンポの報告として、秋田県大潟村における稲作の変遷について「水田農業の次世代モデルを問う」（『農業経済研究』八八・三）で詳細に報告されている論文は興味深い。大潟村といえば、約半世紀前に日本農業の将来モデルとして大型機械化営農が展開され、入植者ばかりで自分たちによる協同体制を持たされた。続いて、一九八〇年代に入ると米過剰のおりから、田畑複合経営が進められ、一九八〇年前後からは販売促進が行き詰まり、また干拓ということもあって農薬による湖の汚染が指摘されることとも相まって、無リン洗剤の使用、消費者が求める米として環境保全型農業による米を手掛けるようになる。構造改革が求められる中、二〇〇八年から始まった非主食用米生産によって得られる補助金で、所得安定を確保する道が大潟村でも選択されるようになった。現在では、加工用米生産の他、有機栽培や特別栽培などを産消提携型に加え、CSA（Community Supported Agriculture）型も増えているという。まさに、大潟村は日本の米政策に対応する全国農村の先進的縮図といえ、将来を予測するにあたって、今後も大潟村の動向を注視する必要のあることを彷彿させる論文であった。

非主食用米を扱った論文には、恒川磯雄「飼料用米の流通・利用の実態とコスト低減の可能性」（『農業経営研究』五三・四）、小川真如「非主食用米生産による耕地利用率向上の実態と課題―三重県桑名市農事組合法人みらい耕社の事例を中心として―」（『農業経済研究』八八・三）がある。恒川によれば、飼料用米の収穫以降の流通の違いによって金額が異なるため、生産量と経費の負担割合などにより農家は賢く選択することが必要であることを示された。小川の論文では、WCS（稲発酵粗飼料）の補助金よりも飼料用米の補助金が増加したことはWCS栽培の意欲を減退させる原因になっているということであった。

水田関連施設に関する研究論文としては、西原是良による「農業用水の多面的機能に対するサービス科学的考察―土地改良区としての潜在的需要の把握―」（『農業経済研究』八七・四）がある。サービス科学という概念で、土地改良区が農業水利サービスについて非農家を含む地域住民と共創できるかということについて検証している。利用者負担がない範囲でのサービス提供は望んでいることが明らかとなった。また、李侖美の「大規模水田作経営における農地の条件不利（零細・不整形）性・分散性への対応―JA出資型農業生産法人を事例として―」（『農業経済研究』八八・二）においては、一〇〇ヘクタール以上の大規模法人において、条件不利性を克服するための方策が検討されている。

呉鳶らによる「農地の借り手市場条件下における集落営農法人の経営展開と地域営農再編」（『農業経営研究』五四・三）によると、対象とした石川県能登半島の集落は準平坦な水田地帯で、大規模水田経営者は、厳しい状況に直面しているにもかかわらず、品種分散や標高差を活かした作業管理で、作期拡大、販売ルートの多元化などの努力によって良好な経営を展開していることが報告されている。一方、条件不利な中山間地域における集落営農について同筆者による論文「中山間地域の広域集落営農における諸生産要素の再配分―大規模農家と集落営農法人との連携を中心に―」『農業経営研究』五三・四）においては、地区内の八大字のうち七大字の複数集落で集落営農法人が設立され、これら七集落営農法人と六大規模農家が、（株）大朝農産を結成し、調整、共販、転作作業受託を担うという関係を構築したのが特徴で、これらの組織間連携を分析し、農地集積率向上や収入向上などの効果を発揮し、集落を超える労働力の補完や構成員の所得向上などの効果がみられたことを報告している。

川島滋和らによる「耕作放棄地の発生要因と抑制効果に関する計量経済分析―東北地方の農業集落データを用いた分析―」(『農業経済研究』八八・三)においては、東北地方の耕作放棄地の発生要因として、土地・立地条件が最も高く、条件が不利なほど耕作放棄地が増大していることから、中山間地域等直接支払額は十分ではなかったと結論づけている。耕作放棄の抑制策として、農地貸借等の市場取引によるものと寄合等の集落内での協議などによるものと両方とも抑制効果を持っていることも明らかになった。ただし、限定的で、耕作放棄地率を約一・三%減少させるためには、平均販売収入を二倍にするか、平均耕地面積を約三ヘクタールにしなければならないという結果が得られている。

八木洋憲らによる「水田経営の規模の経済における組織形態の影響―作業の季節性とユニット数の視点から―」(『農業経営研究』五四・一)で、規模の経済、不経済の発現要因が検証されている。ここでいう「ユニット」とは、分割不可能な固定要素の単位を表しており、具体的には、コンバインなどの農業機械の台数やスキルを持った常勤の従業員の数などが想定される。組織形態間の効率差は、季節的条件や補助条件によるのではなく、ユニット数を少なく抑えようとする組織の運営方法の差によると考えられると結論づけている。

最後に米関連ではあるが、清酒製造のための稲作に関する論文として、渋谷往男による「清酒製造業の農業参入理由に関する一考察」(『農業経営研究』五四・三)がある。清酒業の参入理由としては、立地地点の農業地域類型により参入理由が異なり、平地農業地域では製品の差別化が、一方で、山間農業地域では、担い手の減少に対応して地元の酒米を使い続けるための自社の原料確保という面がより強くなっている。また、本業が大規模経営の場合には、あくまでも生産者が主役で原料確保は間接的な位置づけである一方で、小規模経営のところでは、自社生産分の占める割合が大きく、より原料確保としての位置づけが強い。三つ目に清酒製造業だからといって必ずしも農業と労働力の相互補完関係にあるわけではない、ということである。伝統的な冬季蔵では労働力の補完関係が成り立つが、大規模な清酒経営では、高度な冷却設備を導入した四季醸造蔵を持っているため、労働力の補完関係はほとんどないということである。

2　野菜・果樹生産に関する研究

日本農業経済学会と日本農業経営学会、地域農林経済学会における野菜生産に関する研究論文が四件、果樹生産に関する研究論文は一件であった。果樹への注目度がこれほど低いとは思わなかった。野菜生産に関連する論文では、品目を対象とするのではなく、構造を対象とした論文として、松田孝志らによる「収益力向上と債務整理による大規模畑作経営の再建」（『農業経営研究』五四・三）、浦出俊和らによる「植物工場の生産・流通・販売の実態と課題」（『農業経済研究』八八・三）がある。

松田らは北海道十勝地域の大規模畑作経営の経営再建過程を分析の対象としている。負債返済に着目するため、営業キャッシュフローに注目して分析している。負債を解消するために、野菜栽培に力を入れ始めたとき、九州まで販路を拡大したり、畑地を借り入れしたりしたが、結果、さらに負債が増える。これを打破したのは、新法人の設立である。その目的の第一は、負債を抱える本人では融資を受けることができず、長男を社長とする法人を立ち上げて、融資を獲得することであった。もう一つの目的は負債部門と収益部門の切り分けである。野菜作を中心として生産拡大することと、量販店などとの取引を増やせた。これは法人になることで信用を獲得したからだと考えられている。

続いて、浦出らの研究では、植物工場の課題を明らかにしている。大規模ほど収益性が良いという関係はみられるものの、同時に、工場稼働率や重量歩留率が必ずしも高くないことは、植物工場における施設運営が設計・計画通りに行われていないことを示唆しており、生産技術向上の必要性が示されたと分析している。

一方、品目に着目した論文として鎌田譲の「ネギ生産における育苗・定植委託と収穫調整機械化の経営効果―千葉県を対象として―」（『農業経営研究』五四・三）がある。ネギと水稲との複合経営で、ネギの育苗・定植作業の委託は、ネギの経営規模拡大に最も効果のあることが示され、水稲との複合経営においては、ネギ栽培の機械導入、併せて四～五月の作業競合を委託することによって、回避することが可能であることが示された。

続いて果樹であるが、栗生和樹らによる「有田地域におけるみかんの市場評価と産地のあり方」（『農林業問題研究』五二・二）においては、みかん産地として有名な和歌山県有田地域における「有田みかん」「有田ＱＵＡＬＩＴＹ」といった統一的なブランドづくりが市場評価に繋がらない要因を明らかにしている。元々有田地域の産地形成は、各出荷主体が高品質なみかんを作り、高付加価値化を実現している。また、大市場に近接することから、低価格となる低品質なみかんであっても比較的容易に出荷することが可能である。このような状況下でさらに品質基準の厳しい認定制度を構築しても、既に高評価のみかんがさらなる付加価値を実現することは難しいことがわかったとしている。

3 畜産経営・その他の品目

國光洋二による「酪農及び肉牛生産の総合生産性に対する温暖化の影響―パネル計量経済分析の結果―」(『農業経済研究』八七・四)では、酪農において、春期に比べて夏期の気温が一℃上昇すると、TFP(全要素生産性)を二・〇~二・六%程度低下させることが明らかになった。

藤田直聡らの「TMRセンターにおける粗飼料生産の外部委託への変更要因と委託費の上限―北海道におけるTMRセンター方式を対象に―」(『農業経営研究』五四・三)では、TMR調整を構成農家出役からコントラクターへ外部委託した場合の労働力や費用の変遷について報告している。TMRセンターとは、複数の畜産農家が出資して牛の生育ステージに応じた良質混合飼料を調整するところであり、一方、コントラクターとは、同じく複数の畜産農家で粗飼料生産を受託する機関のことである。対象事例は設立した二〇〇三年当初より粗飼料生産とTMR調整および配送を行っていたが、二〇一三年からTMR調整・配送については、町内の土建業者に委託、粗飼料生産においては、二〇〇五年より一部を民間コントラクターに委託、さらに二〇一二年に民間コントラクター組織四組織をJAが一つに統合して農協コントラクターとして発足してからは、粗飼料の生産・収穫・調整をすべて農協コントラクターに委託している。その場合に、費用の上昇が考えられるが、対象事例の外部委託費は一頭当たり九万一六七五円となり、農家が目標としなければならない個体乳量は九五〇〇キログラムという試算が行われた。

次に、高橋昂也による「わが国牛肉の需要構造とTPP協定の影響―品種別分析―」(『農業経済研究』八八・三)によって、和牛肉、交雑牛肉、乳用牛肉および輸入牛肉の牛肉四品種と国産豚肉、輸入豚肉、国産鶏肉、輸入鶏肉の計八種類の食肉を対象に需要構造をAlmost Ideal Demand Systemモデルの近似であるLinear Approximateモデルを用いて推計されている。鶏肉の場合、輸入鶏肉価格の低下は、国産鶏肉需要を有意に減少させる。また、牛肉は品種別にみると、輸入牛肉の価格低下に対して、和牛、交雑牛肉の需要に有意に減少させるとはいえないが、乳用牛肉は有意に減少させるという結論が得られている。続いて、TPP合意に基づく関税引き下げの影響について計量的に分析している。その結果、輸入豚肉および輸入鶏肉はともに有意に推計されていないことから、TPP協定がこれらの輸入食肉需要に有意な影響を与えるとはいえない。一方で、輸入牛肉の需要量は有意に二六・七%増加するが、影響を受けると有意に推計されているのは乳用牛肉の需要量のみと推計されている。本論文は読み応えがあり、興味深い内容である。

杉戸克裕らによって「濃厚飼料給与量の低減と放牧酪農経

営への影響―北海道の放牧酪農経営を事例として―」（『農業経済研究』八八・三）が報告されている。濃厚飼料給与量を低減することは、生乳生産量の減少をもたらすことになるが、乳価・飼料価格に関して交易条件が変化しない場合や濃厚飼料給与量と生産量が変化しない場合との試算結果と比較して、同程度以上の「生乳販売額―購入飼料費」をほぼ安定的に確保して推移していることがわかり、濃厚飼料給与量の低減は購入飼料への依存を低下することで安定的な経営展開に導くことが可能と計測されている。

おわりに

水田農業、稲作に関連する記述が大変多くなってしまった。これは、筆者の力量によるものかもしれないが、二〇一七年産をもって廃止される米の生産調整後の情勢変化を見据えての結果だともいえる。生産調整廃止後の農業・農村の構造改革は政府によって誘導されつつも、農業経営をどうするか、品目選択は、地域は、農地保全は、あるいは自分たちの暮らしはどうするのかなど、これらの課題に一つの解はない。計画、実行、反省を踏まえて再び歩み出すP―D―C―Aサイクルで農家は自身の経営、地域づくりを構築するしかないといえる。振り返って、実学と共に歩む我々の研究も同じである。冷静に将来予測を抑えつつも、ネガティブ因子を取り払う夢のある農業・農村の未来図が描けるよう、我々自身もP―D―C―Aサイクルによって、研究のあり方を描かなければならないだろう。

（中村　貴子）

社会学・農村社会学の研究動向

はじめに

本稿では、二〇一六年一月から十二月までに発表された書籍および論文・論考を中心に、社会学・農村社会学の研究動向を整理・紹介することを目的とする。対象とする書籍と論考の収集については、丸山真央（「社会学・農村社会学の研究動向」『村落社会研究』五二、二六七―二七九頁）を参考にし、専門領域を社会学とする日本村落研究学会会員名をCiNii等で検索した。また、図書館で研究論文等を閲覧し、「農」「農村（漁村）」に関して社会学的な知見に基づいて書かれた論考をピックアップした。何名かの会員の方からは、研究論文等を送付して頂いた。この場を借りて感謝申し上げたい。

以下では五項目に絞り、二〇一六年の社会学・農村社会学の研究動向を整理・紹介していく。

一　東日本大震災

東日本大震災から五年経った二〇一六年。世間一般の報道では、ある種「一つの区切り」といったような印象を私たちに与えた。それに対し、研究分野では、それまでの地域社会のあり方との連続性のもとに、被災地の現実を描き出し、今後のあり方を模索する研究が多くみられた。また、東日本大震災の政策的動向を「地方創生」の文脈で捉える研究もみられた。

『地域社会学会年報』第二八集では、「『復興』と『地方消滅』：地域社会の現場から」と題した特集を設けている。これは、二〇一五年に開催された地域社会学会大会シンポジウムの内容をまとめたものである。コーディネーターを務めた浅野慎一の「国土のグランドデザインと地域社会―大震災と『地方消滅』の現場から―」によると、本特集では、地方と中央の関係を、「復興」を通して捉え、「選択と集中」の渦中に置かれている東日本大震災の被災地および地方圏域に焦点をあてることを共通課題としている。

特集の中で、友澤悠季の「『美しい郷土』をめぐって―岩手県陸前高田市沿岸部における開発と復興にかかわる断片―」では、陸前高田市において、新全国総合開発計画により生じた「広田湾の埋め立て開発」凍結を受け、「よそからの強い力で統治されることを拒む」ことで郷土を守った住民たちの歴史的経験を明らかにしている。この経験と復興政策を比較し、住民たちにとって「ここのやり方」を模索する時間がない中で、復興政策が集中的に進められていることを批判し、いくつもの異なる「道」があり得たことに対する学問の向き合い方を問うている。

同年報に掲載されている望月美紀の「震災復興過程における生きがいとしての仕事――東日本大震災後の宮城県岩沼市玉浦地区の農業者の事例として――」では、復興過程において、地域農業の再興が、地域のためだけではなく、引退農業者の生きがいにつながっている点を指摘している。

日本社会分析学会においても、「災害問題の社会学」（『社会分析』四六）と題した特集が組まれている。特集の中で、山下祐介「震災復興と地方創生――自由と競争のはざまで生じている政治についての社会学的分析――」では、東日本大震災の復興政策のあり方を「地方創生」論との関連で捉え直し、国家と地方自治のあり方を批判している。

特集の中で田代英美は「遠方避難における生活再建と地域社会の課題」において、福島第一原子力発電所の事故に伴い被災地から遠方である九州へ避難する人たちを、「遠方個別避難」として位置づけ、その現状を明らかにしている。彼らの生活再建を考える際に、避難行動を集団としてのまとまりにより捉えることができない現実から、「同質と定住を前提としない、移動と異質性を受容する」地域社会のあり方を提案している。

東北社会学会『社会学年報』第四五号では、「『福島』の現在」と題し、福島第一原子力発電所の事故に起因する震災・復興問題を特集している。この特集は、二〇一五年度・東北社会学会大会の課題報告をもとに構成されている。

特集の中で、牧野由紀は「福島第一原子力発電所事故と生活秩序の再構築――福島県南相馬市小高区における一農民の実践――」において、避難先から農地に通い有機農業の再生に取り組む農家の営みを、継続的な聞き取り調査から描き出す。「生活秩序」の視点に立ち、鈴木榮太郎・岩本由輝・細谷昂・八木正の理論を援用しながら、消費者にとって、そして生産者の生活にとって「食べる」ための農業の再確立の必要性を提案している。

松井克浩「長期・広域避難とコミュニティへの模索――新潟県への原発避難の事例から――」では、新潟県への原発事故避難者（同一人物）を対象に、二〇一二年から二〇一五年にかけて継続的に行った調査をもとに、避難生活の「生活の次元」と「人生の次元」の分断を指摘する。避難者たちは「棄民感」を経験する中で、「社会への回路」が閉塞している。避難者にとって「生活の次元」「人生の次元」そして「社会への回路」をつなげることの必要性を提案する。

宮内泰介・西城戸誠・黒田暁編『震災と地域再生』（法政

大学出版局）では、「聞き書き」を軸として、執筆者らが震災以前から関わってきた宮城県石巻市北上町の再生過程をまとめている。地域調査の強みである「ついては離れない姿勢」と、被害を前に「社会学は何ができるのか」という問いのもと、実践としての社会調査の可能性についても論じている。その中の一遍、黒田暁「震災後の地域農業の展開と生業復興」では、被災地における生業復興について論じている。津波により農地のほとんどが冠水し、震災前から過疎高齢化に伴い顕在化していた農地の委託・離農が一層加速化した。地域農業存続のために「農地を集約化」せざるを得ない中、農業と生活の信頼関係のもとに成り立つ地域農業の存続のあり方について、四つのケース（二農事組合法人・農事生産法人・個別経営農家）をもとに、提示している。

福島の原発事故によって生じた課題に関連して、多くの研究者が、「住まう」ことの意味を、個人の生活と地域の生活とを軸に捉えている。その中で、松薗祐子「『二つのコミュニティを生きること』の意味―原発避難者の事例にみる避難元コミュニティと避難先コミュニティ―」（『淑徳大学研究紀要』五〇）では、全国各地に避難している富岡町の避難者に対して、武蔵野市の市民団体が交流の場を提供することを目的に開催した「避難者サマーキャンプ」への参加者の聞き取りから、帰還する／しないの決断を、「先延ばし」にすることに意味を見出す。そこには、今の生活と将来の生活、地域の再生との共存のあり方がみえる。

復興支援員の制度と実態の研究は、中越地震以降行われているが、未だ蓄積の少ない分野である。中沢峻の「住宅移行期において「復興支援員」が果たしてきた役割―宮城県内での制度的運用状況を事例として―」（『弘前大学大学院地域社会研究科年報』一二）では、みやぎ連携復興支援センターに所属し、復興支援員の後方支援にあたる中沢自身の活動から、復興支援員の活動の類型化を行い、中越地震で導入された本制度の比較からモデルの再構築を行っている。今後の継続的な研究蓄積が望まれる。

震災から五年という月日の中で、災害によって生じた問題の構造は、東北社会学会『社会学年報』第四五号における加藤眞義の解題「〈福島〉の現在とその後」にもあるように、「狭義の『災害研究』の枠にとどまらない、『日本社会論』の課題」として捉える必要があろう。震災・復興をトピック的に扱うというよりは、これまでの生活・地域社会の延長線上において、既存の理論との接続を考えながら論じるといったような研究展開が二〇一六年の東日本大震災に関する研究動向では確認された。

一方で、東日本大震災と同様に大きな被害をもたらした熊本地震に関わる論考は、未だ少ない。中越地震、東日本大震災の研究で見出された知見が、熊本地震の復興を模索する中でどのような結びつきがみられるのか、今後、動向を追っていく必要があるだろう。

二　農と福祉

社会福祉の分野、中でも地域福祉の分野において「限界集落」や「過疎地域」を対象とした研究は多々ある。しかしながら、農村社会学・地域社会学的な視点から論じられたものを探すとなると、難しい。そのような中、二〇一六年は、本分野における社会学的な分析が多く確認された。

高野和良「過疎地域における生活維持のための社会的支援―山口県内の「見守り活動」の実態から―」（『社会分析』四三）では、過疎地域における「見守り活動」について論じている。対象とする地域は、過疎地域であることから市町村社会福祉協議会自体の余力がなく、見守り活動に対する社会福祉協議会の支援の弱さを指摘する。しかしながら、過疎地域では、それをカバーするかのように、既存の地域組織や集団への住民の参加が活発であり、それが、「見守り活動」の機能代替を果たしている点を明らかにしている。

相澤出「医療過疎地域における特別養護老人ホームでの看取りをめぐる困難」（『社会学年報』四五）では、過疎の進んだ宮城県登米市を対象とし、終の棲家として期待される特別養護老人ホームにおける「看取り」の困難性を明らかにする。そこには、市町村合併、自治体病院の再編等、医療過疎といった点から医療と福祉の連携の難しさが存在する。地域の社会的文脈と個別性に注目し、地域社会学的視点から「看取り」の困難性を捉える必要性を論じている。

濱田健司『農の福祉力で地域が輝く～農福＋α連携の新展開～』（創森舎）では、「福祉から農へ」「農から福祉へ」の相互作用のあり方について、多様な農福連携の事例をもとに明らかにしている。それら活動が、福祉を必要とする当事者の課題解決だけではなく、結果として地域の福祉力の向上、地域課題の解決、そして最終的には地方創生にもつながっている様子から、農の福祉力の価値を示している。

杉岡直人「共生社会を創造する農福連携」（『月刊福祉』十一月号）では、農の持つ多様性と社会福祉のダイバーシティの考えから、農福連携が、共生社会の創造を担う要となる可能性を提示している。これまでの農福連携の議論では、福祉的なサポートを必要とする人へのリハビリ効果として、農作業を扱うことが一般的であったのに対し、現在では、農と福祉の関係が、生産者＝福祉的なサポートを必要とする人＋農業者という流れを生み出し、生産物を購入する消費者とのパートナーシップの構築にもつながっている点を指摘している。

今後の農福連携の展開と、地域社会学・農村社会学と社会福祉研究との接続に期待したい。

三　農・農村と生活

1　村落を問う

二〇一六年は、村落研究において、古くて新しい課題である「村落とは何か」という問いに対し、柔軟で、広がりのある視点を提供してくれる研究がみられた。

福田恵「近代山村における林業移動と人的関係網」(『村落社会研究』五二)では、木材伐採の最前線にいた林業出稼ぎ者を事例とし、林野を介した局所的かつ広域的な社会結合のあり方から「山村」を捉え直している。このような人々の移動と関係網を歴史的母体とし、現代山村における住民と村外者との関係が近代に生成したものである点を指摘する。その上で、そうした側面が、現代山村における焦眉の課題である山村住民と村外者との関係形成に結びつく点を指摘している。

松村和則「『山』を忘れた山村のしのぎあい―『スキー・リゾート開発』以後の生活組織化をめぐって―」(『村落社会研究』五二)では、内外からの要請によるムラの「枠」の出現において、内的要請によりムラの実態をみる重要性を、竹内利美―江馬成也―松岡昌則の学史的展開に求める。その上で、リゾート開発をめぐり、「可変性」「多様性」を持つムラと「硬直性」のムラの軌跡を捉える。内的要請と外的要請の下で、ムラの新たな転換を引き起こすためには、これまでの「生活組織論」を超え、松田素二・古川彰らが提示する「転換論」への展開と、現代的「公・私」論も見据えた研究展開が求められるとした。

本多俊貴「現代山村の区費等級割にみる村落結合の再検討―宮崎県諸塚村黒葛原の事例」(『共生社会システム研究』一〇・一)では、宮崎県諸塚村黒葛原において現在も続く区費等級割制度に基づく村落組織運営のあり方を取り上げる。そこには、「安定した家と弱い家」との相互扶助の様子や、区費を納入する出稼ぎ者の存在、また、「祭り」を通した村落転出者の関係性等から、変化する社会状況に合わせて村落組織を柔軟に運営する様子が、詳細な聞き取り調査と史資料分析を通して明らかにされている。

辰己佳寿子「暮らしのなかで育まれた漁村コミュニティのエンパワーメント―山口県の小さな集落の挑戦―」(『地域漁業研究』五六・三)では、漁村集落の衰退過程を明らかにした上で、集落内外の関係性の変化、漁協や行政・企業等との連携を通して、漁村集落が復活していく過程を、大敷網(定置網)漁業との関わりから分析をする。「村張り」的な要素により地域の主体性を維持しながら、外部との連携を可能にした機能組織としての漁村の戦略を明らかにしている。

植田今日子『存続の岐路に立つむら―ダム・災害・限界集落の先に』(昭和堂)では、消滅か存続かを問われることになった「むら」を対象に、「むら」とは何かを捉えようとする。植田は「普段はみえないエネルギーが、抵抗に出会って可視化され」、「むら」が捉えられることをその理由として挙げている。本書では、「過疎・限界集落論」と「むら解体論」での論考を批判的に継承し、「むらの存続」を住んでいる人々の営みから捉え返す作業を行う。その中で、人々にとって「むら」は、個人よりも長く生きるという点で「時間的継承」の基盤として成立する生活組織であることを明らかにしている。

2 村落と生活

以下では、一つの項目としてはまとめにくいが、生活に関わる側面から現代村落を取り上げた研究を紹介する。

山本努「限界集落高齢者の生きがい意識―中国山地の山村調査から―」（『生きがい研究』二二）では、生きがい意識について、中国山地の四つの地区の二〇歳以上を対象とした質問紙調査の結果を分析している。調査結果から、生きがいを感じる内容について年齢層による違いを示し、全国調査と山村集落・山村過疎小市との比較から、山村過疎小市における生きがい意識の高さを指摘する。年齢ごとの分析と、他地域との比較から、過疎地域や限界集落は、高齢者にとって住みやすい地域である可能性を指摘し、限界集落論への疑義を唱えている。

牧野修也「中山間地の集落芸能の敬称と意味変容―長野県佐久郡小海町親沢集落・人形三番叟の事例から」（『専修人間科学論集　社会学編』六）では、集落の若者組によって継承されてきた人形三番叟の継承における意味変容を捉えている。継承存続の危機的状況の中で、若者にとって継承することが「家の後継者」という意味合いから、「地域の一員としての自分を確認する」機会として意味づけされている点を指摘する。

相澤出「ムラの子供の集団とその行事：宮城県名取市植松の植松北天神講をめぐる記録と記憶」（『東北民俗』五〇）では、年序集団としての子供組である植松天神講に関わる文書の史資料を読み解き、文書記録が子供たちの手によって自主的に残されていた事実から、子供組が他年序集団から自律的に活動していた様子を明らかにしている。

三須田善暢「岩手県遠野市における新規定住の現状と課題」（『総合政策』一八・一）では、新規定住者を受け入れる側の住民（区長等）に聞き取り調査を行い、新規定住者を受け入れる側の論理を明らかにし、英文にてまとめている。新規定住者の受け入れに、区は消極的であり、新規定住者に対する行政の過度な期待は地元の反発を招く可能性を指摘している。とはいえ、新規定住者が農村生活の担い手として重要であることを指摘し、新規定住者が地域に受け入れられるためには、媒介者としての住民の役割が欠かせないことを明らかにしている。

叶堂隆三「平戸島中南部における宗教コミュニティの形成」(『下関市立大学論集』六〇・二)では、江戸時代から続く潜伏キリシタン島への信徒の移動と居住の展開において、神父主導による「開拓」にあった旧紐差村の特徴を明らかにし、農業と信仰の一致からコミュニティが形成された様子を捉えている。同じく叶堂による「佐世保市への移住と宗教コミュニティの形成」(『下関市立大学論集』五九・三)では、農村―都市移動と職業移動の観点からコミュニティ形成を分析している。また「大村市への移住と宗教コミュニティの形成」(『下関市立大学論集』六〇・一)では、キリスト教禁止令廃止後のコミュニティ形成において、高度経済成長期以降、職業の多様化により職業(農業)と信仰の一致がみられなくなっていく様子を取り上げ、信仰コミュニティの特徴を強めていった点を挙げている。いずれも豊富な史資料の分析により行われており、示唆に富む。

芦田裕介『農業機械社会学―モノから考える農村社会の再編』(昭和堂)は、二〇一六年度の村落研究学会奨励賞を受賞した作品である。本研究の背景として、農業機械に関する先行研究が、モノ(人工物)・技術の捉え方が限定的であり、その開発・普及・利用における問題については十分な議論が展開されてこなかった点を挙げる。モノである農業機械をめぐる人々の実践の中で、農業機械の社会的意味、機械と社会との相互作用に目を配ることにより、科学技術と社会のあり方にも一石を投じている。本書は、「モノ―人関係」による農村社会の再編の可能性を問うているわけだが、同時に、農村社会学と農業社会学の架橋ともいえるパースペクティブを提供した研究であるといえるだろう。

柏尾珠紀「稲作農業の機械化と女性農業労働の変化―滋賀県の湖岸部集落における調査から―」(『滋賀大学環境総合センター年報』一三・一)では、稲作農業の機械化における新しい技術の習得は男性に集中し、機械化に伴う雑多な作業、いわゆる周辺的な作業の労働力として女性が位置づけられていった過程を聞き取り調査から描き出している。農業機械をめぐるジェンダー性については、先に触れた芦田の著作『農業機械の社会学』においても触れられている。

加藤祐治・舩戸修一・武田俊輔・祐成保志の「地域との関係のなかで形成される放送人のアイデンティティ―NHKラジオ・ファーム・ディレクター(RFD)の聞き取り調査から―」(『東海社会学年報』八)では、戦後、NHKの地方局に配属された元農事番組担当者と情報収集を行う地域の通信員との関係性に焦点をあて、放送人としてのアイデンティティの形成と、戦後、農村社会を作り上げていく際のRFDのインパクトを描き出し、「放送の中の社会」ではなく、「社会の中の放送」を捉える観点の必要性を提案している。

3　田園回帰・地方創生

地方消滅の危機を提示した日本創生会議による「増田レポート」以降、「地方創生」政策の動き、それらに対抗するものとして「田園回帰論」等、農・地方を捉える議論は二〇一六年においても変わらず盛り上がっている。農山漁村文化協会における『田園回帰』シリーズの出版、小田切らの『田園回帰がひらく未来　農山村再生の最前線』（岩波ブックレット）等、著作も多く出版されている。論文ベースでは、「地方創生」や「田園回帰」を直接扱うというよりは、議論の中で、冒頭で扱う程度にとどまっているように思われる。以下では、地方創生と田園回帰に関わると考えられる二つのグループの研究に触れる。

柴崎浩平・中塚雅也「地域と継続的に関わる地域おこし協力隊出身者の特性と活用」（『農林業問題研究』五二・三）では、地域おこし協力隊出身者として、地域から出た後も、地域と継続的に関わる出身者の事例を扱い、定期的に地域を訪れるという出身者の行為が、地域外と地域をつなぐネットワークやハブとしての役割を果たしているという点を明らかにした。柴崎・中塚による「農山村に移住した若者が描く生活像に関する一考察：地域おこし協力隊を事例として」（『農村計画学会誌　論文特集号』三五）も合わせて読んでもらいたい。本論では、地域おこし協力隊が描き出す生活志向を「農村外安定志向タイプ」「農業農村定住タイプ」「都市拠点自立志向タイプ」「農村拠点起業タイプ」の四タイプに分けている。その上で、これまで想定されてきた「農業農村定住タイプ」以外のタイプへのサポートの必要性を提示している。

鯵坂学・河野健男・松宮朝「人口減少地域における定住促進施策とIターン者の動向―京都府綾部市における調査から―」（『評論・社会科学』一一七）では、綾部市におけるIターン者への定住政策を紹介し、Iターン者への質問紙調査およびインタビュー調査から、その特徴と生活の現状、抱える課題について整理をしている。そこでは、就労のミスマッチによる収入リスクの存在、世帯年収が低い中での公共料金の負担の大きさ、教育や子育て福祉医療等のサービスの不十分さ等が課題として挙げられている。そのような中でも、Iターン者が地域に溶け込むために綾部市が支援している取り組みについて、Iターン者の評価が高いことを挙げている。受け入れ集落側がこれら課題と評価を認識した上で、Iターン者をいかにして集落活動に活かしていくかが、今後の地域づくりの展開を左右するとしている。

4　海外村落研究

海外村落の研究として、二人の取り組みを挙げる。

佐藤康行「タイ人の土地共有制の変遷」（『国際比較研究会』一二）では、タイの土地共有制を「コモンズ」として捉え、その歴史的変遷について明らかにしている。また、佐藤による「北タイ農村の屋敷地林の研究―「半野生の知」に注目して―」(『タイ国情報』五〇:六)では、国王により発せられた「足るを知る経済活動」理論による、屋敷地林への居住者の関わりの変遷を明らかにしている。

永野由紀子「世界遺産登録後のバリ島ジャティル村の変化―慣習村間の対立と「多元的集団構成」―」(『専修人間科学論集 社会学編』第六集、第二号)では、バリ島の「多元的集団構成」の村が、棚田の世界遺産登録後、観光収入の配分をめぐって拮抗している様子を明らかにしている。慣習村・行政村・スバック(水利組織)ほか、多くの組織が幾重にも重なって構成され、それぞれの機能も代表も異なっているのが、バリ・ヒンドゥー村農村の社会的特徴である。世界遺産登録後、棚田における景観と水資源との関係からスバックが大きな位置を占める中、具体的な拮抗として、二つの慣習村間の対立がみられたのだが、行政村がその調整の役割を果たした。この点について、ポスト・スハルト期の地方分権の中で観光振興とのあり方が深く関わっている点を指摘している。

また永野は、先の論文で取り上げた慣習村間の対立を、スバックの視点から論じた別稿「インドネシア・バリ島の水利組織(スバック)における人間と自然の共生システムの多様性と弾力性」(『旭硝子財団助成研究成果報告』)を執筆している。二つの論考を合わせて読むことによって世界遺産登録後の村落の動揺、観光資源への向き合い方がより深くみえてくる。

四　調査史および史料分析

ここ数年、過去の調査を振り返る形で、農村社会学の調査論・調査史論に接近する研究がみられる。そこには、二〇〇三年度から札幌学院大学を拠点として行われているSORD(社会・意識調査データベース)作成プロジェクトの働きの影響もあるだろう。SORD作成プロジェクトでは、作業の一環として、布施鉄治が行った調査資料を整理・保存し、二次分析の道筋を提示している。

村落研究学会のメンバーを中心とした取り組みに、三須田らの作業がある。三須田善暢・林雅秀・庄司知恵子・高橋正也「石神調査をめぐる土屋・布施論争について」(『村落社会研究ジャーナル』二二・二)では、石神の名子制度調査をめぐる有賀の共同研究者・土屋喬雄と人権派弁護士・布施辰治との論争を、未公刊の資料も踏まえて紹介し、石神調査の意義や問題性を明らかにする。その中で、有賀の業績を、土屋の視点との比較だけではなく、布施を通して比較するといった「第三の立場」から捉えることにより、有賀が行った石神調査の「相対化」を試みている。

また、三須田善暢・林雅秀・庄司知恵子・高橋正也「石神大屋斎藤家所蔵有賀喜左衛門関係書簡類」(『岩手県立大学盛岡短期大学部研究論集』一八)では、石神調査において有賀が大家斎藤家の当主と交わした往復書簡を翻刻し、紹介している。有賀による石神調査は、現地での聞き取りだけではなく、往復書簡によって支えられていたことがわかった。書簡の内容は、聞き取り調査の補足というよりは、調査の中心的な内容も含んでおり、当主と有賀との信頼関係の形成の様子とともに、当時の調査の様子を知る上で貴重な資料となっている。

山崎仁朗「鈴木榮太郎「社会学の研究分野などについて病床雑談(第一部)」」(『岐阜大学地域科学部研究報告』三九)では、鈴木の遺稿を翻刻し紹介している。鈴木の研究の特徴として、第一に、実証指向と理論指向のバランスをとろうとしていた点、第二に、晩年、国民社会等の研究に取り組んだことで、一般化への指向を強めたのではなく、集落社会の一般論に到達したとみるのが妥当である点、第三に、「社会現実態」の実証分析の裏づけにより「理論」化を目指していたという点が導き出された。

細谷昂『庄内稲作の歴史社会学―手記と語りの記録―』(御茶の水書房)では、一九六一年以来、細谷が調査対象地として何度も訪れた庄内の稲作について、細谷の五〇冊にも及ぶ記録ノート、そして、対象者による自筆の手記、文書資料をもとに、庄内稲作の歴史を丹念に紐解いた大著である。そこには、対象者の名前を実名で載せることにより、庄内稲作を作り上げてきた人々の営みを意味あるものとして歴史に刻み込むといった、細谷の特別な思いが読み取れる。日本農村における「家」と「村」のあり方、そこに個人がどう関わっていたのかを学ぶにあたって、価値ある著作であると同時に、本書において注目すべき点は、個人の有志参加による「会」の存在への言及であろう。その存立基盤を「家」と「村」に置きながら、庄内稲作農民の自立性と「民主主義」の基盤を「会」に捉えている。庄内稲作の展開において、昭和期に入ってからの「家」「村」そして「会」の相補性に言及している。戦後農村社会学の議論の途上におけるある種の「分断」がみられた村落理解においてその架橋ともなりうる視点の提示といえるだろう。

高橋明善「有賀喜左衛門の民族的性格論と家・村論」(『二一世紀アジア社会学』八)では、有賀理論を振り返る中で、「実証研究」を中心にする村落の学会、現「日本村落研究学会」を作ったことを最大の遺産としつつも、有賀の実証研究の意味の問い直しの必要性を提示している。具体的には、有賀の民族的性格論、日本文化論への傾斜、「捉え直し」論理の深化、民族文化圏とは何かといった課題である。

許英蘭「植民地農村日常の記録と日韓交流の記憶:一九三六年蔚山「達里(タルリ)調査」を中心に」(『北東アジア研

究』二七）では、一九三六年、日本の植民地支配下の朝鮮半島達里で行われた社会衛生学的調査と民俗調査を取り上げ、調査が持つ意味、そして調査における達里の理解・解釈について、知識社会学的な考察を行っている。後者の民俗調査は、渋沢敬三による「アチックミューゼアム」の資金提供により行われていた。許は、本調査が「民間」が行った調査であることに意味を見出しつつも、結果として描き出された達里の姿は牧歌的に描き出され、現実との矛盾があることを指摘する。本調査が、植民地統治のための知識生産の一環に過ぎない点を指摘する。当時の日韓関係と、統治の政治的圧力の中で展開された調査のあり方を考察する上で興味深い。

五　資源における個と地域

二〇一五年度の村落研究学会大会テーマセッションでは、「現代社会は『山』との関係をどう取り戻すことができるのか」ということを共通テーマとした。近年の山環境への関心の高まりから、農地とは異なる山資源を通した社会関係のありようを描き出すことで、村落研究の視点を提示することを目指した。

報告者である佐藤宣子は、「二〇〇〇年代以降の森林・林業政策と山村―森林計画制度を中心に―」において、二〇〇〇年代以降の森林・林業政策の特徴を、大規模生産、大規模流通を前提とした生産力主義であるとする中で、「林家」だけではなくIターン等による「自伐型林業」の存在について指摘している。二〇一六年の森林・林業基本計画の改訂により自伐型林業を含む林業経営が位置づけられ、過疎高齢化の課題とあいまって、山村定住の可能性を土地所有との関係から論じることを提案している。

相川陽一「現代山村における地域資源の自給的利用と定住促進の可能性―林野を活かす高齢者と若手移住者の暮らしを手がかりに―」では、在村高齢者の近接資源の自給的な利用に、「山村」特有の生活のあり方として価値を見出した若年移住者の存在に焦点をあてる。在村者と移住者の交流を基盤として、「近接資源利用」を通した伝統的な暮らしの再創造の兆しがみられる点を指摘し、山間地の定住促進効果について論じている。

このように「資源利用」が、過疎高齢化の課題解決および定住促進への効果として取り上げられる中、以前から「自伐型林業」に着目してきた家中茂は、「震災を機にして立ち上がった〝自伐型林業〟の動き　岩手県大槌町、遠野市、宮城県気仙沼市」（『森林環境』）において、震災を機に新たな展開をみせつつある「自伐型林業」の可能性を提示している。

本田恭子「地域住民組織と住民の自発的な河川管理が築く相補的関係の可能性―都市化地域における環境保全を目的とした地域共同管理の一形態―」（『村落研究ジャーナル』二

三・一）では、地域共同管理の主体である地域住民組織の環境保全における役割が明確にされてこなかった経緯を受け、事例からは地域住民組織と個人の自発的活動とが相補的な関係のもとに地域問題解決の主体として機能している点を明らかにした。

地域における関係性の衰退とともに、資源の価値を捉えることが難しくなった現在、個人の取り組みに支えられ価値の再発見・再創造につながっているという点が二〇一六年の研究からは捉えられた。資源が、社会的な営みの結果、形作られ、価値そして意味を見出されてきたものであることを考えると、個人の資源利用およびその志向は、帰結として、社会的なインパクトをもたらす。個人の営みの先に地域再生の営みがどのように結びつくのか、今後の展開を期待したい。

おわりに

二〇一六年の社会学・農村社会学に関する研究動向について、まとめる。

東日本大震災の被災地の多くが農山漁村であったことから、研究全体の中で、東日本大震災を対象とした研究が多くを占めた。研究スタイルは、「震災」そのものを扱うというよりは、これまでの地域の歴史的経緯から今を位置づけ、当該課題を全体社会の議論の中に位置づける姿勢にシフトしている。これは、震災への関心が薄れたことを意味するわけではなく、五年という月日の中で、ある程度「日常」を取り戻しつつある今、震災・復興をより広範で一般的な理論のもとで解釈することが求められるようになった結果であろう。

古くて新しい問いである「村落とは何か」に向き合った研究も多くみられた。これまである種の閉塞感があった「村落」を問う議論に、新たな視点を提供したといえる。

過去の調査資料をもとに、調査を振り返る、二次分析を行う研究がみられるようになった点は興味深い。それが、若手・中堅によるものだけではなく、村落研究の第一線で研究を積み重ねてきた細谷昂の著作にもみられる点は注目すべきであろう。自身の調査を振り返る中で、新たな側面に焦点をあてた細谷の作業は、若手研究者の今後の調査研究へ向き合い方を示してくれている。

研究全体を見渡す中で、実践的なものも多数みられたが、取り上げることができなかった。これは、大学の地域貢献や調査実習等との関連から生まれた動きと考える。これらの取り組みが、住民側にどのように受け入れられ、拒絶されるのか、その点を明らかにすることで、研究と実践を接続させる議論が可能となるだろう。

二〇一六年の社会学・農村社会学の研究は、「村落」や「調査」を対象とした村落研究の質実剛健たる部分を生かした作業がみられたほか、農福連携、震災、農業機械等、新たな側面に焦点をあてた研究がみられ、これまでの研究と今後の研究との接続の展開可能性が見出された年であったといえる。
最後に、筆者の力量不足のため、多くの興味深い研究の中から一部のみの紹介となってしまったことを、深謝したい。

（庄司　知恵子）

「食と農」の研究動向

はじめに

筆者が編集委員会から依頼されたのは二〇一六年の「食と農」にまつわる研究動向を整理することである。日本村落研究学会がこのテーマで研究動向の項目を独立させるのは初めてだから、二〇〇〇年代にさかのぼって整理してもよいとお示しいただいた。だが、過去の年報を見返せば農村社会学などの研究動向欄に「食と農」の項目を立てた年も少なくない。桝潟俊子・谷口吉光・立川雅司編『食と農の社会学―生命と地域の視点から』（ミネルヴァ書房、二〇一四年）では、その序章において「日本における農業・食料社会学関連研究」が紹介されている。近年は大学などの地域貢献に対する内外からの要請を背景に「食と農」を冠した科目や学科の新設も相次いでいるので教科書用の関連書籍も多いほか、二〇一五年および二〇一六年は日本社会学会大会において「食と農」の企画部会も連続して開催された。振り返ればR・カーソンの『沈黙の春』（新潮社、翻訳一九七四年）、鶴見良行の『バナナと日本人』（岩波新書、一九八二年）のように、食や農から現代社会やグローバリゼーションを重厚に論じ、世に問うた研究もあって、その対象範囲は膨大である。そこで、以下では筆者の研究関心に沿って二〇一六年に出版された書籍を中心に研究動向を整理する。

さて、本学会の中心的課題は村落社会の歴史や構造に注目し、その変化の方向性を見定めることである。しかし、「食と農」は生産地域の社会構造と切り離して論じられることが多かったことも確かである。池上甲一・日本村落研究学会『むらの資源を研究する』（農山漁村文化協会、二〇〇七年）には「アグロ・フードシステムの進展とむら」と題して章が割かれているが、そこでの強調点も同様である。村落社会内部の社会関係だけでは「食と農」は描ききれず、非農家、消費者といった農家以外の人びとを射程に入れたコミュニティ（地縁組織とテーマ型組織）研究が必要であるという点が強調されている。このような研究が必要なのは、消費サイドの影響力が農業や農村へますます大きなインパクトを与えると予測したからである。要するに、「食と農」研究は従来の村落研究とは違って「むら」や「いえ」を分析対象にするだけではない、と宣言したことになる。

そうだとすれば、なぜ今、本学会は「食と農」を研究動向の項目のひとつに抜擢するのだろう。「食と農」を論じることは、村落社会やその構成員のどのような側面に着目することなのだろうか。「食と農」の研究が村落社会の構造や動態を明らかにし、変化の方向性を見定めることに貢献できるとすれば、いかなる意味での貢献になるだろうか。以上の観点から、本稿では二〇一六年に出版された社会学に関連する書籍を中心に研究動向を整理する。ここに挙げる研究は膨大な研究蓄積の一部であり、挙げるべくして挙げえていない業績も多いことをお断りしご容赦いただきたい。

一　食と科学技術、消費財としての食品

「食」を切り口として科学技術のあり方や現代の消費生活を考察する研究は、読者に多くの論点を提供してきた。遺伝子組み換え食品をめぐる市民社会・国家・科学者間の対話、食品公害問題などもこの分野の重要な研究対象である。健康への政治的な介入や「正しい」食育については、構築主義の視点を取り入れて議論を展開することも多い。二〇一六年においてはA・グプティル、D・コペルトン、B・ルーカル『食の社会学―パラドクスから考える（原題　Food & Society: Principles and Paradoxes)』（NTT出版）、有賀健高『原発事故と風評被害―食品の放射能汚染に対する消費者意識』（昭和堂）、柄本三代子『リスクを食べる―食と科学の社会学』（青弓社）が刊行された。

『食の社会学―パラドクスから考える』では、食を切り口として社会学の代表的な概念や理論を説明することが目論まれている。本書を通じて、「私たちが何をどのように食べるのか、なぜ、どんな環境のもとで食べるのか」すなわち食文化を規定するパターンには以下三つの原則が見出されることが繰り返し主張されている。三つの原則とは、第一に、食文化は個人の嗜好、文化的規範、環境条件の相互作用によって生み出され再生産されるものであり、どれかひとつの条件だけで生み出されるものではないということ。第二に、食文化には社会的不平等のパターンが反映されているということ。社会的不平等とは、ここではジェンダー、階層、人種、民族、年齢による権力の不均等な配分を意味している。食文化は不平等を維持したり強化する作用をもつこともあれば、抵抗の際に用いられることもある。そして第三に、食文化は絶えずダイナミックに変化している、ということである。とりわけ本書は、個人が食の慣行を積極的に構築したり意味づけたりする能動性に注意を払っている。食文化の多くの部分は社会的・文化的条件の下ですでに条件づけられているが、他方で食の実践をめぐる新たな意味づけによってつねに変化してきた。この「パラドクス」を主軸とし、様々な事象が論じられている。肥満政策、フード・デザート、農林水産業従事者の人種・階層など、扱われている主題はアメリカ国内の論

点に対応している。

『原発事故と風評被害―食品の放射能汚染に対する消費者意識』は、二〇一四年に実施したインターネット調査をもとに、原発近辺を産地とする食品に対する人びとの許容度について明らかにしたものである。主な分析結果を紹介したい。購入を回避する傾向が強かった食品は、米、水、ワカメだった。買い物の際に価格を重視すると答えている人および買い物や調理の頻度が高い人は、原発近辺の食品に割引があっても購入したくないと回答している割合が高い。放射線についての知識を全くもっていない人と、被ばく量による発がんリスクの知識をもつ人は、原発近辺の食品について購入を控える傾向がみられた。原発から離れた場所に住む人、小さい子供がいる人、女性は、購入を控える傾向がみられた。以上の結果から、有賀は次のように結論づける。すなわち、「人びとが原発近辺の食品を回避するのは、放射能汚染の危険性を自分で捉えようとせず、風評をうのみにしている人がいるからであるという面もあることがうかがえた。しかし、その一方で、政府が設定している放射性物質に関する基準値だけでは食品の安全性は守られておらず、実害もあるという考えから原発近辺の食品を回避している人もおり、こういった人びとの行動は一概に風評だけが原因であるとはいえない部分があることがわかった。したがって、安全ではないと考えている消費者がどの部分に不安を感じているのかを理解し、その不安を取り除けるような科学的根拠を示し、原発近辺を産地とする食品の放射能汚染のリスクを正確に知ってもらえるように努力していくことが今後必要である（一七八頁）」という。

『リスクを食べる―食と科学の社会学』では、この問題についてもう少し踏み込んでいると言ってよいだろう。柄本は、たとえそれを「風評」と呼ぼうが呼ぶまいが、「食べる人が正しく、食べない人は理解していない正しくない人だ」と分断する風潮に対して批判的である。本書は、食の規範や言説に焦点を当て、食べることへの制度政策的介入のあり方について疑問を呈している。たとえば、原発事故後にさかんに取り組まれるようになったリスク・コミュニケーションは一見するとリスクをめぐり様々な考え方の人が意見交換するための場に思える。しかし、実際には国や専門家が「正しい」と考える知見を「わかっていない人たち」にわからせようとする教育・働きかけの場になっている。しかし、科学的根拠を示し、理解すれば人びとは買い控え行動をやめるのだろうか。「正しく」理解すれば風評被害や混乱は起きないという前提を疑うべきであるというのが柄本の主張である。「専門家の意見は科学的で正しく、非専門家の意見は非科学的で根拠に乏しい」と退けてしまうことは、意見交換の機会を大きく限定することではないかという問題提起は、まさに議論を深めるべき重要な指摘である。

さて、以上の研究では、村落社会の構造や動態、生産者はほとんど言及されないことを確認しておきたい。なぜならこれらの研究では消費生活における論争に議論の焦点があり、村落社会はその周縁もしくは前提として扱われるからである。農家を議論の対象に入れるとしても当該分野に従事する労働者として理解することや、農協や科学者集団とまとめて農業関係者グループとして扱うことが多い。

二　食料生産基盤としての農業経営体と農山漁村

「食と農」を論じる上で生産地域の社会関係にはほとんど注目していない立場の研究は他にもある。フードシステム研究はそのひとつである。経済学、栄養学などの学問的背景をもつ会員と食産業関係者などから構成されるフードシステム学会は二〇一五年に設立二〇年を迎え、活動の記録として斎藤修編『フードシステム学叢書　第五巻　日本フードシステム学会の活動と展望』（農林統計出版、二〇一六年）を出版した。

「食と農」と「フードシステム」という用語は、日本の学術界では関心と焦点に違いがある用語としてそれぞれ定着している。農林漁業と食べもの・食文化・食産業は分かちがたい領域であるという認識は共通だが、「フードシステム」は農業経済学や経営学の文脈で、流通構造や制度政策を論じる際に用いられることが多く、「食と農」は社会学や民俗学の文脈で用いられている。それぞれの分野の研究者の言い方を引用すれば、「フードシステム」は、「食と農の距離の拡大、川中・川下の食品企業の役割、消費者の食行動など、川上～川中～川下へとつなぐ経済主体間の関係性を強調したチェーンの構築（三一頁）」に関心を寄せてきた。他方、「食と農」研究では、経済活動を意味する「業」の外延に広がる多様な行為や意図を分析の対象としてきたというから、経済的な側面をどの程度重視して論じるかに違いがあると整理できる。以下では、佐藤和憲「日本フォードシステム学会における関東支部・研究会の活動」斎藤修編『フードシステム学叢書　第五巻　日本フードシステム学会の活動と展望』（農林統計出版、二〇一六年）をもとに研究関心を概観しよう。

フードシステム学会では、次の示す四つの分野が特に研究会のテーマとして掲げられてきた。「食の安全・リスク管理」、「食品流通」、「食品関連産業」、そして「マーケティング」である。このうち「食の安全・リスク管理」は最も多く論題に取り上げられた分野であり、食中毒事故（O—157）、家畜の病気（口蹄疫、ＢＳＥ）、震災後の食料網（阪神淡路大震災、東日本大震災）、遺伝子組み換え食品などに関心が寄せされている。「食品流通」では卸売市場の再編・展開について議論が進められてきた。「食品関連産業」では、食品メーカー、製造業、商品開発、バイオ燃料などが焦点になってきた。「マーケティング」分野では、製品ブランド戦略や製造業と小売業の戦略的な提携関係について先行例などをもとに研究が積み重ねられてきた。

いずれのテーマでも学際的な視点を重視しているのだが、ここでいう学際的とは、消費者（団体）、研究者、行政という異なる立場からの問題提起である。そこに、生産者は数えられていない。グローバリゼーションや政策が生産地域に与える影響に関する研究もあるが、村落社会の社会関係や社会構造についてはほぼ議論の対象外にある。

この他、二〇一六年には龍谷大学農学部食料農業システム学科編『知っておきたい食・農・環境―はじめの一歩』（昭和堂、二〇一六年）と、龍谷大学農学部食料農業システム学科編『食・農・環境の新時代―課題解決の鍵を学ぶ』（昭和堂、二〇一六年）が出版された。龍谷大学農学部は、私学では三五年ぶりの農学部として二〇一五年に開設され、これら「食と農の教室」シリーズは学生向けの教科書として出版されたものである。このシリーズでは、食と農を連続して捉えるという視点に基づき、かつ食と農の問題は自然科学だけではなく、社会科学・人文科学との結びつきによって解決できるという立場から経済学、社会学、農業史、民俗学、農協論などが紹介されている。このシリーズにおいては、村落社会に関する言及も一部見出すことができる。

香川文庫「農業および食品産業の担い手像」龍谷大学農学部食料農業システム学科編『食・農・環境の新時代―課題解決の鍵を学ぶ』（昭和堂、二〇一六年）では、農業への他産業の参入について考察する文脈で次のような議論が展開されている。大規模経営体が農業を単独で担当するようになれば確かに生産量や経済性の面では成長する場合があるが、地域社会の維持や地域環境の保全とバランスをとりつつ食料を生産することは難しいかもしれない。とはいえ、小規模農家であるほど兼業率が高く、労働力不足であり、高齢化が進んでいるから、彼ら小規模農家がこの先、単独で農業の担い手（中心的な経営主体）になることは難しい。そこで複数の農家による協力・共同体制を確立することが必要である。小規模農家が大規模農家と併存することによって現役世代と将来世代のニーズが共に満たされるのではないか。つまり、「むら」総出の共同作業や規模の違う経営体が協力できる体制づくりが重要である、と主張されている。

以上取り上げた議論の焦点を村落研究の分析概念に当てはめて考えてみたい。これらの研究では関心はあくまで食料にあって、食料生産を担う組織として経営体や集団が分析対象となっている。「いえ」を論ずることはあっても生産組織としての「いえ」を論じているのであって、生産と生活の結びついた集団としては論じていないといえそうだ。

三 「食と農」教育と調査および地域貢献の課題

なお、「食と農」を掲げる大学など高等教育機関の科目では、現場体験と称して学外に学生を引率する活動も多く見受けられる。このような体験重視の傾向に対して研究者はどのように向き合うべきなのか。中塚雅也・内平隆之・小田切徳美『大学・大学生と農山村再生』（JC総研ブックレット、二〇一四年）では、交流自体に発展性がなくとも学習者にとって初めての発見や気づきがあるならば一定の意義があるという楽観的な主張が展開されている。だが、すでに探索的学習が正課に取り入れられて二〇年以上が経過して、筆者のように小中学校での総合学習や校外での体験学習を制度の下で経験した世代が調査・演習の引率者であることも珍しくない。大学生の地域交流は実施するだけで一定の意義があると評価できた時期はとうに過ぎ、高等教育機関における教育課程に位置づけられる科目としての学問的・教育的意義が厳しく問われている。

二〇一六年の村研ジャーナルには【調査実習】レポートが登場し、調査実習の課題について会員から問題提起が行われた。土居洋平「地域調査実習・地域活動の現代的課題としての地域貢献・実学教育との接合」（『村落社会研究ジャーナル』四四、二〇一六年）は、地域貢献と実学教育との接合が調査実習の現代的課題であり、その手法が共有されていないところに問題があると指摘している。土居のレポートは所属機関において実学教育や地域貢献をどのように実施してきたか、その試行錯誤を紹介するものである。調査・演習の成果を関係者がどのように評価し、内容を発展させることができるのかが課題の核心ではないだろうか。

また、先に紹介した教科書には調査法や資料の扱い方などの、いわゆる一次資料収集における作法や注意点について言及が少ない。その点は、昨今の体験重視の傾向を鑑みるとやや心配である。学生の主体的な調べ学習や調査・演習の実施を念頭においているにもかかわらず、調査法や資料解釈についての記述が少ないとすれば、調査の実施において様々な問題に直面する可能性が高まるからだ。たとえば、資料をどのように手に入れ、どのように活用するのかということは調査・演習における重要な論点のひとつである。資料は誰から手に入れるのか。様々な種類の資料を学術的にどう評価するのか。問題の渦中に介入することで否応なく立場性を問われるような事態に調査者はどのように向き合うのか。こうした論点について、これまでどのような論争が繰り広げられてきたのかについて自覚的であることが必要である。

四　環境から再評価される農山漁村の機能

環境負荷と環境保全という側面から「食と農」を考察する立場は政策的にも活用されているし、広く理解が進んでいる。農林漁業は工業などの他産業とは異なって加害の特定や責任の所在が同定しにくい特徴をもつ。環境保全が長期的には農林漁業の成長に寄与し、ひいては村落の維持・保全に貢献するという期待も強くある。ＥＵ農業・農村政策を参考にした政策誘導の動きは、こうした期待を背景としている。二〇一六年に出版された書籍には、宇山満編『食と農の環境経済学―持続可能社会に向けて』（昭和堂、二〇一六年）、樫原正澄編『食と農の環境問題―持続可能なフードシステムをめざして』（すいれん舎、二〇一六年）などがある。

『食と農の環境経済学―持続可能社会に向けて』では、環境経済学の視点から農業、食品廃棄物、食品認証などの「食と農」のトピックについて紹介している。農業を環境の側面から説明する場合には、環境が農業に負の影響を与えるという側面と、農業が環境に正または負の影響を与えるという側面があることが紹介されている。この両側面のなかでどの側面から農業をみているのかを自覚すべきである、という。補足するならば、環境が農業に正の影響を与えることもあろうし、農業に限らず漁業や林業もまた同様の側面をもっている。本書は、経済的制裁や恩恵を含む政策誘導によって環境保全や回復をめざそうという立場から農業と食品産業について考察している。

この他、家畜糞尿の共同処理システムについて大阪府堺市の「堺酪農団地」と、兵庫県市島町の「市島町有機センター」を例に現状と課題が考察されている。家畜の育て方については循環型農業や放牧の意義などこれまでも議論が積み重ねられてきたが、家畜の糞尿や農薬過剰投下による環境汚染はこれまで「食と農」研究の中心的トピックではなかったように思う。廃棄物も含めた制度設計・改善に資する重要な指摘である。

『食と農の環境問題―持続可能なフードシステムをめざして』では、「現代の便利な食生活は、いびつで脆弱な食料システムに支えられている」という問題意識のもとでフードシステム研究の文脈から、環境の論点を考察している。たとえば輸送による環境負荷、バーチャル・ウォーター、倫理的消費などが主たる対象である。

環境に関連する論考では、誰がこの問題のステークホルダーなのかという点が明示されないことも多い。食料については消費者全体が、農業については農家が暗に想定されているようにも思えるが、アクターが誰であれ、制度・政策によって問題行動を抑制したり、協力的な行動を促進できるという評価が広く共有されている。基本的には、環境問題が顕在化しつつあるという認識が強いので、これまでどのようなフォーマル（もしくはインフォーマル）なシステムのもとで問題が調整されてきたかという見方はあまりされていない。全体としては、現行の村落社会は今後の環境問題への対処を期待するには心もとなく、行政上の枠組みや市場原理を駆使して対処するべきだと認識されているように思える。

五　新たなネットワーク形成と「むら」の規定力

消費生活と生産地域の動態が連関することについて言及するとしても、すぐさま「むら」や「いえ」について論じることを意味するとは限らない。「食と農」研究分野の手法と対象の広さを体感できる優れた専門書である、池上甲一・岩崎正弥・原山浩介・藤原辰史『食の共同体—動員から連帯へ』（ナカニシヤ出版、二〇〇八年）や池上甲一・原山浩介『食と農のいま』（ナカニシヤ出版、二〇一一年）においては、食と社会のあり方が論じられているが、必ずしも村落構造については記述されていない。碓井崧・松宮朝編『食と農のコミュニティ論—地域活性化の戦略』（創元社、二〇一六年）においても、「日本の伝統的な農家集落の『自然村』のような『強い紐帯』、『地縁』は失われつつあり、代わって農業外の住民を交えた混住化が進み、都市企業、都市消費者と直接の連携や交渉がすすみ、……農業担い手の空白を埋める新規就農の都市農業、農と商工が連携する活動が展開されるなど新しい様相を呈する点が注目される（一三頁）」と断りがあって、この様相がいかなるものかに焦点が当てられている。新たな様相こそ、村落社会研究が調査すべき対象であり、それは「コミュニティ」や地域社会と言い換えうると想定されている。

このように振り返ってみると「食と農」を村落構造との連関の中で論じるという研究関心そのものが限定的にしか取り組まれておらず、あえて挙げるとすれば有機農業運動研究において取り組まれたのが村落社会との関係性だったといえるのではないか。

有機農業運動は日本では一九七〇年代に登場した社会運動である。有機農業を無農薬・無化学肥料の農法であると定義するならば、運動の担い手は農業者であると捉えうるし、農法の変化や革新としても捉えうる。しかし、社会学の分野では、有機農業運動を農業者のみ、あるいは農法のみの問題と捉えるべきではないという捉え方が提案され、広く賛同を得てきた。桝潟俊子・松村和則編『シリーズ環境社会学四巻　食・農・からだの社会学』（新曜社、二〇〇二年）は「食と農」研究の嚆矢でもある。

特に、村落社会研究の観点から考察された文献には、松村和則・青木辰司編『有機農業運動の地域的展開—山形県高畠町の実践から』（家の光協会、一九九一年）、日本村落研究学会編『年報　村落社会研究　第三三集　有機農業運動の展開と地域形成』（農山漁村文化協会、一九九八年）がある。有機農業運動研究の成果と論点については、すでに舩戸修一が環境社会学の視点から整理している（「研究動向　〈食と農〉の環境社会学」『環境社会学研究』一八、二〇一二年）ので重複は避けるが、村落社会研究との接点という意味において特に重要な成果を二点挙げたい。

第一に、有機農業への転換を農村内部の社会関係が規定する面があったということである。もしも有機農業や有機農業運動が個別の農家の経営や農法の問題に還元されるのだとすれば、なぜ有機農業を行おうとする農家に対して周囲の農家が介入したり影響を与えようとしたのか。ここでいう規定とは、必ずしも抑制的に働くというだけではない。利水や防虫に関連する有機農業を地域的に展開するためには、関連する他の生産者の理解が必要であり、その理解がまた後押しになりうるということも指摘されている。

第二に、有機農業という個々の農業経営の成否を、農村外部の消費者との間の社会関係や契約関係が規定する面があったということである。生産者団体の論理と消費者団体の論理がどのようにからみあって運動を構成していたのかという視点から運動を描き出したことによって、村落構造や村落の動態をも考察しえた。それを「むら」と呼ぶかどうかは別として、一九八〇年代においてなお、都市の論理とは異なる論理を見出したことが特に重要ではないだろうか。

この他『有機農業運動の地域的展開―山形県高畠町の実践から』では、協業の「いえ」が有機農業の実施とどのように関連しているかについても論じている。「提携」研究において見出された生産者と消費者の「信頼」関係への考察は、欧米のこの分野の研究との接合が期待される。有機農業者と既存村落社会との間の関係性についても研究が進められているし、原発事故後の提携関係や生産者と消費者の関係性再構築もまた重要なテーマであろう。

六　その他の研究

この他、分類しきれなかった研究について以下で簡単にふれておきたい。

徳野貞雄「九州・中四国地区における実践的農村社会学の系譜とその覚書」（『村落社会研究ジャーナル』四五、二〇一六年）では、「食と農」の分野においても卓越した研究を続けている徳野の研究姿勢の一端にふれることができる。徳野はこれまで、質問紙調査をもとに農作物の価値への理解と購買方針について類型化し、「農産物の価値をわかっていながら、金を払わない」消費者と「農作物の価値がわからず、金を払うこともしない」消費者が大半であることを示してきた

（徳野貞雄「農業の現代的意義」堤マサエ・徳野貞雄・松本努『地方からの社会学―農と古里の再生を求めて』学文社、二〇〇八年など）。先述した有賀健高と柄本三代子の議論をふまえれば、「農作物の価値」とは何なのかを丁寧に説明すべきだという指摘もあり得ようが、「食と農」に関心をもたない消費者も含めて「食と農」をどうすべきなのか論じるべきだという主張は前提として広く共有されているといえるだろう。

Michael Carolan. *The Sociology of Food and Agriculture second edition* (Routledge. 2016) も刊行された。『食と農の社会学―生命と地域の視点から』（ミネルヴァ書房、二〇一四年）のトピックと対比してみると、栄養失調と飢餓、労働と社会属性（性別、人種）については本書に特徴的な焦点であり、巨大食料・種子企業による市場寡占の問題点と抵抗運動などの記述ボリュームがより多いことも印象的である。農林漁業の労働者問題および労働対価の問題は、日本でも論じられているが、営農法人化がより加速すれば一層大きな問題になると予想される。

おわりに

「食と農」研究は、村落社会やその構成員の生産活動に注目し、その影響や動態を明らかにしてきた。農家以外のステークホルダーの動向をふまえ、村落外部に対象を拡大したところに、この分野の研究視角の特徴がある。

農業を始めとして生業のあり方はその自然条件に大きく規定され、生業のあり方は村落社会の構造に大きな影響を与えている。その経緯や変容について農村社会学、農業史、歴史学は戦前から研究を積み重ねてきた。しかし、一九九〇年代に成立した「食と農」の社会学では、こうした主張が後景化している。村落社会研究においては、このことを改めて指摘し、生業のあり方はその自然条件に大きく規定され、生業のあり方は村落社会の構造に大きな影響を与えていると強調することができるだろう。だが、そのように主張するとしても、それではなぜ日本の村落社会に着目して「食と農」を語ることが、日本社会と食を語る上でも必要なのかを説明しなければならないのではないか。

あるいは、「食と農」を通じたコミュニティは「食と農」をテーマとしないコミュニティとは異なる特徴があるのだろうか。都市部における「食と農」コミュニティと、農山漁村における「食と農」コミュニティは性質が異なるのだろうか。以上の課題に対して応えていく必要があるだろう。

（中川　恵）

第六十四回村研大会記事

二〇一六年十一月四日（金）から六日（日）、日本村落研究学会の第六十四回大会が山口県萩市の萩セミナーハウスおよび萩焼の宿千春楽にて開催された。開催にあたっては、大会事務局を担当された加来和典会員（下関市立大学）、松本貴文会員（下関市立大学）に一方ならぬご尽力をいただいた。

初日のエクスカーションは「〝明治日本の産業革命遺産〟を訪ねて」と題し、地元観光協会のガイドの方の案内で、萩・世界遺産ビジターセンター「学び舎」～恵比須ヶ鼻造船所跡地～萩反射炉跡地～萩シーマート～萩松陰神社～萩城下町をめぐった。恵比須ヶ鼻造船所跡地で伺った、当時の図面作成のお話が興味深く、特に印象に残っている。

翌五日（土）は自由報告と地域シンポジウムが行われた。自由報告は二部会・一四件だった。今回は自由報告の中で特別セッションが設けられ、チェルノブイリ原発事故の被災者への調査から福島原発事故の被災者・避難者の問題について考える連続報告が行われたほか、中国・ベトナムを対象とする報告で一部会組まれるなど、海外フィールド調査や国際比較の報告が目立った。国内調査についても幅広い分野やフィールドからの報告がなされ、活発な質疑応答が交わされた。

地域シンポジウムのテーマは「道の駅のこれから―地域づくりの視点から」であった。まず吉津直樹氏（下関市立大学名誉教授）より、道の駅発生の背景や萩地域の道の駅の現状・意義、今後の課題など、道の駅を考える上での見取図が示され、続いて道の駅の最初の社会実験が行われた山口県阿武町の佐村秀典氏（阿武町役場経済課課長補佐）より、建設から二十数年を経た現在の道の駅について報告がなされた。「町における商社」として町の産業活性化の重要施設に道の駅を位置付け、若い人材、特に地元の高校生の雇用の場づくりをめざしているという言葉が印象的だった。後半は、山本ヒロ子氏（企業組合むつみキッチンばぁーば代表）、吉村榮子氏（道の駅・萩さんさん三見（株）三見シーマザーズ代表）より、女性グループによる宅配弁当事業の起業からレストラン経営に至る経緯と現在の活動について報告された。四報告の後、「道の駅」の命名者でもあるコメンテーターの徳野貞雄会員（トクノスクール・農村研究所）より、経済的利益を軸とした地域活性化をめざす「農業の六次産業化」ではなく、今後の道の駅のあり方として住民の生活の論理に根ざした「農の六次化」の可能性が示された。そして一つのアイディアとして体験農業農園の取り組みが紹介され、加悦典子氏（食育体験ファームほっこり農園）より体験農業農園の実際の事業運営についてお話をいただいた。

総会後の懇親会では、地元食材を使った料理と地酒をいただき、梁山泊パフォーマーの方による紙芝居の上演を鑑賞した。例年のことながら、学会奨励賞受賞スピーチや新入会員らの挨拶も非常に盛り上がっていた。各テーブルで、若手からベテランの先生方まで会員同士の活発な交流が行われ、和やかな会となっていたように思う。

六日（日）のテーマセッションは、「日本農山村における〝協働〟型集落活動の可能性」と題して、小内純子会員（札幌学院大学）によるコーディネートで開催された。初めに示された今回のテーマセッションの趣旨と論点は以下の通りである。二〇〇〇年の中山間地域等直接支払制度以降、さまざまな中山間の農家・農村支援政策が続けられ、過疎対策としての集落支援員や地域おこし協力隊制度など外部人材の注入が模索されてきた。その一方で、農業基本法に始まる農家の選別政策も継続しており、現在、農業・農村に対する「支援」と「選別」が同時並行で進められている。こうした農業・農村をめぐる状況に対し、地域住民自身による生産・生活の維持のためのさまざまな取り組みを〝協働〟の視点から捉える。従来のムラ（集落）との折り合いをつけながら、公セクター、共セクター、私セクターなど多元的セクター間で生じている多様な協働・取り組みを「〝協働〟型集落活動」と総称し、その活動のもつ可能性について検討する。

柳村俊介会員（北海道大学）の第一報告では、まず、農政のめざす「農業構造改革」と「農村の維持・活性化」の二命題は予定調和的ではなく、農業構造改革の進展による（一）農村社会内の経済的利害対立と分断、（二）農業者の減少ひいては農村人口の減少が農村社会の衰退要因となり得る点を指摘し、この「農業構造改革のジレンマ」の解消に対する協働の有効性を、宮城県角田市と北海道栗山町の事例から検討した。二事例より、行政・農業団体等と農業者・住民との協働関係の形成は見られたが、有機的な関連性が希薄であることや、「農業構造改革のジレンマ」解消には現在の協働関係の組み替えが必要であるとの指摘がなされた。

今井裕作会員（島根県東部農林振興センター）の第二報告では、島根県出雲市佐田町を事例に、集落営農の仕組みが集落機能の維持にどのような役割を果たしてきたのかを検討した。事例地における集落営農組織間の連携・協働は新たな事業展開を可能とし、新たな人材の確保・育成機会につながるなど一定の成果を見せており、今後はUターン・Iターン者の定着が課題として挙げられた。

澁谷美紀会員（農研機構北海道農業研究センター）の第三報告では、秋田県横手市の有償ボランティア組織による生活支援活動を事例に、こうした地域組織が協働を通してムラの組織や互助協同とは異なる生活補完の仕組みをどのように形成しているのか、公共性の創出と多様な主体の連携に注目して検討した。ボランタリーな共助活動に対しては、公的機関がその公共性を認知し、適切な支援をすることで住民の理解が進み、経済上・活動環境上の安定化につながるとの指摘がなされた。

松宮朝会員（愛知県立大学）の第四報告では、京都府綾部市と福知山市を事例に、（一）Ｉターン移住者が集落活動にどのような役割を果たしているのか、（二）地域おこし協力隊と比較して集落支援員はどのような取り組みを行っているのかを検討した。二事例より、「よそ者」としてのＩターン移住者を集落支援員として活用する仕組みづくりが確認され、特に綾部市の定住促進＋限界集落再生の取り組みに行政と集落の協働の可能性を見出すことができるとの指摘がなされた。

総合討論では各報告の質疑の他、「協働」や「共」が示す関係性の定義を明確にする必要性や、農村を基盤とする集落営農だけではなく山林利用における協働を含めた俯瞰的な分析視点の提案がなされるなど、さまざまな質問や提案が寄せられた。

最後に、今大会のためにご協力くださった萩市の方々に心より感謝を申し上げます。

以下に、各研究報告のプログラムを記す。発表タイトルは基本的に報告レジュメを参照しており、報告者の所属は発表当時のものである。

【第一日】十一月五日（土）

自由報告

（午前）

A

特別セッション

「チェルノブイリ原発事故被災者のインタビュー調査から福島原発事故避難者を考える」

オーガナイザー　河村能夫（龍谷大学、京都府立農業大学校）

1　渡部朋宏（福島県会津美里町、法政大学大学院）「福島原発事故避難の実態と新たな課題―楢葉町を事例に―」

2　田中聡子（県立広島大学）「原発被災者の長期支援の必要性―チェルノブイリ原発事故被災者のインタビュー調査を通して―」

3　戸田典樹（神戸親和女子大学）「長期的な避難生活をおくる子どもの福祉・教育課題―福島原発事故とチェルノブイリ原発事故被災者のインタビュー調査から―」

4　大友信勝（聖隷クリストファー大学大学院）「福島原発事故避難者問題の構造とチェルノブイリ法」

B

座長　南裕子（一橋大学）

1　白素香（京都大学大学院）「中国における小規模農家の経営展開―アンケート調査を基にして―」

2　仲永（東京農工大学大学院）・聶海松（東京農工大学）「新型都市化計画が中国農村部の生活環境にもたらす影響について―山東省青島市の事例から―」

3　井上果子（宮崎大学）「ベトナム紅河デルタ村落におけるローカル・ポリティクス―農協・集落・農民の関係をめぐって―」

4　瀬戸徐映里奈（京都大学大学院）「在日ベトナム人の自給菜園開設における社会関係の利用と創出―『不許可使用』から耕作放棄地の利用へ―」

（午後）

A

座長　秋津元輝（京都大学）

1　岩本由輝（東北学院大学名誉教授）「元禄十二年に盛岡藩津軽石川を襲った「大塩」は、一七〇〇年一月二十六日午後九時に北米カスケード沈み込み帯で発生した巨大地震が引き起こした津波であった―ブライアン・F・アトウォーターとの史料をめぐる交流―」

2　徳野貞雄（トクノスクール・農村研究所）「熊本地震と社会学の交差」

3　佐藤康行（新潟大学）「現代の自治会の機能と公共性―上田市上塩尻の事例―」

B

座長　山下亜紀子（九州大学）

1　細谷昂（東北大学名誉教授）「米の郷（さと）庄内の花作り―庄内モノグラフ拾遺」

2　杉岡直人（北星学園大学社会福祉学部）「廃校活用の類型化に関する一考察」

3　山本努（熊本大学）「限界集落高齢者の生きがい意識―中国山地の山村調査から―」

地域シンポジウム

「道の駅のこれから―地域づくりの視点から」

進行　松本貴文（下関市立大学）

1　吉津直樹（下関市立大学名誉教授）「山口県における道の駅について―萩を中心に―」

2　佐村秀典（阿武町役場経済課課長補佐）「全国道の駅発祥の地『道の駅阿武町』概要」

3　山本ヒロ子（企業組合むつみキッチンばぁーば代表）「むつみからの出会いと、元気と、おもてなしを！」

4　吉村榮子（道の駅・萩さんさん三見（株）三見シーマザーズ代表）「海の幸で地域に笑顔と賑わいを―三見シーマザーズの挑戦―」

コメンテーター　徳野貞雄（トクノスクール・農村研究所）
加悦典子（食育体験ファームほっこり農園）

【第二日】十一月六日（日）

テーマセッション

「日本農山村における〝協働〟型集落活動の可能性」

コーディネーター　小内純子（札幌学院大学）

1　柳村俊介（北海道大学）「農業構造改革と農村社会の維持・活性化は両立するか―〝協働〟型集落活動による地域農業の発展」

2　今井裕作（島根県東部農林振興センター）「農村社会における集落営農の意義と新たな課題」

3　澁谷美紀（農研機構北海道農業研究センター）「地縁団体による生活支援の可能性―秋田県横手市共助組織の取り組みを中心に―」

4　松宮朝（愛知県立大学）「集落支援と集落再生―京都府綾部市、福知山市におけるＩターン移住者、集落支援員の実践から―」

（阿部　友香　記）

編集後記

『年報村落社会研究』第五三集をお届けいたします。今号は、日本村落研究学会企画、小内純子会員編による「農山村における協働型集落活動の現状と展望」と題し、日本村落研究学会第六十四回大会（二〇一六年度山口県萩市大会）のテーマセッションの内容をもとに、一本の寄稿論文もあわせて、七本の論文によって構成されています。

本特集を通して、多様な公・共・私セクターの組織・集団によって、さまざまな協働型集落活動が展開されていることが、改めて明らかになりました。また編者である小内会員が終章で記述されていますように、地域のさまざまな組織が連携・分担し、全体として地域社会を守っていくことが大事であり、そして地域のさまざまな組織が連携・分担して活動していくためには、「地域社会をどう守っていくのか」というビジョンを共有すること、現代版「村の精神」をベースに活動していく協働型集落活動がきわめて重要になっている、ということが浮かび上がったと思います。本特集が、その活動に資するものとなることを願ってやみません。

また今号では、年報村落社会研究では初めて「食と農」の研究動向を掲載いたしました。独自の視点から、近年話題となっているこの研究領域に関わる論稿を幅広く取り上げています。ぜひご一読ください。さらに史学・経済史学、農業経済学、社会学・農村社会学の三領域における研究動向も例年通り記載されております。いずれも力作ぞろいです。ぜひご味読ください。加えて第六十四回村研大会記事も掲載されております。

さて、今期編集委員会の担当は、今号をもって終了します。前期編集委員会を引き継ぎ、前期編集委員会が行った編集規定見直しや査読体制の変更を定着させられるよう努めてまいりました。しかし多くの不手際が生じましたことも事実でございます。この場をお借りして、ご迷惑をおかけした会員の皆様に、改めてお詫び申し上げます。

今期編集委員会においても、査読を編集委員以外の会員にもお願いいたしました。編集委員会からの急な、しかも査読期間の短いお願いにもかかわらず、多くの会員の皆様にご協力いただきました。編集委員以外で査読をご担当くださった会員は次の方々です。編集委員会を代表して厚く御礼申し上げます。

第五二集、第五三集で査読をお願いした会員

（敬称略　五十音順）

秋津元輝　安藤光義　佐久間政広　図司直也
立川雅司　土屋俊幸　寺岡信悟　古川　彰
牧野厚史　三須田善暢　山本　努

最後になりましたが、査読をはじめさまざまな編集作業にご対応いただいた編集委員の皆様に、改めて感謝申し上げます。

（山内　太　記）

『年報　村落社会研究』編集委員
米家泰作　高野和良　玉里恵美子　簗山秀夫
松宮　朝　山内　太

Current Features of, and Possibilities for Collaborative Activities in Villages

Junko Onai

To create systems that are adapted to a society with a declining population, it will become increasingly important in the future to establish a multi-layered collaborative relationship with organizations and groups inside and outside the village, while maintaining the activities inside the village. However, it is not easy to build up collaborative relationships between organizations, because it is necessary to self-innovate on both sides in order to develop these collaborative relationships. In this chapter, I examine the results of case studies and identify five subjects considered to be important for future collaborative activities in villages, and analyze them from my own perspective. The five subjects are: the agricultural municipality public corporation, the village-based farming organizations, the specified nonprofit corporations, the qualified people from outside the village and the agricultural cooperative.

I then summarize from the viewpoint of what is being protected through the collaborative activities in villages. In order to continue to live in their current location, both life conditions and economic bases are necessary. To secure them, it is necessary to carry out these roles in village as a whole, by cooperating and sharing various roles. It is also important to share the future image that guides the activities. The sharing of a regional vision to keep living with peace of mind may be said to be the sharing of the modern version of "the spirit of the village". It is extremely important for future collaborative activities in villages that each group and organization link and work according to that vision.

LEADER Program and the Cooperation within the Rural Area: A Case Study in Germany

Tomoko Ichida

With scoping case studies in Japan this chapter focused LEADER Program in European Union (EU) and Germany and analyzed how the programs were practiced within the area of Lower Saxony, one of the federal states of northern Germany. LEADER is originally French abbreviation and means 'Links between the rural economy and development actions'. Since the early 1990s EU has practiced the program in order to create various opportunities for getting income and to prevent population outflow in the rural areas. Most characteristic is that the program is managed by Local Action Group (LAG) composed of local people and in the way of bottom-up. Although EU made it possible the member countries to combine other Funds with Rural Development Fund (The European Agricultural Fund for Rural Development) for LEADER's 5th phase from 2014 to 2020, most German federal governments are still reluctant to combine EU Funds. They are rather accustomed to combine EU aid to LEADER with financial aids by federal government itself and also by municipalities. The case study in Aller-Leine-Tal LAG showed us the cooperation has been made not only in the wide area covering 8 municipalities, such like projects for renewable energy, but also within the former municipality area, such as a project for 'village shop', 'Dorfladen' in German. 'Region' targeted by LEADER Program covers generally multiple municipalities and its area and population are much bigger than those of hamlets in Japan. Although various governmental actors like EU, nation, federal state, county and municipality are involved with LEADER, they are allowed to be LAG members and also to vote for decision-making unless they become the majority of the total number.

“Partnership” Activities in Rural Communities by Rural Return Migrants (I-turn) and Community Support Workers (Syuuraku-Shienninn): A Case Study of Ayabe City

Ashita Matsumiya

In these days, local governments have started actively promote migration and settlement policies for people moving to the countryside from urban areas. The purpose of this paper is to describe how outside persons such as rural return migrants (I-turn) and community support workers (Syuuraku-Shienninn) contribute to activities in rural communities.

The discussion in this paper will focus on the case of Ayabe City. This city has been especially actively promoting programs for urban-rural migration and settlement promotion, and has demonstrated various aspects and effects of these programs. I explore the features of “Partnership” activities in rural communities, by analyzing my interview data of four rural return migrant families and communities that community support workers have supported. Through these analyses, two findings are conducted.

Firstly, the settlement policy and activities of community support workers in Ayabe City have had positive impacts on depopulating rural communities.

Secondly, the community support worker has been trying to revitalize rural community activities by using his personal networks in urban areas.

These findings will show potentialities of “Partnership” activities in rural communities by rural return migrants (I-turn) and community support workers, besides family network.

Voluntary Community Organization Initiatives toward Livelihood Issues: Case Study on Snow Removal Problems for Households Requiring Support

Miki Shibuya

The aim of this paper is to shed light on modes of cooperation between different sectors, revolving around the voluntary sector, focusing on snow removal activities by the Cooperation Organization of Yokote City, Akita Prefecture for households requiring support. Two major points of analysis are incorporated. The first is how voluntary community organizations made up of volunteers form mechanisms of mutual assistance that differ from mutual aid which has conventionally supported the livelihoods of every household in a village, based on principles of mutual cooperation. The other is how residents and public institutions perceive the different kinds of mutual assistance and cooperation, and how a public nature is constructed as a result. After analyzing this, it became clear firstly that the social relationships of communities that make up village organizations, such as neighborhood groups, are reflected in the formation of voluntary community organizations, and that voluntary community organizations form a mechanism of cooperation for resolving livelihood issues by sharing functional roles with village organizations. Moreover, despite the fact that mutual assistance is a mechanism for livelihood support not premised on any equivalent exchange for volunteers and work in households requiring support, residents interpret mutual assistance as a mechanism of equivalent exchange through the community. In other words, they interpret it as "mutual cooperation." Conversely, the perception of public institutions differs from that of residents, in that mutual assistance is viewed as "community revitalization activities of a public nature offered by residents" and as "the creation of a well-being network." Meanwhile, in the process of mutual assistance, the goal of resolving community issues is one that voluntary community organizations and public institutions smoothly share and cooperate toward, and in doing so, mutual assistance which is a community act becomes an act that has a public nature.

Significance and Prospects for the Future of Village-Based Farming: The Case of Hilly and Mountainous Areas in Shimane Prefecture

Yusa Imai

The aim of this paper is to reexamine the significance of village-based farming in depopulated hilly and mountainous areas, as well as to consider its future prospects. In Shimane prefecture, since the 1970s when the definition of village-based farming was not clearly defined, we have promoted its development. In recent years, we have also been promoting a policy that stresses the importance of the four functions of belonging to village-based farming organizations: "agricultural land maintenance function", "economic maintenance function", "human resources maintenance function", and "life maintenance function", as regional contributions.

However, there are few detailed reports about the process and mechanism by which to develop these regional contributions. Therefore, I looked at different types of village-based farming in terms of the organization form, the scale of farming, the business content and other functions, to determine their significance.

This research identified three functions: "the function of people gathering," "the function of connection and collaboration," and "the function of regaining pride", as fundamental to regional contribution functions of village-based farming. In addition, I could confirm the fact that these three functions influenced each other and promoted the revitalization of communities.

When considering the revitalization of rural communities, I regard the "the function of revitalizing communities"as a compound function that people in hilly and mountainous areas should pursue into the future. It is important to devise a system which can be made effective through the collaboration of the various stakeholders.

Is Agricultural Reform Compatible with Revitalization of Rural Community?: Feasibility of the Collaboration between Local Organizations and Rural Community

Shunsuke Yanagimura

Current agricultural policy started in 2007 aims at two goals, agricultural reform and revitalization of rural community. The government has been emphasizing a close connection between both goals, but agricultural reform might decline rural community because it brings an economical conflict and a divide into rural community and causes depopulation. We can recognize such problems as a dilemma of agricultural reform. The purpose of this paper is to examine whether such a dilemma can be solved or not by the collaboration between rural community and local government or other public organizations.

A result of two field studies I conducted is included in this paper.

One is about the farmland accumulation and community based farming in Kakuda city, Miyagi prefecture, where farmland control system has been established through farmland readjustment by the collaboration between a rural community and a land improvement district. In this case farm accumulation has caused an economic conflict of rent between leading farmers and landowners.

Another is about the support activity for beginning farmers in Kuriyama town, Hokkaido. In this town a public corporation was established by the local government and agricultural cooperative and started a support program for beginning farmers. This program is remarkable for a wide range of acceptance of beginning farmers including those having less capital, but there are two kinds of agenda; more support for small farmers to develop their farm businesses and lives, and collaboration between the corporation and rural communities to make such a support effective.

In order to solve such a dilemma of agricultural reform, an independent activity of rural community is essential while the government is likely to carry out agricultural policies with a strong will ignoring needs of rural people.

Development of Agricultural Policy and Current Characteristics of Collaborative Activities in Villages

Junko Onai

In rural communities, especially in hilly and mountainous areas, aging and depopulation is proceeding at a much faster rate than at the national level. The people living in those areas are increasingly uneasy about their future. This book approaches this subject from the viewpoint of the collaborative activities in villages.

While the crisis of the communities is recognized, people who live in rural communities make efforts to maintain their current life style and continue living there according to their own "logic of life". We can examine non-conventional group activities in various organizations. For example, the organizations are setting up corporations, or a specified nonprofit corporation, by themselves, collaborating with other village-based farming organizations and accepting qualified people from outside the village. In this book, we define this type of movement as the collaborative activities in villages and examine their possibility of success.

In the first half of this chapter, I describe the trends of agricultural policy circa 2000 to the present day from the viewpoint of "agricultural policy and villages". Since the time period around 2000, various policies related to villages have been introduced rapidly, and it is impossible to talk about the collaborative activities in villages without regard to these policies.

In the latter half, I examine the concept of "collaboration". I consider the use of the term "collaboration" to this point, and define it as "organizations with different characteristics working together as equal partners towards a common goal while achieving self-innovation within each one".

Finally, I describe the structure of this book.

Annual Bulletin of Rural Studies Vol. 53

Published by Japanese Association for Rural Studies

Contents

執筆者一覧（執筆順，肩書きは執筆当時）

小内　純子	札幌学院大学社会情報学部教授
柳村　俊介	北海道大学大学院農学研究院教授
今井　裕作	島根県東部農林振興センター出雲東地域振興課長
澁谷　美紀	農研機構北海道農業研究センター上級研究員
松宮　　朝	愛知県立大学教育福祉学部准教授
市田　知子	明治大学農学部食料環境政策学科教授
坂口　正彦	大阪商業大学経済学部専任講師
中村　貴子	京都府立大学大学院生命環境科学研究科講師
庄司　知恵子	岩手県立大学社会福祉学部准教授
中川　　恵	山形県立米沢女子短期大学社会情報学科講師
阿部　友香	京都大学大学院文学研究科

年報　村落社会研究　第53集

協働型集落活動の現状と展望

2017年11月5日　第1刷発行

日本村落研究学会 企画

小内 純子 編

発行所　一般社団法人 農山漁村文化協会

郵便番号 107-8668　東京都港区赤坂7丁目6-1

電話　03(3585)1141(営業)　03(3585)1144(編集)

FAX　03(3585)3668　振替　00120-3-144478

URL　http://www.ruralnet.or.jp

ISBN978-4-540-17139-0　印刷/藤原印刷(株)

〈検印廃止〉　製本/(有)高地製本所

定価はカバーに表示

Printed in Japan

季刊地域 バックナンバーのご案内

定価926円（税込）

No.⑧ 2012年 冬号
後継者が育つ農産物直売所

No.⑨ 2012年 春号
耕作放棄地と楽しくつきあう
現場からの森林・林業再生プラン

No.⑩ 2012年 夏号
「人・農地プラン」を
農家減らしのプランにしない

No.⑪ 2012年 秋号
地エネ時代―農村力発電いよいよ
祭りの復活と継承

No.⑫ 2013年 冬号
薪で元気になる！
買い物不便なむらが立ち上がる

No.⑬ 2013年 春号
地あぶら・廃油・ガソリンスタンド
アベノミクスとTPP・道州制

No.⑭ 2013年 夏号
農村はアベノミクスにだまされない／葬式をむらに取りもどす／
もっと使える水の力

No.⑮ 2013年 秋号
獣の恵み 皮・角・肉を利用する
農家・農村は企業とどうつきあうか

No.⑯ 2014年 冬号
ドブロクこそ規制緩和を
山、見て見ぬふりをやめるとき

No.⑰ 2014年 春号
「むらの婚活」がアツい
飼料米―地域の所得アップにつなげたい

No.⑱ 2014年 夏号
地域おこし協力隊をむらに
とりこむ／新農政改革

No.⑲ 2014年 秋号
地域資源だ 荒れ地のカヤ
「木は切ってもカネにならない」
は本当か？

No.⑳ 2015年 冬号
米価下落に反撃開始！
お米の流通読本2015

No.㉑ 2015年 春号
草刈りを担うのは誰だ
廃校にさせてたまるか

No.㉒ 2015年 夏号
にぎやかなむらに！
空き家徹底活用ガイド
荒れた竹林、何とかするぞ！

No.㉓ 2015年 秋号
地ワイン・地ビール・地酒
日本列島ほろ酔い自給圏構想
山の仕事で田園回帰

No.㉔ 2016年 冬号
熱エネあったか自給圏構想

No.㉕ 2016年 春号
田舎でのパンとピザの可能性

No.㉖ 2016年 夏号
小農の使命
むらに農家を増やすこと

No.㉗ 2016年 秋号
むらの足最新事情

No.㉙ 2017年 春号
むらの仕事のカタチ
認可地縁団体・NPO法人・
一般社団法人／どれがいい？

No.㉚ 2017年 夏号
農村力発見事典
地域資源・地エネ・農と農家・
自給力・自治力／59ワード

一般社団法人 農山漁村文化協会 〒107-8668 東京都港区赤坂7-6-1
注文専用フリーダイヤル TEL. 0120-582-346 FAX. 0120-133-730